과일
길들이기의
역사

인류를 사로잡은 놀라운 과일 이야기

과일 길들이기의 역사

베른트 브루너 지음
박경리 옮김

b.read

일러두기

1. 본문의 괄호 속 내용은 저자가 덧붙인 내용이고, 본문 중 별색의 위첨자로 밝힌 내용은 옮긴이의 설명으로 이를 밝혀 적었다. 페이지 하단의 각주는 옮긴이가 원문의 이해를 돕기 위해 부연한 내용이다.
2. 외국어 인명과 지명 등은 국립국어원에서 정한 외래어 표기법을 기준으로 삼았다.
3. 식물을 지칭하는 우리말이나 해당 학명이 없는 경우 원서의 명칭을 독음으로 적었다.
4. 원서가 발간된 북미 지역에서 통용되는 영문 명칭이 우리말과 차이가 있을 수 있어, 국내에서 쓰는 명칭과 번역한 명칭에 학명을 병기했다.

차례

추천의 글

"서로에게 생명을 불어넣는 나무와 과일, 그리고 사람의 끈끈한 관계를 탐험하는 아름다운 여정. 베른트 브루너는 과수원과 인류 문화의 매력적인 관계로 우리를 이끄는 영리한 안내자다."

–데이비드 조지 해스컬David George Haskell, 〈숲에서 우주를 보다The Forest Unseen〉, 〈나무의 노래The Songs of Trees〉 저자

"과수원과 식물학에 관한 호기심의 세계를 관통하는 더없이 매혹적인 여행. 영향력 넘치는 지적 열정을 바탕으로 아름답게 그리고 썼다. 지금 정원사로 살고 있다면 누구라도 이 사랑스러운 책을 소중히 여길 것이다."

–브라이언 페이건Brian Fagan, 〈소빙하시대The Little Ice Age〉, 〈위대한 공존The Intimate Bond〉 저자

"문화사, 식물학, 인류학, 개인적인 경험, 그리고 빛나는 삽화의 풍성한 조합. 과수원의 기원과 그곳에서 열리는 열매가 궁금한 사람이라면 누구나 매료되고 즐길 것이다."

–헬레나 애틀리Helena Attlee, 〈레몬이 자라는 땅The Land Where Lemons Grow〉 저자

"과일은 인간의 역사가 시작될 때부터 거기 있었다. 베른트 브루너는 아삭한 글과 무성한 그림을 통해 과일이 유사 이래 항상 우리와 함께해 왔다고, 탄생과 죽음의 순간에도, 평화와 전쟁의 한가운데에서도, 예술과 신화의 세계에서도, 종교와 과학의 시대에도 늘 함께했다고 주장한다."

–잭 세인트 조지Zach St. George, 〈나무의 여정The Journeys of Trees〉 저자

"미국의 사과 과수원에서 지중해의 시트러스 과수원까지 아름답게 그려 낸 이 책은 우리로 하여금 과일나무의 세계를 들여다보도록 유혹한다. 베른트 브루너의 유창하고 매력적인 설명은 과일이 과수원이 부린 마법의 결실임을 상기시킨다."

–레이프 버스위든Leif Bersweden, 〈난초 사냥꾼The Orchid Hunter〉 저자

"베른트 브루너의 〈과일 길들이기의 역사〉는 다른 시대, 다른 땅을 가로지르는 과일의 여정을 아름답게 그려 냈다. 인간이 어떻게 과일을 활용하고 그 달콤함을 자본화했으며 우리 식탁을 풍성하게 했는지, 긴 역사를 깊고 넓게 이해시킨다."

–네즈카 페이퍼Nezka Pfeifer, 스티븐 앤드 피터 색스 박물관Stephen and Peter Sachs Museum, 미주리 식물원Missouri Botanical Garden 큐레이터

"베른트 브루너의 이 환상적인 책은 자연과 문화가 공존하는 삶의 방식으로서 과수원을 열린 눈으로 바라본다. 나는 지금 이 세상을 생명으로 가득 찬 거대한 과수원으로 여기고 있다."

–크리스티안 슈베게를Christian Schwägerl, 환경 저널리스트이자 생물학자, 〈인류세The Anthropocene〉 저자

"아주 멋진 역사적 예술과 결합한 환상적인 이야기. 지속 가능성, 신선함, 복숭아나 올리브를 먹는 즐거움을 누리기 위해 오늘날 우리가 따라 해 볼 법한 인상적인 재배학 수업."

–에리카 기스Erica Gies, 환경 저널리스트

프롤로그

이 책의 씨앗들

헨리 데이비드 소로Henry David Thoreau, 1817~1862[1]는 "인간은 이주할 때 자신의 검뿐 아니라 새와 네발짐승, 곤충, 채소 그리고 과수원까지 함께 지고 간다."라고 했다. 과일나무를 재배하기 위한 노력은 역사적으로 지역과 대륙을 연결해 왔으며 이는 오늘날까지 지속되고 있다. 그 결과 과일나무에는 시대와 당대 풍경 그리고 나라 간 상호작용이 수반된다. 이 책에서 나는 역사를 관통해 존재하는 다양한 과수원과 그 형태를 개략적으로 설명하고자 한다. 한 과수원의 형태에는 조성 당시 여건들이 반영되게 마련이다. 나는 또한 나무가 주는 영감에 이끌려 나무 사이사이로 자리 잡은 사람들의 삶과 노동을 담아내고자 한다.

---

1 미국의 사상가이자 수필가. 순수한 자연 생활을 예찬했으며 시민의 자유를 열렬히 옹호했다. 작품으로 〈월든〉, 〈시민 불복종〉 등이 있다.

왼쪽 네덜란드인 피터르 헤르만스 페렐스트Pieter Hermansz Verelst가 이 젊은 여인을 그린 17세기에는 과일을 들고 포즈를 취하는 것이 유행이었다.

나무를 포함해 다양한 식물이 자라는 장소는 종종 두 가지 범주로 나뉜다. 심미적 목적으로 만든 장식적 공간, 그리고 수확 중심의 생산적 공간이다. 이러한 관점에서 볼 때 관상용 정원은 예술 작품인 반면, 풍성한 나뭇잎 그늘 아래서 열매가 생생하게 익어 가는 과수원은 노동의 산물이다. 그런데 정말 그럴까? 적어도 산업 규모로 조성되지 않은 과수원이라면 아름다울 수 있지 않을까? 이 책에서 우리는 이 분명한 범주의 경계를 흐리는 정원과 과수원을 마주한다. 무엇보다도 이러한 공간을 빚어내는 방법은 수없이 많다. 빛과 그림자의 어우러짐, 나그네 앞에 펼쳐진 오솔길, 앉을 자리들, 갑자기 쏟아지는 비를 피할 수 있는 작은 오두막, 그네 같은 것들이다.

하지만 얼마나 잘 설계했는지, 얼마나 많은 주의를 기울였는지, 얼마나 생산적인지와 상관없이 과수원은 본래 영원하지 않다. 비록 인간의 거주지 주변에서 수십 년 혹은 그 이상 존재해 왔더라도 말이다. 유행이 바뀌고, 먹을 것이 다른 장소에서 나기 시작하고, 주인이 멀리 떠나거나 아무도 책임을 느끼지 않는 순간 다른 식물이 그 자리를 뒤덮기 시작한다. 결국 과수원의 흔적은 모두 사라진다. 하지만 더 이상 지도에서 찾을 수 없을 때조차 과수원은 존재했다. 과수원에는 역사가 있다. 아마도 과수원을 일종의 무대라고 생각하는 편이 타당할 것이다. 과일나무와 누가 되었든 이 나무들을 돌보는 사람 사이에서 펼쳐지는 매우 독특한 드라마를 볼 수 있는 무대. 이런 관점에서 과수원은 인간을 포함한 동물, 그리고 다른 식물과 함께 자라고 여무는 과일의 섬세한 모습을 즐기도록 우리를 초대한다.

몇 년 전 발견한 과일 재배 역사를 다룬 프랑스 책에 관한 기사를 보고 집필의 자극을 받았다. 여러 가지 주제의 이야기 중 요르단 북부 계곡에 위치한 유적지 게셰르 베노트 야코프Gesher Benot Ya'aqov에 관한 내용이 있었다. 연구자들이 그곳에서 석기와 다양한 유기 잔존물을 발견했는데 그중에는 과일을 비롯해 도토리, 아몬드, 네마름, 그리고 피스타치오 상록 관목인 마운트 아틀라스 매스틱*Pistacia atlantica* 같은 다양한 견과류 나무도 있었다. 게셰르 베노트 야코프에서 발견된 유물은 약 30만 년 전의 것으로 추정된다. 몇 번이나 다시 확인했을 정도로 믿을 수 없는 숫자였다. 호모 사피엔스가 아프리카 사바나에서 온 시점보다도 대략 10만여 년은 앞선 구석기 시대의 발견이었다. 그 시기 유럽과 북아메리카의 절반은 영구 동토층 아래 묻혀 있었다. 최근 연구에 따르면 유물 중 몇몇은 그보다 더 오래되었을 가능성도 있다.

지도를 보니 나의 막연한 의심에 확신이 생겼다. 운 좋게도 나는 그 지역을 직접적으로 알고 있었다. 1980년대 중반 무렵 이스라엘 북부 갈릴리호Sea of Galilee[2] 근처에 있었기 때문이다. 당시 나는 요르단과 골란 고원Golan Heights[3]에서 멀지 않은, 바다 위에 떠 있는 키부츠kibbutz[4]인 아미아드Ami'ad ('나의 백성이여, 영원히'라는 뜻이다)에서 몇 주를 보냈다. 게셰르 베노트 야코프 발굴 현장은 그곳에서 10킬로미터 남짓 떨어져 있었다.

아미아드에서 자란 과일나무의 원산지는 다른 지역이었다. 나는 이 중 하나인 아보카도 수확을 도왔다. 서양배처럼 생겼으며 매우 영양

---

2 이스라엘 동북부 요르단강 중류에 있는 호수. 모양이 하프와 비슷해 구약 성경에서는 '긴네렛 바다', 신약 성경에서는 '게네사렛 바다'라고도 한다. 예수가 이 부근에서 제자를 택하고 많은 기적을 보이는 등 성경과 관계 깊은 호수다.

3 이스라엘, 시리아, 레바논, 요르단에 접한 넓은 고원. 갈릴리호 동쪽에 위치하며 드넓은 고지대 주변 지역 여러 하천의 발원지로 농경과 목축이 발달했다.

4 이스라엘의 농업 및 생활 공동체다. 철저한 자치 조직을 바탕으로 개인 소유를 부정하고 생산·소비·육아·교육·후생 등을 공동으로 행한다.

아보카도 혹은 앨리게이터 페어,
19세기 초.

가 높은 이 과일은 멕시코의 숲에서 기원해 아마도 지금은 멸종한 메가테리움giant ground sloths[5]의 도움을 받아 브라질로 퍼져 나갔을 것이다. 고고학적 증거에 따르면 인류는 기원전 6000년 무렵부터 이미 아보카도를 활용했고, 그로부터 약 1,000년 후부터 활발하게 재배하기 시작했다. 아보카도의 파충류 같은 껍질 때문에 영어권 사람들은 '앨리게이터 페어alligator pear, 악어 배'라고 불렀다.

5 신생대 제4기 홍적세 무렵 남아메리카에 서식하던 거대한 땅늘보의 한 속.

나무가 수백 그루는 족히 자라는 키부츠의 아보카도 숲은 주요 정착지 외곽에 위치했다. 2미터 높이의 나무들은 가지를 넓게 뻗으며 그 높이만큼이나 서로 멀찍이 떨어져 줄지어 서 있었다. 열매는 대부분 도구를 써야 딸 수 있는 높이에 열렸기 때문에 사람들은 여기저기에서 나뭇가지를 타고 오르곤 했다. 우리는 돌덩이처럼 단단한 아보카도를 당기거나 비틀어 따기 위해 굽은 나무들의 무성한 진녹색 잎사귀를 헤치며 나아갔다. 매일 저녁 잘 익어 버터 같은, 초록빛 속살이 식탁에 올랐다. 나는 곧 아보카도에 물렸고, 칼로리가 높아 살이 찔 것을 염려했지만 다른 선택지가 많지 않았다. 이러한 과잉 공급은 역사적으로 과수원에서 흔하게 나타나는 문제인데, 사람들은 과일과 견과류를 기발한 방법으로 가공해 맛과 식감을 다양하게 즐기고 1년 내내 먹을 수 있도록 저장하는 방법을 고안해 냈다. 하지만 이러한 노력에도 불구하고, 내가 그랬던 것처럼 여전히 과일은 종종 단조로운 식단으로 여겨진다.

앞서 언급한 프랑스 매체 기사가 제공하는 감질나는 정보는 좀 더 조사해 보라는 신호인 것만 같았다. 나는 유적지에서 발견된 과일과 견과류를 대체 누가 어떻게 그토록 오래전에 채집했을까 하는 생각에 사로잡혔다. 어떤 초기 인류(호모 에렉투스 아니면 하이델베르크인이나 네안데르탈인일지도 모른다)가 이러한 유적을 남겼는지는 비록 확신할 수 없지만, 후기 구석기 시대에 이미 우리 고대 조상들이 야생에서 채집해 온 풍부한 수확물을 가공했음을 알 수 있다. 그 기사를 쓴 고고학자 조지 윌콕스에게 연락했을 때, 그는 이 유적지에서 우리의 먼 조상들이 즐긴 마운트 아틀라스 매스틱을 오늘날에도 시리아와 튀르키예를 비롯한 주변 국가 사람들이 먹는다는 점을 지적했다. 석기 시대 이후 마운트 아틀라스 매스틱은 열매를 맺는 많은 나무 중 하나였고, 사회 공동체에 단순히 음식을 넘어 더 많은 가치를 제공했다. 이 나무는 상업적 영역, 기쁨이라는 감정적 영역에서 동시에 역할을 수행했다. 나무의 수액은 알코올, 의약품, 향수와 향료로 가공되고, 껍질에 포함된 타닌은 동물 가죽을 처리하는 데 쓰인다. 또한 땅속 깊이 튼튼하게 뻗는 뿌리는 건조하고 먼지 많은 지역의 토양 침식을 막는 데 중요한 역할을 한다. 이 피스타시아 베라*Pistacia vera* 속에 포함되는 다른 종의 열매가 바로 우리에게 친숙한 피스타치오다. 튀르키예 동쪽에서는 피스타시아 베라나무를 보다 토속적이고 튼튼한 피스타시아 아틀란티카*Pistacia atlantica* 뿌리줄기에 접목한다.

나는 과일나무와 인간의 공진화共進化, 여러 종이 서로 영향을 주고받으면서 진화하는 일 -옮긴이를 더 잘 이해하기 위해 과수원의 역사를 추적하기 시작했다. 공유된 공진화 과정은 둘 모두에 변화를 가져왔다. 맛있는 과일을 먹는 행위는 인간의 식사를, 궁극적으로 그들의 삶을 분명 향상시켰다. 그 결과 사람들은 나무의 구조와 탐스러운 열매를 맺는 능력에 영향을 끼쳤고, 훨씬 더 매력적으로 만들었다. 그리고 인간은 나무와 과일을 넘어 그들이 과수원으로 일군 땅, 오로지 나무를 심고 길러 열매를 수확하는 것만이 아니라 나무와 더불어 살아가며 대화하고 즐거움을 누리는 장소로서 땅과 연결되었다.

농업의 기원에 대해 우리가 아는 모든 사실을 근거로 살펴볼 때, 과일나무 재배는 종종 인근 정착지와 밀접한 연관이 있다. 비옥한 땅은 특정 가문이나 부족의 소유가 되었다. 그리고 땅 주인은 귀한 나무와 덤불이 자란다면 그곳이 어디든 수확할 방법을 고안해 냈다. 그들은 나무에서 열매를 따고 덤불에서 베리류를 그러모으며 사과나 체리, 자두 따위가 열린 나뭇가지를 흔들었다. 심지어 나무 아래 쳐 놓은 그물이나 땅바닥으로 견과류와 올리브를 떨어뜨리기 위해 나무를 때리기도 했다. 상상력을 조금 발휘해 보자. 올리브나무 숲이나 과일나무 아래를 거닐 때면 나뭇잎 사이로 바스락거리며 불어오는 바람이, 인류가 초기 공동체에서 갓 딴 신선한 과일을 배불리 먹거나 기름을 짜거나 다가올 황량한 계절 동안 식량으로 삼기 위해 말리느라 부산하게 움직이는 소리를 여기까지 실어다 줄지도 모른다.

시대를 지나면서, 과일의 생물학적 성장은 개, 소, 닭의 가축화와 비교할 수 있는 오랜 역사적 발전을 동반했다. 이러한 관점에 따라 마이클 폴란Michael Pollan, 1955~[6]은 흥미로운 이론을 펼쳤다. 인간의 재배가 식물을 변화시켰을 뿐 아니라, 식물 역시 거의 의식적으로 보이는 과정에 따라 인간에게 영향을 주었다는 것이다.

이집트의 식물학자 아흐마드 헤가지Ahmad Hegazy[7]와 그의 영국인 동료, 존 러빗다우스트Jon Lovett-Doust[8]는 이 생각에서 더 나아가 다음과 같이 주장했다.

> 식물에 관한 한 우리는 거의 무의식적으로 식물을 '재배하는' 수천 종의 동물 중 하나일 뿐이다. 이 공진화의 춤에서 (그리고 인간을 포함한 모든 동물종과 공통적으로), 식물은 그들의 자손을, 그들의 유전자를 퍼뜨리고 확산할 수 있는 지역에 번성시켜야 한다.

그들은 이 논쟁을 더 이어갔다.

---

6 미국의 환경운동가이자 저술가. 〈나만의 자리〉, 〈욕망하는 식물〉, 〈잡식동물의 딜레마〉 등의 책을 출간했다.

7 이집트 카이로 대학교 교수. 사막 환경과 식물학에 대해 연구했다.

8 윈저 대학교 명예교수. 생식적 생태학과 생태계를 연구했다.

작물과 정원 관상용 종의 진화 게임에서 인간은 크기, 단맛, 빛깔, 향, 과육, 기름기, 섬유질 함량 및 약물 성분 농도 등 그들이 원하는 특성에 따라 식물을 선택하고 번식시켰다.

〈종의 기원On the Origin of Species〉에서 찰스 다윈Charles Darwin, 1809~1882[9]은 과거의 과수원과 정원사들이 '거의 무의식적으로' 적용한 메커니즘에 대해 이렇게 설명했다.

가장 잘 알려진 품종의 씨앗을 뿌리고 재배하며, 조금 더 나은 품종이 나타나면 선별하는 방식으로 계속 이루어져 온 것이다.

역사 속으로 사라진 과수원에서 셀 수 없이 많은 사람들이 언제나 자연과 협력하며 피땀 흘린 노력으로 만들어 낸 예술 작품이 바로 그 결과다. 이러한 관점에서 볼 때 과일은 유용하거나 맛 좋은 품종을 선택해 가치를 높이는 데 기여한 모든 동물, 그리고 인류에게 나무가 선사하는 관대한 공물이다.

---

9 남반구를 탐사하여 수집한 화석 및 생물을 연구하였다. 생물 진화론을 주장하였으며 1858년, 자연 선택에 의해 새로운 종이 기원한다는 자연 선택설을 발표했다.

1

과수원이 있기도 전

수백만 년 전, 대륙이 오늘날 우리가 아는 형태로 정착했으나 아직 북반구 대부분이 얼음으로 덮여 있던 시기, 지금 우리가 살고 있는 온화한 지역들 역시 툰드라지대[1]의 특성을 띠고 있었다. 이 시기에는 아주 작은 야생 크랜베리, 딸기, 라즈베리, 블루베리가 풍경을 가득 채웠다. 훗날 북방 온대 지방에서 자라는 사과, 배, 털모과, 자두, 체리, 아몬드 같은 과일과 견과 나무의 친척뻘인 종 역시 풍부했다. 짧은 여름 동안 이 야생 열매들은 작은 곤충에서부터 조류, 파충류, 가장 큰 포유류에 이르기까

1 북극해 연안에 분포하는 넓은 벌판. 연중 대부분은 눈과 얼음으로 덮여 있으나 짧은 여름 동안 지표 일부가 녹아 선태류와 지의류가 자라며, 원주민들이 순록 유목을 한다.

왼쪽 14세기 말 이탈리아판 〈타쿠이눔 사니타티스Tacuinum Sanitatis〉 중세 유럽의 건강 서적. 기원전 1000년경 아랍인 이븐 부틀란 Ibn Butlan 이 지은 책을 라틴어로 번역한 것으로 400년 이상 인기를 끌었다.에 수록된 새콤한 사과.

지 모든 동물의 부가적인 영양 공급원이었다.

사실 과일은, 특히 씨앗을 둘러싼 향기롭고 과즙이 풍부하며 대체로 달콤하기까지 한 과육은 원래 동물들로 하여금 다른 지역으로 씨앗을 가져가게 해 결과적으로 그 식물을 퍼뜨리기 위한 유혹의 장치일 뿐이었다. 초기 인류가 나타나기 전, 과일나무를 오가며 자연으로 하여금 열매를 선택하고, 번식하도록 도운 것은 바로 동물이었다. 예를 들어 새가 새콤한 과일보다 달콤한 베리류를 더 좋아하기 때문에 시간이 지날수록 잘 익은 베리류의 씨앗이 가장 널리 퍼졌고, 그만큼 싹을 틔우는 능력이 강해졌다.

몇 년 전 뉴욕 대학교의 인류학자들은 과일이 이전에 알려진 것보다 진화에 더 큰 역할을 했다는 흥미로운 논문을 발표했다. 이 연구에 참여한 영장류 동물학자 알렉산드라 드카시엔Alexandra DeCasien은 과일을 함께 먹는 영장류의 뇌가 오로지 잎만 먹는 영장류의 뇌에 비해 유의미하게 크다고 주장했다. 과일을 먹는 동물은 보다 집중해서 음식을 찾

원숭이는 과일을 좋아하는 것으로 알려져 있다. 1857년.

아다니고, 그러기 위해서는 숲 주변 길을 잘 알아야 하기 때문이라는 의견이 이 발견을 뒷받침했다. 다시 말해서 과일을 먹는 영장류는 인지 능력에 더 의존한다는 것이다. 실제로 잎만 먹는 동물의 뇌에 비해 과일을 먹는 동물의 뇌가 25퍼센트 더 크다. 일찍이 미국 뉴햄프셔주 하노버에 있는 다트머스 대학교의 인류학자 너새니얼 도미니Nathaniel Dominy와 함께 일하는 과학자 그룹은 침팬지들이 손가락으로 눌러 보기만 해도 그

위 11세기 아라비아 판본을 번역한 14세기 말 이탈리아판 〈타쿠이눔 사니타티스〉에 실린 체리나무.

과일을 먹을 수 있는지 없는지 알아낼 수 있다는 사실을 발견했다. 과일이 열리는 나무를 어디에서 찾아야 하는지 아는 것과 마찬가지로 어느 나뭇가지에 열매가 열렸는지, 1년 중 어느 때 열매가 익는지, 그리고 가끔은 어떻게 딱딱한 껍질을 벗기고 과육을 꺼내야 하는지 등 높은 지적 능력을 요구하는 이 모든 행위가 아마도 뇌 발달에 기여했을 것이다. 예를 들어 원숭이와 유인원의 신체 능력과 지적 능력에 따른 요구는 풀만 먹는 동물보다 훨씬 복잡하다. 이 연관성을 파악하기 전에 과학자들은 사회적 상호작용이 두뇌 발달의 주요 원동력이라고 믿었다.

식물학자는 과일을 구성하는 것이 무엇인지 정의하는 데 많은 시간을 할애한다. 나는 제일 마지막에 과일을 만나는 사람, 즉 과일을 먹는 사람의 관점으로 바라보기를 권한다. 과일이라는 단어는 나무, 즉 관목이나 교목 그리고 작은 덤불에서 자라며 역사의 흐름 속에서 인간의 음식이 된 식물의 열매를 가리킨다. 체리, 자두, 올리브 같은 몇몇 과일은 풍부한 과육 한가운데 단단한 씨가 하나 들어 있다. 사과, 배, 포도처럼 씨앗이 보다 작고 덜 단단한 과일이 있는가 하면, 딸기나 블랙커런트 같이 씨가 부드럽고 조그만 과일도 있다. 또한 과실 안에 꽃을 품은 가장 주목할 과일, 무화과도 있다. 과수원을 다루는 책이라면, 견과류와 더불어 이 무화과를 빼놓고 완성될 수 없다.

과일은 우리 일상의 식단에서 매우 중요한 요소다. 과일에는 건강을 지키고 삶의 질을 높이는 데 필수적인 다양한 비타민과 미네랄, 효소 외에도 많은 영양소가 들어 있다. 이 중 하나가 비타민 C다. 안경원숭이, 원숭이, 유인원과 더불어 인간은 코가 곧고 마른 영장류인 직비원아목[2]에

2 직비원류. 포유강 영장류의 총칭이다.

왼쪽 왼쪽부터 시트론, 금귤 혹은 왐피*Clausenia lansum*, 스위트오렌지, 레몬, 1868년.

속한다. 이러한 영장류와 몇몇 다른 포유류, 특히 박쥐, 카피바라capybara[3], 기니피그 같은 종에는 색다른 점이 있다. 이 동물들은 스스로 비타민 C아스코르브산를 합성할 수 없기 때문에 반드시 섭취해야 한다. 아스코르브산이 발견된 것은 고작 100여 년 전 일이지만 과일을 정기적으로 먹는 것이 몸에 이롭다는 사실을 우리는 오래전부터 인식하고 있었다. '하루에 사과 한 알이면 의사가 필요 없다.'라는 속담은 이런 직관적인 지식의 증거다. 물론 오늘날 과학자들은 하루에 사과 두 알을 먹는 것이 한 알 먹는 것보다 낫다는 사실을 알고 있다.

높은 영양 가치가 과일이 우리를 매혹하는 유일한 요소는 아니다. 우리는 과일의 고운 빛깔과 흥미로운 생김새에 끌리며, 과일을 먹는 경험 역시 다채롭고 보람 있다. 향, 달거나 신 맛, 과육의 질감과 과즙의 양 그리고 이에 따라 퍽퍽하거나 촉촉한 감각, 이 모든 인상적인 요소가 사람들을 끊임없이 끌어당긴다. 우리 조상들은 일찌감치 식물의 어떤 부분이 맛있고, 어떤 부분은 먹을 수 없으며 심지어 독성이 있는지 없는지를 습득했다. 식물은 뿌리, 씨앗, 열매 할 것 없이 사람들에게 친화적이라는 장점이 있다. 예를 들어 베리류는 맨손으로 쉽게 그러모을 수 있고, 먹기 전에 어떤 식으로든 준비하거나 가공할 필요가 없다. 과일은 보통 생으로 먹을 수 있다. 과일의 색은 먹을 때가 되었는지 구분할 실마리를 제공하는데, 빨강과 초록을 구분하지 못하는 대부분의 포유류보다 우리 인간이 보다 쉽게 알아챌 수 있다.

비록 과일은 대부분 본래 꽤 작았지만 사냥에 따른 부상의 위험 없이 채집할 수 있고, 영양소는 제한되더라도 다른 다양한 선택지가 존재했기 때문에 찾아 나설 가치가 있었다. 사람들은 자연스럽게 가장 맛 좋

---

3 중남미 강가에 사는 큰 토끼같이 생긴 동물.

은 열매가 열리는 나무를 찾았고, 어느 순간 씨앗을 몇 개 가져와 집 가까이에 심을 생각을 했다. 아마도 과일나무 몇 그루 심은 것이 고작이었을 초기 과수원은 인간의 거주지 옆에 생겨났다가 얼마 후에는 몇몇 특정 가문이나 부족 소유 땅에 일구어졌을 것이다. 채집에서 재배로 전환한 초기에는 강가나 계곡, 오아시스처럼 나무들이 이미 자연적으로 발판을 마련한 지역이 토대가 되었을 것이다.

지역마다 다른 어떤 시점에 사람들은 특정 나무를 선택하고 번식시킴으로써 과일 수확에 영향을 줄 수 있음을 깨달았다. 과일을 재배하는 일과 야생에서 채집하는 일이 결코 배타적인 활동이 아니었음을 유념해야 한다. 숲에서 발견해 인간의 거주지 외곽으로 옮겨 심은 새로운 야생 과일나무를 지속적으로 선정하는 활동은 서서히 과수원의 초기 모델을 만들어 냈는데, 이때 심은 품종은 여전히 원시적이고, 오늘날 우

위 이란의 한 과수원에서 석류를 수확하는 모습.

리가 아는 과일과 공통점이 거의 없다.

열대 과일 이외에 우리가 재배하는 과일은 대부분 풍부한 야생 과일종이 서식하는 곳에서 유래했고, 이는 결과적으로 다양한 유전적 구성을 보여 준다. 러시아의 식물학자 니콜라이 바빌로프Nikolai Vavilov, 1887~1943는 식물종의 '고향'이 가장 큰 변이를 보이는 지역이라는 가설을 세웠다. 유전적 다양성은 야생 과일의 단일 종끼리 셀 수 없이 많은 이종 교배가 가능하다는 것을 의미했고, 이러한 이종 교배는 인간의 간섭 없이 완전히 자연 상태에서 이루어져 왔다.

유전자가 다시 섞이면서 식물은 그들의 조상과 약간 다른 점을 보였다. 크기가 큰 잡종은 동물에게 발견되고 씨앗이 퍼뜨려질 가능성이 더 높았다. 이러한 유전 활동은 지중해성 기후나 아열대 기후 지역을 중심으로 광범위하게 이루어졌는데, 특히 지중해 유역과 중동, 서남아시아와 중앙아시아, 인도반도와 동아시아 지역에서 뚜렷하게 나타났다. 아프리카, 남아메리카, 광활한 호주도 마찬가지로 유전적 활기가 넘치는 주요 지역이다.

2006년, 미국과 이스라엘 과학자들이 발표한 한 연구는 식물 고고학 분야에 상당한 파장을 일으켰다. 이들은 요르단 계곡 하류에서 경작된 것 같은, 즉 의도적으로 심은 것으로 보이는 작은 무화과 여섯 개를 발견했다. 연구자들은 이 식물 유체가 1만 1,200년에서 1만 1,400년 전 것이라고 결론지었다. 이 발견은 농업 발전의 일반적인 순서, 다시 말해 먼저 곡식을 심고 그다음에 과일을 심었다는 설을 뒤엎었다. 적어도 기록에 나타난 이 사례에서는 그랬다. 그러나 이 발견만으로 우리는 무화과나무가 어떻게 그곳에 자리를 잡았고, 결과적으로 어떤 풍경을 만들어 냈을지 여전히 알지 못한다.

왼쪽 잎 모양이 독특한 잘 익은 무화과, 18세기.

이 시점에 세계 최초의 과수원에 관한 역사적 기록을 소개할 수 있다면 그보다 기쁜 일은 없을 것이다. 거기서 자랐던 사랑스러운 나무와 맛있는 과일, 그곳에서 시간을 보냈던 사람과 동물에 관한 기록을 말이다. 하지만 슬프게도 그럴 수 없다. 그러나 과수원의 발전과 관련한 몇몇 사실은 꽤 명확해서 우리로 하여금 최초의 과수원이 어떠했을지 추측할 수 있게 해 준다.

사람들에게 과일나무를 심어 보자는 생각을 처음 심어 준 것은 무화과였을까, 아니면 올리브나 대추야자 혹은 석류였을까? 이 질문에 쉽게 답할 수 없는 가장 큰 이유는, 이 모든 종의 탄화 잔존물이 존재하지만 그 표본으로는 야생종과 재배종의 구분이 불가능하다는 점이다. 과학자들이 발견한 식물의 생존 연대를 정확하게 알아냈다 해도 문제는 여전히 남아 있다. 야생종에서 재배종으로 전환하기까지 엄청나게 오랜 시간이 걸리며, 그 물리적 징후 또한 굉장히 느리게 나타나기 때문이다.

그러나 믿을 만한 재배 흔적이 하나 남아 있다. 식물이 일반적으로 발견되는 지역 밖에서 발견된 유체는 이 종들이 의도적으로 심겼으며, 자연적으로 닿지 않았을 물을 인위적으로 공급받았을 것이라는 사실을 보여 준다. 사해Dead Sea[4] 북쪽에서 발견된 올리브 씨와 올리브나무의 잔재가 그중 하나다.

인간이 지리적으로 유사한 지역에서 온 야생 나무에서 올리브를 수확했다는 가장 오래된 증거는 구석기 시대와 신석기 시대의 과도기인 중석기 시대Epipaleolithic, 기원전 1만 5,000년에서 1만 년로 거슬러 올라

4 아라비아반도 서북쪽 끝에 있는 호수. 수면이 해수면보다 낮다. 북쪽에서 요르단강이 흘러들지만 나가는 데가 없고 증발이 심해 염분 농도가 바닷물의 약 다섯 배에 달하기 때문에 세균과 염생 식물을 제외한 생물이 살 수 없다.

간다. 식물 고고학자들은 인간이 6,000년 전 요르단 계곡의 사해 북쪽과 갈릴리호 남쪽 지역에서 올리브나무를 처음으로 재배했다는 데 의견을 모았다. 그러나 보다 발전한 최근 분석에 따르면 초기 올리브 재배가 지중해 지역, 키프로스를 비롯한 중동 지역, 에게해Aegean Sea[5] 지역, 지브롤터 해협Strait of Gibraltar[6] 주변에서 많이 이루어진 것을 알 수 있다. 이러한 야생 유전 정보는 올리브 씨를 뿌리고 재배하며 넓은 지역으로 번식시키는 활동에 본질적인 토대를 제공했다.

올리브 재배가 어느 지역에서 비롯했는지 좀 더 구체적으로 규정할 수 있을까? 연구자들은 현재 튀르키예와 시리아의 국경 근처 유프라테스강 계곡 중심부에서 청동기 시대에 경작한 올리브나무의 목재와 씨앗 잔존물을 발견했다. 올리브나무의 큰 장점 중 하나는 척박한 토양에서도 비교적 잘 자란다는 것이다. 올리브나무와 올리브유는 성경에서 자주 언급되는데, 중동 전역에 걸쳐 중요한 위치에 있었음을 알 수 있다. 예를 들어 시편 128장 3절에서는 다음과 같이 인상적으로 비유한다.

> 네 집 안방에 있는 네 아내는
> 결실한 포도나무 같으며,
> 네 식탁에 둘러앉은 자식들은
> 어린 올리브 새싹[7] 같으리로다.

---

5 지중해 동부, 그리스와 소아시아 반도 및 크레타섬에 둘러싸인 바다. 고대 그리스 문화의 발상지인 다도해로 지중해 지역의 자연적 특징을 보인다.
6 이베리아반도 남쪽 끝과 아프리카 대륙 서북쪽 끝 사이에 있는 해협. 지중해와 대서양을 잇는 군사 요충지다.
7 우리나라에서 편찬한 성경에는 '올리브 새싹'이 대개 '감람나무'로 옮겨졌다. 올리브나무와 감람나무는 다른 종으로, 이 번역에 대해서는 의견이 분분하다.

중동에는 광활한 올리브 숲이 있다. 오래전에 자연으로 돌아간 들판에는 버려진 올리브유 공장들이 여전히 남아 있다. 이따금 폐허로 발견되기도 하는 올리브유 공장에서 한때 생산한 기름은 연고, 램프 연료, 향수, 화장품 향료로 쓰였다.

올리브 숲은 유럽 최서단, 포르투갈 알렌테주Alentejo 지역에도 있다. 이 숲은 완만한 황톳빛 언덕을 따라 오르내리며 끝없이 펼쳐진다. 하얗게 색이 바랜 채 여기저기 흩어져 햇빛에 반짝이는 농가 건물들만이 유일하게 풍경에 들어 있다. 지저귀는 새소리, 매미 울음소리, 땅을 차는 노새의 발굽 소리 외에는 들려오는 소리도 거의 없다. 올리브를 짤 때 나오는 떫은 즙 특유의 달콤하고 묵직한 향이 대지 위를 떠다닌다.

올리브나무는 종종 놀라울 정도로 오래 산다. 옹이가 많은 *올리베이라 두 무샹*Oliveira do Mouchão은 3,350세로 추정된다. 이 나무는 타호강Rio Tajo에서 일직선으로 1킬로미터 조금 넘게 떨어진 포르투갈 중부 아브란트스Abrantes에 있다. 밑동 둘레는 11.2미터에 달한다. 몬테네그로Montenegro[8], 그리스, 사르데냐Sardegna[9]에서도 비슷한 나이대의 올리브나무가 발견되었다. 이제 올리브 '전기 작가', 모트 로즌블룸Mort Rosenblum, 1944~[10]의 말로 이 장을 끝맺을 때가 왔다. "올리브는 누군가 그 사실을 기록하기 위한 단어들을 생각해 내기 전부터 이미 재배되었다."

---

8 발칸반도 남서부에 위치한 국가.
9 이탈리아 서쪽에 있는 섬.
10 미국의 작가이자 편집자, 기자.

Pl. 273.

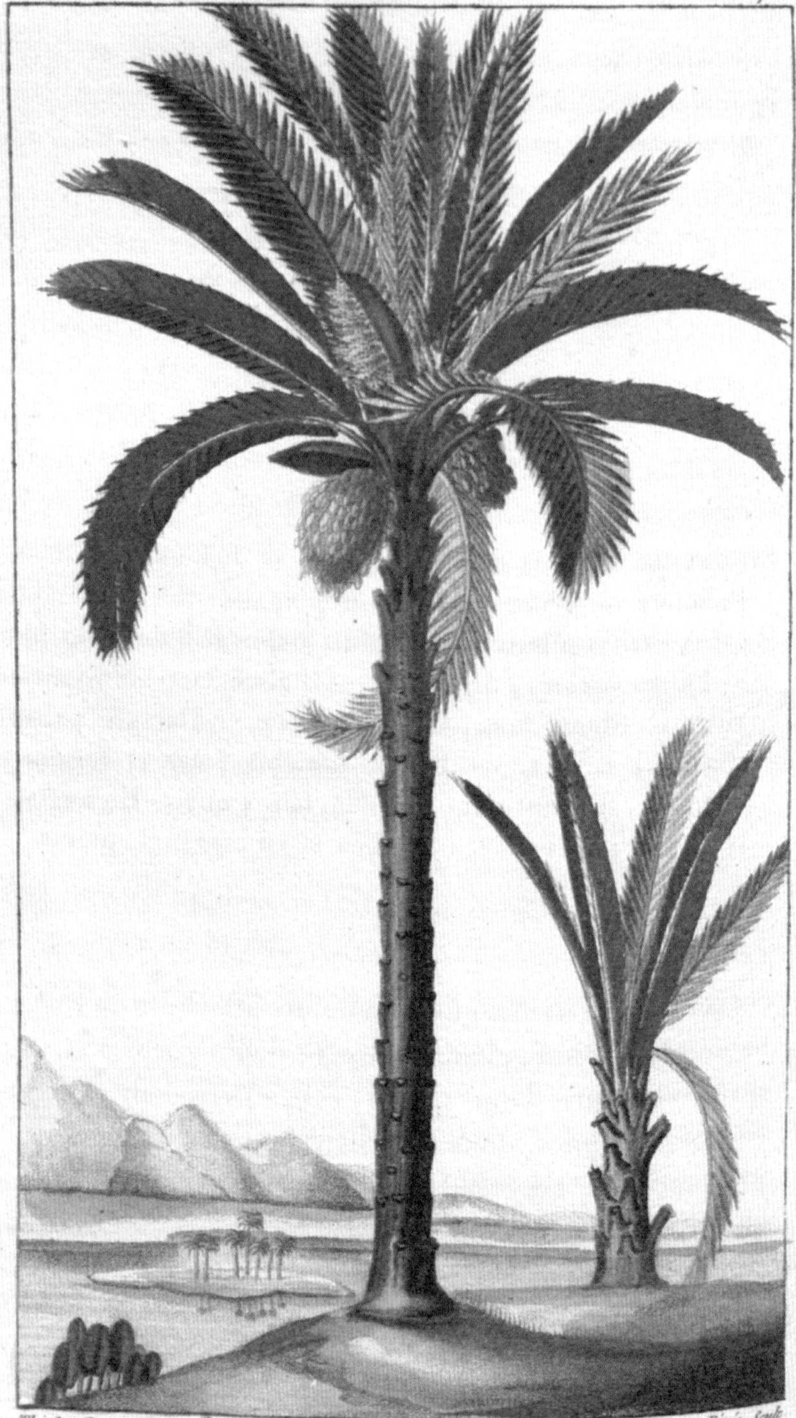

Théodore Descourtilz. Pinx.t Pérée Sculp.

2

야자나무 잎들이 바스락거리는 소리

그늘이 드리운 야자나무 숲은 태곳적부터 유목민들이 쉴 수 있는 반가운 장소였다. 특히 대추야자나무*Phoenix dactylifera*는 고대 이집트와 시리아의 넓은 스텝[1] 지역, 아라비아반도의 사막, 그리고 메소포타미아 사람들에게 중요한 역할을 했다. 사우디아라비아의 하일Ha'il 지역에 있는 자발야팁Jabal Yatib 절벽에서 발견된 야자나무와 인간, 동물을 그린 벽화는 청동기 시대 유적으로 추측된다. 그리고 야자나무 잎으로 장식한 신석기 시대 점토 항아리는 인류가 그토록 오래전부터 이 나무를 활용했

---

1 온대 초원 지대로 건기에는 불모지이지만 우기에는 푸른 들판으로 변한다.

왼쪽 익명의 한 시인은 대추야자나무를 나무의 여왕으로, 대추야자를 천국의 과일로 선언했다. 1821년.

음을 알려 준다. 나일 계곡에서 발견된 최초의 미라들은 야자나무 잎으로 만든 거적에 싸여 있었다.

오늘날 탄자니아에 있는 올두바이 협곡Olduvai Gorge[2] 같은 장소에서 오아시스는 호모 사피엔스가 건기 동안 살아남는 데 필수적이었다. 100여 년 전, 호주 태생의 영국 고고학자, 비어 고든 차일드Vere Gordon Childe, 1892~1957[3]는 '오아시스 이론'을 상정했다. 그는 농경 사회로의 전환이 오아시스와 계곡 근처에서 이루어졌다고 주장했는데 홍적세Pleistocene[4] 말기, 즉 극도의 가뭄이 닥쳐 식물과 동물이 거의 사라졌을 때 인간이 이 지역으로 피난했기 때문이다. 이후 농경이 오아시스에서 태동했다는 주장은 반박되었지만, 오아시스가 오랫동안 인류 문화의 중심 역할을 해 온 것은 분명하다.

인간이 오아시스에 정착했는지 여부, 즉 오아시스에 거주 목적의 건축물이 존재했는지, 아니면 초기 유목민이 일시적으로 머물다 간 장소일 뿐인지 알려 주는 여러 지표가 있을 것이다. 어떤 경우든 다른 나무나 덤불이 자랄 수 있도록 그늘을 제공하는 야자나무는 이러한 식물 집단의 초석 역할을 했을 것이다. 이렇게 생성된 숲들은 인류 최초의 선진 문화 흔적이 발견된 비옥한 초승달 지대(이름을 볼 때 이 지역이 초승달처럼 생긴 것은 놀랍지 않다) 주변에서 발전한 중동 문명 이전으로 거슬러 올라간다.

오아시스는 종종 고대 무역로에 위치해 사람들의 장거리 이동을 도왔다. 여행자들이 잠시 머물며 신선한 물과 과일을 다시 채우는 기항

---

2 세계에서 가장 오래된 구석기 시대의 유적.

3 생산 기술의 변천을 중심으로 선사 문화와 고대 문명을 재구성한 고고학자. 〈문명의 기원〉 등을 썼다.

4 신생대 제사기의 첫 시기. 인류가 발생해 진화한 시기로 지구는 빙하로 덮여 몹시 추웠고 매머드와 오늘날 식물과 비슷한 종이 생육했다. 플라이스토세라고도 불린다.

왼쪽 오아시스, 야자나무와 물, 낙타, 그리고 베두인족Bedouins, 아라비아반도 내륙을 중심으로 시리아, 북아프리카 등지의 사막에서 천막 생활을 하는 유목민. 낙타에 의한 통상에 종사하며 이슬람교를 믿는다.이 만나는 곳, 20세기 초.

대추야자를 좋아하는 푸른찌르레기The Greater Blue-eared Starling, 1828년.

지로서의 오아시스를 상상해 볼 수 있다. 이집트 중부에서 수단까지 이어지는 다르브엘아르바인Darb el-Arbain 낙타길, 니제르에서 모로코 북부 탕헤르까지 이어지는 길, 그리고 무엇보다도 유라시아 대륙 한쪽에서 다른 한쪽의 주요 구역을 이으며 뻗어가는 전설적인 실크 로드를 따라 오아시스가 늘어서 있었다.

메마른 땅이 꽃을 피우는 생산적인 땅으로 변화하는 과정은 귀한 물을 건조한 지역으로 흘려보내는 일에 달렸었다. 그 방법은 시간이 지나면서 점점 더 정교해졌다. 오아시스 농경은 지하에 샘이 존재하는 곳에 구멍을 파서 아르투아식 우물자분정, 피압정이라고도 한다. -옮긴이을 건설하는 방식으로 개발되었다. 불투수층 사이, 지하수가 흐르는 대수층을 파 우물을 만들기 때문에 피압되어 있던 물이 별도의 펌프 작용 없이 저절로 우물 구멍을 통해 솟아났다. 이 우물은 지하 80미터 깊이까지 건설할 수 있었는데, 초기에는 오로지 곡괭이질에만 의지해야 했다.

야자나무 잎으로 엮은 바구니와 야자나무 섬유로 만든 밧줄이 허물어진 모래나 흙을 담아 올리는 데 도움이 되었다. 오아시스 지역의 식재植栽는 대체로 상당한 기술적 도전을 필요로 한다. 더욱이 물이란 양이 적을수록 더 빨리 증발하기 마련이다. 그러므로 사막 지역에서 자라는 식물 내 수분은 해로운 염분만 남겨 둔 채 더욱 빨리 증발하기 때문에 수분 부족 문제는 더 복잡할 수밖에 없다.

옛 속담에 따르면 대추야자나무는 '불타는 태양 아래 물속에 발을 담그고 섰을 때' 가장 잘 자란다. 완전히 다 자란 나무의 뿌리는 지하수까지 닿을 만큼 땅속 깊숙이 뻗는다. 역설적으로 들릴 수 있지만, 야자나무 뿌리는 실제로 늪지를 채우거나 물에서 자라는 골풀과[5] 식물 뿌리와 유사하다. 야자나무와 골풀은 생장 환경이 매우 다른데, 야자나무는 무척 건조한 환경에서, 골풀은 매우 습한 환경에서 자란다. 이 두 식물의 뿌리는 토양 침식을 막아 주는 섬유 매트처럼 얽혀 있다. 구조 면에서 야자나무는 골풀과 마찬가지로 외떡잎식물이다. 즉 나무보다 풀에 가깝다. 야자나무는 외떡잎식물 중에서도 독특한데, 줄기가 굵어지고 키가 크게 자란다. 수질에는 놀라울 정도로 까다롭지 않아 염분이 많은 물도 개의치 않으나 차가운 기온은 치명적이어서 7℃ 아래로 내려가면 곧바로 생장을 멈춘다.

위대한 박물학자, 알렉산더 폰 훔볼트Alexander von Humboldt, 1769~1859[6]는 언젠가 야자나무를 일컬어 "모든 식물 형태 중 가장 고상하고 위엄 있다."라고 했다. 200개 이상의 속과 3,000개 이상의 종으로 나뉘는 야자나무는 각각 분명 차이가 있지만, 동시에 어떤 개성을 공유한

5 외떡잎식물의 한 과. 한해살이풀 또는 여러해살이풀로 온대와 열대에 분포한다.
6 독일의 자연과학자, 지리학자. 아마존강 상류와 안데스산맥 등을 탐험했으며 자연지리학의 시조로 일컬어진다.

다. 가지 없이 늘씬한 나무 기둥의 끝, 때로는 크고 때로는 작은 줄기 중앙에서 양쪽으로 뻗어가며 길게 갈라진 가느다란 잎들로 이루어진 수관樹冠이 바로 그것이다.

전설에 따르면 대추야자나무는 티그리스강The Tigris[7]과 유프라테스강The Euphrates[8] 사이 어딘가에서 하늘의 불과 땅의 물이 결합해 탄생했다. 하지만 연구 결과에 따르면 이 전설은 기원뿐 아니라 위치 또한 의심스럽다. 오늘날 과학자들은 세계 최초의 야자나무는 아라비아반도 동쪽 해안에서 자랐다고 믿는다. 이 주장은 수메르Sumer[9] 수도 우르Ur[10]의 유적지에 새겨진 설형 문자를 근거로 삼는데, 대추야자나무가 오래 전부터 어떻게 경작되어 왔는지 묘사되어 있다. 이 기록은 수메르 신화 속 태초의 낙원 딜문Dilmun[11]의 인간들이 자신들의 땅이던 메소포타미아를 떠날 때 야자나무를 가져갔다는 이야기와 관련 있다. 선진 문화의 발상지로 추정되는 딜문은 오늘날 쿠웨이트와 카타르 사이에 위치한 지역으로 묘사되므로 아마도 바레인을 이루는 섬 가운데 가장 큰 바레인 섬Island of Bahrain일 것이다.

대추야자나무 경작의 식물학적 기원은 분명하게 밝혀지지 않았다. 지금은 존재하지 않는 야생 야자나무에서 기원했을 수 있고, 어쩌면 오늘날 여전히 여러 지역에서 널리 자라는 야자나무 집단과 관계가 있을

7 소아시아와 메소포타미아를 흐르는 강. 유프라테스강에 합류해 페르시아만으로 흘러든다.

8 아시아 서부, 메소포타미아에 있는 강으로 티그리스강과 더불어 고대 문명의 발상지.

9 고대 메소포타미아 남부. 인류 역사에서 가장 오랜 문명이 발생한 지역으로 오늘날의 이라크 일대.

10 고대 메소포타미아 남부 도시. 기원전 4000년경에 세워졌으며 유프라테스강 덕분에 비옥한 관개지였으나 강의 물길이 바뀜에 따라 폐허가 되었다.

11 수메르 신화에 나오는 태초의 낙원으로 순수하고 거룩한 땅을 뜻한다. 원래 물이 없던 땅이었으나 물의 여신 엔키에 의해 깨끗한 물이 흘러넘치는 낙원이 되었다.

수도 있다. 이 집단에는 케이프베르데Cape Verde[12]에서 자라는 희귀한 피닉스 아틀란티카*Phoenix atlantica*, 열대 아프리카 마다가스카르나 예멘에서 발견되는 늘씬한 피닉스 리클라이나타*Phoenix reclinata* 혹은 세네갈 대추야자나무*Phoenix reclinata*, 그리고 파키스탄과 인도, 그 외 아시아 지역이 원산지인 피닉스 실베스트리스*Phoenix sylvestris* 등이 있다. 이 피닉스 속의 14개 종은 서로 교배해 번식할 수 있는데, 유일한 차이점이라면 자라는 장소뿐이다.

북아프리카와 아라비아에서 소화하기 쉬운 당분, 단백질, 미네랄, 비타민이 풍부한 대추야자나무의 열매는 전통적으로 인간을 비롯한 모든 동물에게 중요한 영양 공급원이었다. 셀 수 없이 많은 요리와 디저트에 대추야자를 넣거나 생으로 올린다. 대추야자는 종종 나무가 자라는 오아시스나 농장에서 퓌레로 가공하는데, 커다란 구리 솥에 물을 부어 만드는 이 퓌레는 거의 모든 음식에 달콤한 맛을 내는 데 활용된다.

그리스의 지리학자, 스트라본Strabon, 기원전 64?~기원후 23?[13]은 야자나무로 술, 식초, 꿀, 밀가루 그리고 다양한 섬유와 매트를 만들 수 있다는 사실을 일찍이 알았다. 대추야자 씨는 동물에게 사료로 주거나 태워서 연료로 삼았다. 나무가 거의 자라지 않는 메소포타미아 남부에서는 야자나무 줄기로 전쟁이나 무역용 선박을 건조하고 농기구와 가구를 만드는 등 매우 유용하게 썼다. 오아시스에서 일했던 농부들은 전통적으로 야자나무 잎으로 쉴 수 있는 오두막을 지었다. 4미터가 넘는 야자나무 잎은 그늘을 드리우면서도 공기가 순환되도록 엮을 수 있어 이상적인 재료였다.

---

12 아프리카 서쪽 끝, 세네갈 중부에 있는 곳.

13 그리스의 지리학자이자 역사가. 지중해 연안 각지를 여행하며 얻은 지식과 자료를 정리해 〈지리지〉를 썼다.

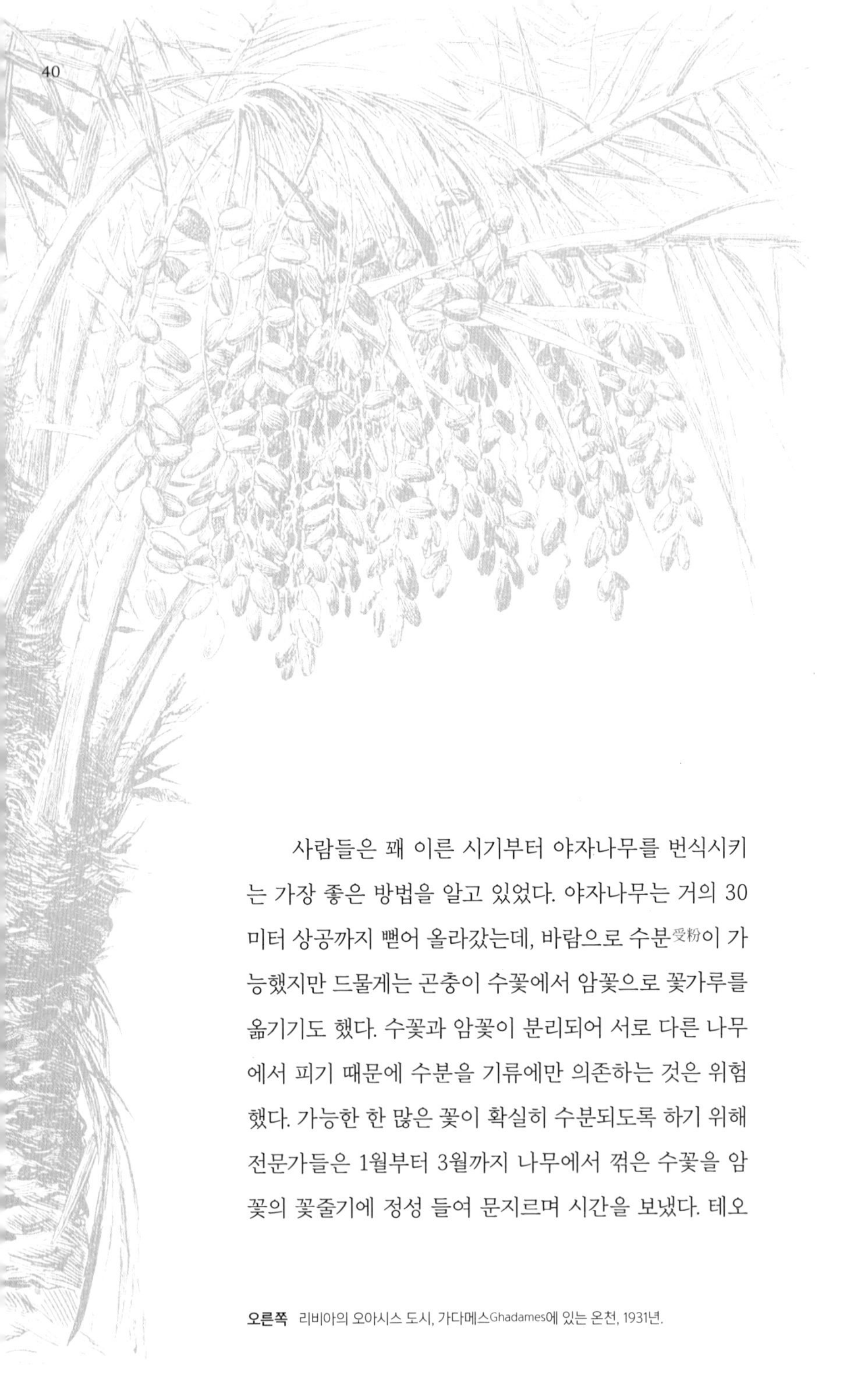

사람들은 꽤 이른 시기부터 야자나무를 번식시키는 가장 좋은 방법을 알고 있었다. 야자나무는 거의 30미터 상공까지 뻗어 올라갔는데, 바람으로 수분受粉이 가능했지만 드물게는 곤충이 수꽃에서 암꽃으로 꽃가루를 옮기기도 했다. 수꽃과 암꽃이 분리되어 서로 다른 나무에서 피기 때문에 수분을 기류에만 의존하는 것은 위험했다. 가능한 한 많은 꽃이 확실히 수분되도록 하기 위해 전문가들은 1월부터 3월까지 나무에서 꺾은 수꽃을 암꽃의 꽃줄기에 정성 들여 문지르며 시간을 보냈다. 테오

오른쪽 리비아의 오아시스 도시, 가다메스Ghadames에 있는 온천, 1931년.

프라스토스Theophrastos, 기원전 372?~기원전 287?[14]가 '더스팅dusting'이라고 표현한 이 작업을 철저하게 수행할수록 수확량은 더욱 많아졌다. 대추야자나무는 본래 수확량이 꽤 많은 편이어서 나무 한 그루에서 보통 대추야자 140킬로그램을 얻을 수 있다. 대추야자가 어째서 '사막의 빵'이라고 알려졌는지 쉽게 이해할 수 있는 대목이다. 정원사들이 수분을 위해 나무에서 꽃가루를 떠는 모습을 묘사한 메소포타미아 아시리아[15]의 저부조低浮彫 작품이 몇 점 있다. 아시리아의 과수원에서는 대규모로 수확하면 정원사나 수분을 맡아 하는 사람들에게 수확량의 3분의 1을 지급했고, 이를 통해 일의 의욕을 높일 수 있었다.

대추야자 수확의 흥미로운 딜레마 한 가지는 가을 수확철이 왔을 때 한 나뭇가지에 열린 대추가 다 같이 익지 않는다는 사실이었다. 익는 속도가 다르다는 것은 신선한 대추를 더 오랜 기간 먹을 수 있다는 뜻이지만 산업 효율 면에서는 장해가 되었다. 그러나 사람들은 수확 기간에 이러한 손실을 줄이는 법을 곧 알아냈다. 하나는 열매를 미리 딴 후 그늘에서 천천히 익도록 놔두는 것이었고, 또 다른 발견은 껍질에 작은 칼집을 내어 빨리 익게 하는 방법이었다.

자연을 속여 과일 수확을 늘리는 또 다른 방법은 열매를 맺는 암나무만 심는 것이다. 만약 나무가 야생의 오아시스에서처럼 떨어진 열매나 씨로 자연 번식을 한다면 그중 절반은 수나무일 것이다. 게다가 대추야자 씨에서 발아한 새싹이 살아남아 나무로 자라려면 많은 물이 필요하다. 어느 순간 오아시스의 사람들은 완전히 자란 암나무 줄기에서 가

14 그리스의 철학자이자 식물학의 아버지. 아리스토텔레스의 제자로 그의 학풍을 충실히 지키는 동시에 최초로 식물학을 계통에 따라 설명한 학자다.

15 셈계 아시리아인이 세운 왕국. 기원전 2500년경 도시 국가를 형성하고 번성하다 기원전 612년에 메디아와 신바빌로니아 왕국에 멸망했다.

지를 잘라 심으면 이 가지가 새로운 암나무로 자라나 문제를 해결할 수 있다는 사실을 깨달았다. 이 방식은 어린나무가 열매 맺지 못하는 기간을 4~5년 단축하며, 더 풍성하게 자란 대추야자나무는 건기 동안 더 오래 버틸 수 있다. 꽃가루를 얻기 위한 수나무 역시 중요하게 여겨 여러 지역에서 재배했는데, 아랍 전역의 시장에서 구매자를 찾을 수 있었다. 사람들은 오랫동안 대추야자나무 꽃가루가 과일 재배에 중요한 역할을 할 뿐 아니라 다양한 질병 치료와 다산에 유용하다고 믿었다.

오아시스에서 가장 키 큰 식물인 야자나무는 항상 지역 식물 생태계의 수직 구조를 결정해 왔다. 넓게 펼쳐지는 수관의 잎들은 주변 식물들을 보호하듯 아래쪽 미기후微氣候, 지면에 접한 대기층의 기후. 보통 지면에서 1.5미터 높이 정도까지를 일컬으며 농작물의 생장과 밀접한 관계가 있다 -옮긴이를 더 습하고 시원하게 유지하는 데 필수적이다. 해당 지역의 기후 조건과 음식 선호도에 따라 무화과, 석류, 대추, 오렌지, 살구, 망고, 파파야 같은 다른 과일나무가 종종 야자나무 아래에서 자랐다. 지면 가까운 곳에서 자라는 이 같은 식물은 튼튼한 야자나무에 비해 직사광선과 열, 건조에 더 민감하다. 포도 덩굴은 야자나무보다 더 작은 나무를 감고 올라가거나 옆에 설치한 지지대를 타고 가지를 뻗는다. 농부들은 더 아래쪽, 지면과 가장 가까운 곳에 이모저모로 유용한 한해살이 식물을 종종 심었다. 각종 채소와 허브, 곡물, 면화, 담배, 대마초 같은 것들이었다. 이 세 단계 식물이 잘 어우러지면 관개灌漑, 물을 인공적으로 공급하는 일 -옮긴이에 크게 힘을 들이지 않고도 땅의 생산성을 높일 수 있는데, 이는 오늘날 중동과 북아프리카 지역 농업의 주요 특징으로 남아 있다. 아래쪽에서 다른 식물이 자라지 않는 야자나무 오아시스의 경우 재배에 크게 공을 들일 필요가 없으므로 유목민들은 이따금 찾아와 여유롭게 수분 작업을 하고 대추야자를 수확했다.

수세기에 걸쳐 여행자들은 깊은 인상을 남긴 야자나무에 대해 기록해 왔다. 대개 즐거움과 유용성을 모두 누릴 수 있는 도시 근처에 심은 야자나무에 관한 글이다. 오스트리아의 기자였던 아만트 폰 슈바이거레르헨펠트Amand von Schweiger-Lerchenfeld, 1846~1910가 19세기 후반 바그다드를 경험하고 남긴 글을 읽는다면, 누구든 야자나무 숲에 가고 싶어질 것이다.

> 야자나무들은 건식 담장으로 둘러싸여 있다. 담장 위로는 덤불과 덩굴이 우거졌고, 얕은 관개 수로 사이로는 초목의 꽃과 새싹이 무성히 피었으며, 라임나무와 오렌지나무와 무화과나무가 쾌적한 그늘을 드리운 위로 탑처럼 위풍당당한 야자나무가 주렁주렁 아름답게 열매를 맺고 있다. 이 푸르고 활기찬 분위기에 안긴 작은 집은 견딜 수 없을 정도로 더운 여름날 낮이면 시원하고 나지막한 방들을 피난처로 제공하고, 저녁이면 시원한 바람뿐 아니라 나무 꼭대기에서 잘 익어 부풀어 오른 채 늘어진 열매가 사람들을 테라스로 이끌어 생기를 되찾도록 돕는다. 이런 정원들은 티그리스강 양쪽 기슭의 도시 바로 아래에서 찾을 수 있다.

오른쪽 야자나무 아래에서 즐기는 낮잠, 카나리 제도Canary Islands, 1960년.

3

신들의 정원

드넓은 중동 지역의 초기 과수원 사이에는 많은 차이가 있었다. 왕실의 생활 양식과 관련된 과수원과 효율적인 재배로 열매 수확을 극대화하기 위한 과수원은 뚜렷이 구분되었는데, 정착지 바깥에 위치한 과수원의 목적이 과일 수확이었다면, 왕실 과수원의 나무들은 보다 큰 정원의 일부로 여겨졌다. 단순히 과일 수확을 넘어서 휴식, 재산 과시, 지적 탐구, 무엇보다도 소유주와 신들이 맺는 현재와 미래의 관계 등 보다 다양한 목적으로 나무를 길렀다. 궁궐 정원에 대한 단서는 고고학 유물은 물론 스케치, 부조浮彫, 그림에서도 이따금 얻을 수 있다. 하지만 사실상 미적 요소를 고려하지 않았던 일반 가정집의 소박한 정원이나 과수원은 대부분 흔적도 없이 사라졌거나 기껏해야 사막의 모래에 희미한

왼쪽 데칸고원The Deccan, 인도 남부에 있는 고원. 서쪽은 아라비아해에, 동쪽은 벵골만에 면하며 목화가 많이 나고 지하자원도 풍부하다.의 과수원, 인도, 1685년경.

단서를 남겼을 뿐이다.

고대 역사학자, 헤로도토스Herodotos, 기원전 484?~기원전 430?[1]가 고대 이집트를 '나일강의 선물'이라고 부른 데는 그만한 이유가 있었다. 땅을 가르며 흐르는 나일강의 좁다란 초록빛 연안 지대와 하류의 삼각주 너머 지역에서는 관개 시설을 갖추어야만 농업 활동이 가능했다. 강물의 흐름을 바꿔 불모지에 물을 공급하는 일이 필수적이었다. 이런 시설을 갖추기 위해서는 큰 비용이 들었기 때문에, 당시 관개지는 부의 상징이었다. 정원을 위해 관개 시설을 갖출 만큼 경제적으로 여유 있는 사람들의 관심이 귀족 동료들과 함께 자신의 평판을 높이는 데만 있었던 것은 아니다. 우리가 앞으로 알아볼 바와 같이, 정원을 일구는 일은 내세를 위한 행위였다. 사람들은 자연의 순환을 지켜보는 신을 묘사한 예술 작품들을 통해 정원이 열매를 맺을 수 있도록 하는 존재가 바로 그 신들이라는 것을 알렸다.

이집트 제18왕조[2]의 테베 벽화[3]에는 시커모어*Ficus sycomorus* 열매를 들고 있는 나무의 여신이 그려져 있다. 시커모어는 뽕나뭇과에 속하는 낙엽 교목으로 키가 15미터 가까이 자라고 수관 둘레는 25미터에 이르며, 무화과와 비슷한 열매가 열린다. 나무줄기나 오래된 가지에서 포도처럼 무리 지어 곧바로 자라는 현상 때문에 식물학자들은 이를 간생화*cauliflory*, 식물의 원줄기나 오래된 가지의 곁눈에서 꽃이 피는 것 -옮긴이라는 사랑스러운 이

1 고대 그리스의 역사가. 페르시아 전쟁을 중심으로 동방 여러 나라의 역사와 전설 그리고 그리스 여러 도시의 역사를 서술한 저서 〈역사〉로 알려졌다. '역사의 아버지'로 불린다.

2 고대 이집트 문명 황금기의 기틀을 마련한 이집트 신왕국 시대의 왕조. 기원전 1570년부터 기원전 1293년까지 이어졌다.

3 기원전 21세기부터 기원전 7세기까지 카르나크 신전과 룩소르 신전으로 유명한 고대 이집트 제국의 수도 테베에서 신전이나 무덤 안에 그려 놓은 벽화. 노예제 사회의 생활을 보여 준다는 점에서 사료적 가치를 지닌다.

름으로 부른다. 시커모어 열매는 '진짜' 무화과에 비할 수는 없지만 그래도 맛이 아주 좋았다. 이집트 과수원에는 대추야자나무와 시커모어나무 외에 동방에서 수입한 석류나무도 있었다. 한때 강력한 제국으로 번성했던 이집트는 시리아, 팔레스타인 외에 지중해 나머지 지역과 남부 지방에서 문화적 영향을 받았다.

고대 부조 작품들은 인공 연못 주변으로 일군 작은 숲에 둘러싸인 무덤을 보여 준다. 커다란 야자나무 잎은 고인이 가는 길에 신선한 공기를 불어넣고, 나무 열매들은 배고픔과 갈증을 해소해 주었다. 고인의 동

위 고대 이집트의 파라오, 소베크호텝Sobekhotep의 무덤, 테베Thebes, 기원전 1400년경.

상이 연못에 나란히 놓이는 특별한 경우도 있었는데, 죽은 자들이 그들의 정원 풍경을 즐기도록 하기 위한 장치였다.

기원전 1250년에 만들어진 〈죽은 자의 서Book of the Dead〉 같은 고마운 파피루스 문서를 통해, 이렇듯 열매를 맺는 정원의 모습이 어떤지 추측해 볼 수 있다. 58장으로 이루어진 비네트vignette, 소품문, 어떤 형식을 갖추지 않고 자유로운 필치로, 일상에서 보고 느낀 것을 간단하게 묘사하는 짧은 글 -옮긴이에서는 물이 흐르는 연못 안의 아니Ani와 아내 투투Thuthu의 모습이 묘사된다. 그들의 왼손에는 공기의 상징인 돛이 들려 있고, 오른손은 떠 마시려는 듯 물에 담그고 있으며, 대추야자 송이가 달린 야자나무가 연못 주위를 둘러싸고 있다.

이폴리토 로셀리니Ippolito Rosellini, 1800~1843[4] 같은 후세 이탈리아의 이집트 학자가 공들여 그린 작품도 참고할 수 있다. 로셀리니는 프란코-토스카나 탐험대의 일원으로 아부심벨Abu Simbel[5]을 둘러보면서 이집트 기념물 수백 점을 그림으로 남겼다. 일부는 정원을 내려다보는 조감도이며 일부는 포도나 무화과 같은 과일을 수확하는 풍경을 묘사했다. 그의 가장 중요한 작품, 〈이집트와 누비아의 기념비I Monumenti dell'Egitto e della Nubia〉(1832~1844)는 이러한 수많은 다채로운 그림들을 엮은 책이다. 만약 남아 있는 이미지들이 정확하다면, 궁궐 안이나 근처 정원들은 물고기가 헤엄치고 새들이 노니며 수련이 핀 연못 주위로 관상용 나무들을 대칭적으로 줄지어 심어 놓은 양식화된 작은 왕국이었다. 가벼운 옷차림의 사람들이 과일을 수확하거나 나무를 돌보는 우아한 모습도 가끔 찾

4 이탈리아의 이집트 학자로 이집트 연구의 선구자. 프랑스 정부 조사대에 합류해 이집트 유적과 유물의 상관관계를 밝히고 비문의 문자를 정확하게 필사하는 데 주력했다.

5 이집트 남부 나일강 기슭의 옛 마을. 아스완 댐 공사로 인한 수몰을 면하기 위해 신전을 고지대로 옮겼다.

아볼 수 있다.

이 궁전의 정원들은 인간이 신에게 제물이나 공물을 바치는 장소이기도 했다. 신들이 지상에서 시간을 보내기에 특히 쾌적한 장소였기 때문에 이러한 의식과 경건한 관행에 무엇보다 적합하다고 여긴 것으로 보인다. 무슨 과일을 재배하는지에 따라 그 정원에 적절한 신들이 따로 있었다. 예를 들어 포도 덩굴의 신은 오시리스Osiris였다. 포도 수확과 관련해서는 레네누테트Renenutet라는 특별한 여신이 있었고, 심지어 포도 압착 장비조차 신성한 대변자를 뒀는데, 사자 혹은 양의 머리를 가진 신 셰스무Shesmu였다.

연구자들은 이집트의 포도 양조가 선사 시대인 나카다 문화Naqada

위 무화과 따기와 먹기, 고대 이집트의 귀족이던 크눔호텝 2세KhnumhotepⅡ의 무덤, 베니하산Beni Hasan,이집트 나일강 서쪽 연안에 있는 마을. 기원전 2000~기원전 1900년에 만들어진 암굴 분묘와 아르테미스를 모신 암굴 신전으로 유명하다., 이집트, 기원전 1950년경.

Culture6 시대부터 기원한다는 사실을 알아냈다. 북동쪽 삼각주와 오아시스에서 자라는 포도는 특히 귀했는데, 이 사실을 통해 우리는 포도밭이 도시와 궁궐 밖에 위치했다는 사실을 알 수 있다. 포도 덩굴은 영리하게 격자로 세운 지지대와 가로대를 타고 자랐다. 라메시드Ramesside7 시대에 포도밭은 밭 하나에 일꾼 100여 명이 필요할 정도로 규모가 커졌다. 포도와 더불어 무화과, 대추야자, 석류로 술을 담갔는데, 이 시기에 쓰여 전해진 글로는 포도밭과 과수원과 야자나무 숲을 구분하기가 어렵다. 기원전 4000년대 말, 상인들은 이집트와 레반트Levant8를 오가며 와인을 운반했다. 나일강 서쪽 기슭에 자리한 이집트 중부의 도시 아비도스Abydos9에서는 팔레스타인에서 만든 와인 항아리 암포라Amphora, 몸통이 불룩한 항아리 -옮긴이가 파라오 스콜피언 1세Scorpion I, 기원전 3200년경의 무덤에서 발견되었다.

이집트인들은 오로지 과일 재배를 목적으로 과수원을 일구기도 했다.(물론 이곳의 일꾼들 역시 기쁨과 휴식의 순간을 즐겼겠지만 이에 관한 기록은 없다) 텔엘아마르나Tell el-Amarna10 고고학 유적지의 발견은 이들이 그토록 넓은 상업 구역을 어떻게 과수밭, 포도밭, 채소밭 등으로 구분했는지 보여 준다. 구역 전체를 벽으로 둘러싸고, 다시 담장을 하나하나 세워 서

---

6 기원전 4000년경에 발달한 이집트의 고대 문명. 1~3기로 나뉘며 오아시스 도시와의 교류, 분묘 설치, 도자기 제작부터 초기 형태의 국가 건설, 이집트 신화의 기본적 세계관 정립까지 이룬 매우 중요한 시기다.

7 이집트의 제19왕조와 제20왕조 시기로 람세스 왕으로 잘 알려져 있으며 이집트 제국의 절정기를 이루었다.

8 그리스와 이집트 사이에 있는 동지중해 연안 지역을 통틀어 이르는 말로 좁게는 시리아와 레바논 두 나라를 이른다. 당시에는 가나안이라고 불렀다.

9 나일강 중류 테베 서북쪽에 있는 이집트의 고대 유적. 오시리스 신 숭배의 중심지로 13세기에 번영했으며 람세스 2세의 신전이 있다.

10 이집트 제18왕조의 파라오였던 아크나톤 시대에 수도로 번영했으나, 아크나톤 사후에 버려졌다. 이집트 중부 지역, 나일강 동편에 자리하고 있다.

로 다른 작물이 자라는 구획을 각각 에워쌌음을 알 수 있다.

유구한 시간이 흘렀음에도 텔엘아마르나 같은 장소에서 이루어진 작업에 관한 몇 가지 증거가 남아 있다. 정원사들은 높은 사회적 지위를 누리지 못했고 작업 환경은 열악했다. 그들은 하루 종일 뜨거운 태양 아래에서 햇볕을 가릴 도구 하나 없이 힘들게 일했다. 무거운 물 항아리를 나르느라 목에는 붉은 상처가 남았지만, 현장 감독들은 쉬지 않고 일하도록 그들을 몰아붙였다. 그러나 몇몇 무덤 벽화가 보여 주듯 일꾼들은 가끔 그늘에서 휴식을 취할 기회를 누릴 수 있었다.

열매가 익을 무렵이면 나무와 덩굴을 약탈하며 행복해하는 찌르레기와 앵무새 떼를 쫓아내는 것이 이들의 중요한 임무였다.(굶주린 동물로부터 대추야자 송이를 보호하기 위해 그물을 씌우는 기술은 먼 훗날 발달했다) 개코원숭이는 어린 야자나무의 나뭇고갱이와 꽃송이를 뜯어내는 것으로 악명이 높았다. 쥐 역시 위협적이었고, 메뚜기 떼는 고작 몇 분 만에 작물을 몽땅 망가뜨릴 수 있었다. 과일을 수확하기 위해 일꾼들은 나무를 타고 올라갔는데, 과일을 따서 등에 진 바구니를 가득 채운 뒤 로프를 이용해 아래로 내려보냈다. 사다리가 흔치 않았기 때문에 길들인 원숭이를 무화과나무와 야자나무로 올려 보내 가죽끈으로 동여매 놓은 바구니를 채우도록 시키기도 했다.

생산량에 중점을 둔 과수원에서도 기쁨은 감돌았다. 신왕국New Kingdom, 기원전 1550~기원전 1080년경[11] 시대 필사본인 투린 에로틱 파피루스Turin Erotic Papyrus는 다양한 과일나무의 목소리로 읊조린 사랑의 시를 담았다.(이 흥미로운 문서는 한편으로 과일을 먹는 행위와 또 다른 감각적 쾌락, 즉 성적 쾌락 사이의 연관성에 대한 가장 오래된 기록으로 알려졌다) 석류라는 단어에서

11 고대 이집트의 신왕조 시대. 제18왕조에서 제20왕조까지로, 테베인의 세력이 컸다.

는 이런 맛을 볼 수 있다.

그 여인의 이 같은 나의 씨앗,
그 여인의 가슴 같은 나의 열매,
과수원에서 [으뜸가는 것은 나]
계절마다 내가 있기에

메소포타미아에서의 발견은 또한 다른 형태의 과수원과 정원이 존재했음을 암시한다. 지배 계층을 상징하며 그들이 오락과 휴양을 즐기던 곳, 그리고 식량 생산에 헌신한 곳이다. 그 탁월성은 이집트와 비슷했지만 두 나라의 환경은 매우 달랐다. 메소포타미아의 자연환경은 넓은 대지에 가끔 보이는 진흙 평야 외에 아무것도 없어서 나무 식재에 적합하지 않았다. 사람들은 우선 티그리스강과 유프라테스강의 물을 끌어온 후 운하를 파서 들판으로 흐르도록 했다. 풍경을 바꾸어 놓는 이런 대규모 공사가 없었다면, 기원전 3세기 전반에 대지를 뒤덮으며 펼쳐지는 야자나무 숲과 경작지는 존재하지 못했을 것이다.

이 초기 정원들의 모습에 대한 단서는 존재하지만 모두 먼 훗날의 일이다. 아시리아 왕 아슈르나시르팔 2세Assurnasirpal II, 재위 기원전 883~기원전 859[12]는 오늘날 이라크 북부 티그리스강 유역의 수도 님루드Nimrud[13]를 수원水源과 연결하기 위해 많은 노력을 기울였다.

나는 어퍼자브강The Upper Zab에서부터 산꼭대기를 관통하는

12 시리아 팔레스타인을 평정해 아시리아 신제국을 건설한 왕.
13 이라크 북부에 있는 아시리아 왕조의 고대 유적지. 이집트와 페니키아의 영향을 받은 것으로 보이는 유물이 많이 출토되었다.

운하를 팠다. 그리고 '풍요의 운하'라고 불렀다. 티그리스강 유역 목초지에 물을 대고 그 부근에 온갖 과일나무를 심어 과수원을 일구었다. 내가 지나온 고원 지대와 걸었던 나라에서 찾은 씨앗을 그곳에 심었다. 소나무, 사이프러스, 여러 종류의 향나무, 아몬드, 대추야자나무, 에보니Diospyros ebenum, 로즈우드, 올리브나무, 참나무, 타마리스크, 호두나무, 테레빈나무Pistacia terebinthus, 애쉬, 전나무, 석류나무, 배나무, 털모과, 무화과나무, 포도나무…….

운하에서 물이 정원으로 쏟아져 내린다. 향기가 산책로에 퍼지고 하늘의 별처럼 셀 수 없이 많은 물줄기가 흐른다. 나는 한 마리 다람쥐처럼 기쁨의 정원에서 과일을 딴다.

자연적으로 나무가 거의 자라지 않는 지역에서 이런 수집품들은 꽤 사치스러웠을 것이다. 게다가 이 나무들은 제국 전역에서 왔고 정교하게 관리해야 했기 때문에 한편으로는 통치자의 힘과 영향력을 보여 주는 존재이기도 했다. 사르곤 2세Sargon II, 재위 기원전 722~기원전 705[14]는 두르샤루킨Dur-Sharrukin[15] 신도시를 건설하면서 정원도 함께 조성했다. 이 정원을 찾은 사람들은 매를 훈련할 수 있었고, 심지어 사자 사냥도 할 수 있었다. 자연의 모습과 특징을 모방한 이 왕실 대지는 이집트 왕궁보다 더욱 다양하고 광대하게 설계되었을 것이다. 이러한 공간에서 과일나무는 휴식과 평안을 의도한 땅과 완전히 하나가 되었고, 이에 이끌려 들어온 야생 동물은 그곳에서 자라는 식물만큼이나 중

14 사르곤 왕조의 창시자. 시리아, 이스라엘, 아르메니아를 정복했으며 바빌로니아를 병합해 대제국을 건설했다.

15 오늘날 이라크의 코르사바드.

요했다. 사르곤 2세의 뒤를 이어 왕위에 오른 센나케리브Sennacherib, 재위 기원전 705~기원전 681[16]는 아시리아의 수도 니네베Nineveh[17]에 물을 공급하기 위해 산에서 이어지는 송수로를 건설했는데, 이 도시는 티그리스강 동쪽 기슭에 위치한 메소포타미아 상류에 있었으며, 오늘날 이라크 모술Mosul 근처다.(지난 30년 동안 과학자들은 니네베를 전설 속 바빌론의 공중 정원이 있었을 법한 장소로 여겼다) 센나케리브 왕은 이렇게 말했다.

> 과수원들을 통과해 흐르는 물길을 막기 위해 늪을 만들고 그 안에 대나무를 넓게 심었다. 그리고 왜가리나 멧돼지 같은 들짐승들을 풀어 놓았다. 정원에서는 온갖 과일나무와 허브와 덩굴이 신의 명령에 따라 싹을 틔우고 무성하게 자랐다. 사이프러스와 뽕나무가 널리 번식했으며 대나무는 빠르게 자라 엄청난 규모의 장벽을 이루었다. 하늘을 나는 새와 물새들이 둥지를 틀었고 야생 암퇘지와 들짐승들도 많은 새끼를 낳았다.

니네베의 한 석회암 부조 작품에는 신아시리아 제국Neo-Assyrian Empire, 기원전 934~기원전 609[18]의 왕, 아슈르바니팔Ashurbanipal, 기원전 668~기원전 627[19]이 온갖 새가 앉아 있는 나무들로 가득한 정원의 한 덩굴 그늘에서 쉬고 있는 모습이 새겨져 있다. 그 옆에는 여왕이 높은 의자에 앉아 있

---

16 즉위한 지 4년 만에 시리아, 페니키아 등 여러 도시를 점령하고 이집트 원군을 격파했다.

17 메소포타미아 북부 티그리스강 유역에 있던 고대 아시리아의 수도. 한때 대도시로 발전했으나 기원전 612년경 메디아와 바빌로니아 연합군에 의해 폐허가 되었다.

18 아시리아가 세계에서 가장 강력한 국가였던 시기. 하지만 피정복민에 대한 가혹한 정책으로 주변 서아시아 국가 연합군에 의해 멸망했다.

19 고대 아시리아의 마지막 왕. 이집트, 시리아 등의 반란을 진압해 대제국을 재건했으며 니네베에 설형 문자 문서를 모은 대규모 도서관을 세웠다.

다. 이른바 가든파티라고 할 만한 이 장면은 우아하고 세련된 사람들과 다양한 식물의 모습을 보여 준다.

사원을 장식하는 식물 조경을 제외하고는 메소포타미아의 정원과 관련된 거의 모든 것이 시간에 허물어져 사라졌다. 하지만 고고학자들은 이집트와 마찬가지로, 동물과 도둑으로부터 보호하기 위해 벽돌이나 돌로 높은 담장을 둘러 세워 구획을 나눈 경작지들이 도시 바깥에 있었다고 추측한다. 담장은 안쪽 식물들이 외부 세계와 다른 규칙을 따르는 선택된 새로운 집단임을 나타내는 경계였다. 담장 안에 보살핌이나 보호를 받으며 인류에게 유익하게 익어 가는 보물을 품고 있었다. 담장은 소유권을 상징하기도 했다. 외부 환경을 얼마나 잘 차단하는지에 따라 아주 사소한 정보 외에 모든 것을 감춤으로써 우리의 열망을 깨우고, 현실과 사뭇 다를 보물에 대한 환상에 불을 지피는 연료가 되었다.

강의 수위, 심지어 관개 수로보다 아래에 위치한 저지대는 나무나 다른 식물을 키우기에 아주 적합했다. 그러나 곧 쉽게 사용할 수 있는 지렛대인 샤두프shaduf[20]로 물을 높이 끌어 올리는 기술이 널리 퍼졌다. 옛 건물들의 폐허 위에 새로운 건축물을 계속해서 지었다는 단순한 사실 때문에, 도시는 정원과 과수원을 조성하는 데 이상적이지 않았다. 물을 점점 더 높이 끌어 올려야 했던 것이다. 이 분야의 핵심 기술 혁신 중 하나는 고대 그리스의 수학자이자 물리학자인 아르키메데스Archimedes, 기원전 287?~기원전 212[21]의 나사로 알려진 장치였다. 이 장치 덕분에 수조에서 물을 끌어 올리는 일이 훨씬 쉬워져 운하에도 공급되었다.(흥미롭게도 이

20 이집트 등지에서 관개용으로 물을 푸는 장치로 최초의 펌프로 알려졌다. 우리의 방아두레박과 유사하다.

21 고대 그리스의 수학자이자 물리학자로 구적법, 지레의 원리, 아르키메데스의 원리 등을 발견했다.

펌프는 아르키메데스가 태어나기 400년 전에 사용된 것으로 보인다. 아르키메데스가 처음으로 작동 원리를 설명했기 때문에 이런 이름이 붙은 듯하다)

아카드 왕국Akkadian Empire[22]의 공용어로 과수원을 뜻하는 단어는 '키루*kiru*'이며 정원사는 '누카리부*nukarribu*'라고 한다. 정원사가 되려면 나무에 대한 단순한 지식 이상이 필요했다. 관개 시스템을 이해해야 했고, 식물 하나하나가 모두 필요로 하는 만큼 물을 공급받을 수 있도록

22 기원전 2350년 무렵 메소포타미아 최초의 통일 국가를 건설했다.

위 아그달Agdal 정원의 벽들, 마라케시 남부, 모로코.

운하의 수로 망 전체를 파악하고 설계할 수 있어야 했다. 〈티그리스 강변의 야자나무 숲Palm Grove on the Bank of the Tigris〉 같은 문헌에 이 두 단어가 자주 등장하는 것은 과수원이 강이나 관개 수로와 함께 발견될 수 있다는 것을 보여 주는 증거다. 정원은 대부분 나라에서 관리하거나 궁궐 관리들이 임대해 운영했다. 관리가 임대할 경우, 이들이 왕가를 속이거나 수수료에 이의를 제기하는 행위를 막기 위해 궁궐 조사관들이 추산한 수확량을 근거로 수수료를 지불하는 제도를 시행했다.

그러나 메소포타미아의 과수원은 인간이 알고 있는 모든 유용한

지식을 활용해 귀한 과일을 재배하고 수확하는 공간 이상이었다. 집 바깥에 있는 사람들이 어느 정도 태양으로부터 편안하게 보호받을 수 있는 몇 안 되는 장소 중 하나였고, 그곳에 심어진 나무 무리는 모든 생명이 예측 가능한 순환을 반복하는 작은 우주를 만들어 냈다. 관개 시설과 연못에서 증발되는 물이 공기를 시원하게 만들었는가 하면, 나무 그늘과 그 아래 맺힌 달콤한 열매는 정원 담장 밖 세상과 신선한 대조를 이뤘다. 운하와 수로를 따라서는 과일나무 외에도 토사 침식을 막기 위한 목적으로 심은 포플러와 타마리스크가 늘어서 있었다.

이러한 초기 정원이 얼마나 정교하고 선진적으로 관리되었는지

위 일종의 방아두레박인 샤두프를 조작하는 정원사, 이푸이Ipuy의 무덤, 테베, 기원전 1250년.

는 잔존하는 세계 최초의 과수원 중 하나인 아그달Agdal을 통해 살펴볼 수 있다. 모로코의 상업 도시 마라케시Marrakech[23] 남쪽에 위치한 모로코 왕가 소유인 아그달은 베르베르어Berber語[24]로 '벽으로 둘러싸인 목초지'라는 뜻이다. 압돌무민Abd al-Mu'min, 1094~1163[25]은 12세기에 500헥타르 규모의 아그달을 건설했는데, 세월이 흐르면서 많은 변화를 겪은 끝에 지금은 19세기에 세운 벽이 나무를 둘러싸고 있다. 이 벽 위로는 수많은 작은 탑이 있고, 벽 안쪽으로는 대추야자, 올리브, 무화과, 아몬드와 살구, 오렌지, 석류가 열리는 나무가 셀 수 없이 자란다.

아그달에 신선한 물을 공급하는 지하 수로는 이웃 도시의 식수도 책임지고 있다. 이 수로는 하이아틀라스High Atlas[26]에서 약 30킬로미터 떨어진 오우리카 계곡Ourika Valley에서 발원하는데, 과수원의 광활한 배경을 이룬다. 이와 더불어 장방형 연못이 세 개씩 딸린 누각들이 멀리까지 줄을 지어 점점이 서 있다. 과거에는 가장 큰 연못에서 군인들이 수영을 배우기도 했지만, 이제는 잉어가 한가로이 헤엄치고 있다. 아그달은 유네스코 세계문화유산으로 지정되었다.

아그달 인근에서는 다른 유형의 전통적인 과수원도 찾아볼 수 있다. 오늘날 마라케시 서쪽과 항구 도시 에사우이라Essaouira 남쪽, 그리고 남서부 대서양 연안에 주로 펼쳐진 이 놀라운 숲 가운데 몇몇은 자연적으로 조성된 것이었다. 이곳에는 아르간나무*Argania spinosa*가 주를 이루는데, 옹이가 많고 울퉁불퉁한 이 나무들은 12미터까지 자란다. 한때

23 모로코 중부 상업 도시. 무라비트와 무와히드 왕조 때의 수도였으며 1912년 프랑스령이 되면서 근대 도시로 발달했다.

24 아프로·아시아 어족에 속한 언어. 북아프리카 지중해 연안이나 사하라 사막에 사는 베르베르족이 쓰는데 표준어는 없다. 샤위아어, 타마지그트어, 투아레그어, 제나가어 등이 이에 속한다.

25 베르베르 무와히드 왕조의 칼리프.

26 모로코, 알제리, 튀니지에 걸쳐 있는 아틀라스산맥의 중앙부.

아프리카 북부와 지중해 지역에서 광범위하게 발견되었던 아르간나무는 거대한 기후 변화가 일어나기 전, 극지방에서도 열대성 기후가 일반적이던 시기의 유물이다. 아르간나무는 종종 지구 역사 초기의 '살아 있는 화석'으로 여겨진다. 오늘날에는 아틀라스산맥, 대서양, 사하라 사막 사이에 분포한다. 뱀 가죽을 닮은 껍질 때문에 올리브나무와 함께 자라지만 뚜렷이 구분된다. 작고 노란 열매는 잘 익어 손으로 딸 수 있을 무렵이면 저절로 나무에서 떨어지는데, 아르간 견과라고 알려진 씨앗은 딱딱하고 기름지다. 뿌리가 땅속 30미터까지 뻗는 아르간나무는 사막화 방지에 중요한 역할을 한다. 잎을 떨어뜨리고 일종의 '수면'에 빠짐으로써 혹독한 가뭄에도 살아남는 특별한 능력을 가지고 있다. 아르간나무는 수령 50~60년이 되어야 제대로 열매를 맺는데, 베르베르족 여인들은 이 열매이자 씨앗을 가공하기 위해 강가에서 주워 온 돌멩이로 껍질을 까는 전통적인 방법을 썼다. 견과류 맛이 나는 기름은 빵이나 쿠스쿠스를 찍어 먹거나 이런저런 요리에 쓰며 헤어 트리트먼트로도 사용한다. 목질이 단단한 나무 또한 목재로서 가치가 높아 다양하게 활용할 수 있다. 아르간나무의 잎뿐 아니라 열매까지 사랑하는 염소들은 안쪽에서 나무를 타고 올라가 과육을 먹고 씨앗은 다른 쪽으로 내보낸다. 인간은 이러한 '전처리를 거쳐' 이미 껍질이 벗겨진 씨앗을 모아 씀으로써 자연의 순환을 이용했다.

이제 현재의 모로코를 떠나 우리의 메소포타미아 정원으로 돌아가 보자. 이 지역은 이후 세기를 거듭하는 동안 무슬림의 땅이 되었다. 페르시아 정원을 묘사한 글을 보면 극락을 향한 인간의 갈망을 대변하는 정원을 엿볼 수 있다. 전설적인 〈아라비안나이트Arabian Nights〉의 이백열네 번째 이야기는 그 무렵 유흥과 생산 공간이 어떻게 결합했는지 보여 주는 한 가지 예다.

왼쪽 아르간나무의 염소들, 모로코.

그들은 낙원의 문처럼 보이는 아치형 입구로 들어가 다양한 빛깔의 포도 덩굴이 격자로 얽혀 드리운 그늘을 지났다. 포도의 붉은색은 루비 같고, 검은색은 아비시니아인Abyssinian[27]의 얼굴 같으며, 그 붉은 산호와 검은 물고기 사이로 진주 같은 흰색이 엿보였다. 그러다 그들은 정원에 들어왔음을 깨달았다. 얼마나 근사한 정원인가! 그곳에서 그들은 '혼자이거나 짝을 지은' 온갖 것을 보았다. 새들은 갖은 노래를 불렀다. 나이팅게일은 감동적일 정도로 달콤하게 지저귀었고, 비둘기는 애절하게 구애했으며, 개똥지빠귀는 인간의 목소리로 노래했고, 종다리는 산비둘기와 사이 좋게 대화했으며, 멧비둘기는 아름다운 선율로 공기를 채웠다. 나무에는 온갖 열매가 잔뜩 열려 탐스럽게 익어 가고 있었다. 새콤달콤한 석류, 다디단 야생 사과, 포도주의 달콤함을 품은 헤브론Hebro[28] 자두의 빛깔은 어떠한 눈으로도 볼 수 없었고, 그 맛은 어떠한 혀로도 묘사할 수 없었다.

뛰어난 작가이자 열정적인 정원사였던 빅토리아 색빌웨스트Victoria Sackville-West, 1892~1962[29]는 20세기에 페르시아를 여행하면서 많은 정원들을 보았다. 색빌웨스트는 이 정원들이 비록 크게 주목받지 못했지만 여러 세기 동안 묘사되어 온 여느 정원 못지않게 매혹적이라는 사실을 깨달았다. 그리고 자신이 고국 영국에서 알던 것과는 완전히 다른 무언가를 상징하고 있음을 완벽하게 이해했다. 그는 1926년 〈테헤란으로 가는

27 오늘날의 에티오피아.
28 예루살렘 남쪽 도시. 아브라함, 이삭, 야곱이 살던 곳으로 전해진다.
29 영국의 시인이자 소설가. 소설 〈에드워드 왕조의 사람들〉, 시집 〈토지〉 등을 썼으며 버지니아 울프와 교류한 것으로 알려졌다.

승객Passenger to Teheran〉에서 이렇게 썼다.

> 그러나 이 정원들은 꽃이 아니라 나무를 위해 존재한다. 초록빛 황야 (중략) 그곳에 버려진 많은 정원들에서 긴 오후 내내 귀뚜라미, 거북이와 더불어 방해받지 않고 머물 수 있었다. 그중 한 정원에 대해 쓴다. 눈 덮인 엘부르즈산맥Elburz mountains30 기슭 남쪽 경사면에서 평원을 내려다보는 정원이었다. 흰 들장미와 회색 살비아가 뒤엉켜 자랐고, 믿기지 않을 정도로 밝은 자줏빛 꽃이 만발한 유다박태기나무가 하얀 풍경을 붉게 물들이고 있었다. 꽃이 핀 복숭아나무 뒤로 분홍 구름이 낮게 깔려 있었고, 작은 개울과 푸른 타일을 깐 곧은 수로에서 물이 흘렀다. 수로는 부서진 분수대로 기울었다. 분수대 주위에는 사이프러스 네 그루가 서 있었다. 정면의 타일이 테라스로 떨어져 부서진 채 다른 모든 것과 마찬가지로 폐허가 된 작은 누각도 있었다. 인간은 이 누각을 만들었지만 단 한 번도 수리하지 않은 듯했고, 자신의 작품을 이토록 처연하면서도 아름답게 변하도록 남겨 놓은 채 자연을 뒤로하고 멀리 떠났다. (중략) 정원은 영혼이 머무는 장소이자 그림자의 공간이다. 평원은 외롭고, 정원에는 사람이 살지 않는다. 사람이 아닌 새와 짐승, 키 작은 꽃들이 사는 곳이다. 나뭇가지 사이에 앉아 '후who? 후who?' 하며 우는 후투티31와 마른 잎처럼 바스락거리는 도마뱀, 그리고 작디작은 레티쿨라타붓꽃이 살아가는 곳이다.

---

30 이란 북부, 카스피해를 따라 동서로 뻗은 산맥. 북쪽 기슭은 기후가 따뜻해 이란에서 가장 이상적인 경작지이며 자원이 풍부하다.

31 파랑새목 후투팃과에 속하는 새. '후후후후후' 하고 우는 소리가 '후who'라고 들리는 듯하다.

낙원이 과실수 정원이라는 생각은 많은 종교에서 찾아볼 수 있다. 성경에는 이런 구절이 나온다.

> 야훼 하느님께서 아담을 데려다가 에덴에 있는 이 동산을 돌보게 하시며 이렇게 이르셨다. 이 동산에 있는 나무 열매는 무엇이든지 마음대로 따 먹어라. 그러나 선과 악을 알게 하는 나무 열매만은 따 먹지 마라. 그것을 따 먹는 날, 너는 반드시 죽는다.[32]

그러나 아담과 하와는 유혹에 굴복해 금지된 나무의 열매를 먹었고, 인류는 낙원에서 영원히 추방당했다. 그들은 부끄러워서 나뭇잎을 덮어 몸을 가리고 하느님을 피해 숨었다. 이 끔찍한 사건의 중심에 어떤 과일이 있을까? 하와가 이 과일을 들고 있는 모습을 그린 그림은 수없이 많은데, 분명 사과는 아니다. 사실 창세기를 어느 관점에서 보더라도 사과는 언급되지 않는다. 그저 '과일'이라고 쓰여 있을 뿐이다.

하와와 사과에 대한 끈질긴 믿음은 아마도 라틴어판 성경의 초기 번역 오류이거나 심지어 의도적인 말장난에서 비롯되었을 수도 있다. '사과'를 뜻하는 'malus'와 '악마'를 뜻하는 'malum'을 혼동한 것이다. 그러나 '*lignumque scientiae boni et mali*'는 문자 그대로 '선과 악을 아는 나무'라는 뜻이며 여기에 사과가 개입될 가능성은 거의 없다. 그것은 손에 사과를 든 하와를 최초로 그린 그림을 향한 작은 첫 발걸음일 뿐이었다. 그리고 기원후 5세기 이래로 이 오해는 수세기 동안 지속되었다.

사과가 아니라면 그 과일은 무엇이었을까? 살구, 무화과, 석류, 대

---

32 창세기 2장 15~17절, 한국 성서공동번역위원회 〈공동 번역 성서〉 한국어판에서 인용.

추야자? 원한다면 성경을 샅샅이 뒤져 볼 수 있겠지만, 이 금지된 과일의 정체는 미스터리로 남을 것이다.

4

나무에서 멀지 않은 곳

연구자들은 다른 어떤 과일보다 사과의 역사에 대해 더 잘 알고 있다. 태초의 사과는 오늘날 북아메리카, 동아시아, 중국, 히말라야에서 발견되는 야생 사과로 이어지는데[1], 모두 작은 크기와 신맛이 특징인 크래브애플crabapple로 알려져 있다. 크래브애플과 야생에서 자라는 일부 재배 품종의 차이를 구분하기는 어려울 수 있다. 예를 들어 유럽 크래브애플, *말루스 실베스트리스Malus sylvestris*가 사실상 야생 품종인지 아니면

---

1 북아메리카의 *말루스 코로나리아Malus coronaria*와 *말루스 푸스카Malus fusca*, 동아시아의 *말루스 사르겐티Malus sargentii*와 *말루스 시에볼디Malus sieboldii*, 중국의 *말루스 후페헨시스Malus hupehensis*와 *말루스 바카타Malus baccata*, 히말라야의 *말루스 시에베르시Malus sieversii*, *말루스 오리엔탈리스Malus orientalis*가 여기에 해당된다.

왼쪽 영국 화가 헨리 허버트 라 생Henry Herbert La Thangue, '과수원에서In the Orchard', 1893년.

그와 다소 유사한 재배 품종인지 과학자들 사이에 의견이 일치하지 않는다. 이 모든 야생 사과는 씨앗의 생장에 중요한 한랭기가 나타나는 북반구 온대 지역에서 볼 수 있다.

크기가 작고 쓴 야생 사과는 대부분 말렸을 때 진정한 가치가 드러난다. 수분이 날아가면서 풍미가 강해지기 때문이다. 고고학자들은 약 4,500년 전 스위스의 호수 근처 주거 지역과 메소포타미아의 도시 우르에 있는 푸아비Puabi[2]의 무덤에서 사슬에 꿴 말린 야생 사과의 흔적을 발견했다. 들소, 사슴, 곰, 멧돼지, 오소리 따위의 많은 동물에게 야생 사과는 좋은 먹이였고, 나뭇가지가 빽빽하게 얽혀 자라는 특성 덕분에 사과

---

2 수메르의 여왕 혹은 여사제로 추정되는 인물. 무덤에서 수많은 유물이 출토되었다.

위 카자흐스탄의 톈산산맥Tianshan에서 자라는 꽃이 핀 야생 사과나무.

나무는 작은 동물들에게 효과적인 은신처가 되기도 했다. 올빼미는 속이 빈 나무줄기에서 새끼를 기르고 박쥐는 낮 동안 그곳에 숨어 지낼 수 있었다.

크래브애플은 다 자라도 크기가 몇 센티미터밖에 되지 않았기 때문에 나무가 번식하는 데 새들, 특히 나뭇가지에 매달린 작은 과일을 좋아하는 새들이 중요한 역할을 했을 것이다. 말 역시 사과를 무척 좋아하지만 보다 달콤한 맛을 선호했다. 따라서 연구자들은 캅카스산맥The Caucasus[3]과 크림반도The Crimea 혹은 Krym[4] 즉 아프가니스탄, 이란, 튀르키예 일부 지역과 오늘날 쿠르스크Kursk[5]가 있는 러시아의 유럽 지역에서 작고 달콤한 사과 품종이 고립되어 자란 데는 유목 상인이 기르던 말의 책임이 분명 있다고 말한다.

재배 사과Malus domestica의 품종은 매우 다양하다. 이는 중앙아시아에서 오늘날에도 자라고 있는 야생 사과 품종과 이종 교배를 한 결과다. 과학자들은 반건조 지대, 고원 지대, 산악 지대가 번갈아 나타나는 이 지역에 특히 다채로운 식물이 밀집했다는 사실을 알아냈다. 그들은 좁은 지역에서 나타나는 다양한 환경 조건이 초기 과일 발달에 결정적인 역할을 했다고 믿는다. 톈산산맥 경사면에 펼쳐진 과일 숲은 이 진화의 드라마 중심에 자리하고 있는 것으로 보인다. 이 산맥은 매우 높고(가장 높은 산인 젱이시초쿠수Jengish Chokusu 꼭대기는 약 7,500미터에 달한다) 중국 서부와 우즈베키스탄 사이를 1,600킬로미터 이상 뻗어 있다. 사과, 배, 털모과, 살구, 체리, 자두, 크랜베리, 라즈베리, 포도, 딸기, 아몬드, 피스타치오,

3 흑해와 카스피해 사이에 동서로 뻗은 산맥. 아시아와 유럽의 경계가 된다.
4 흑해와 아조프해를 가르는 우크라이나 남부의 반도.
5 러시아 서남쪽에 있는 공업 도시. 교통 요충지로 부근에 세계적인 자기磁氣 이상 지역과 철광 지대가 있다.

개암나무 열매, 호두 등과 같은 북반구 온대 기후에서 자라는 전형적인 과일 품종을 쉽게 찾아볼 수 있다.

텐산산맥 일대는 다양한 식물종과 200개가 넘는 강, 그리고 사막으로 둘러싸여 오랫동안 외부의 영향을 받지 않은 땅에 이르기까지 모든 기후와 생태 조건이 과일이 자라는 데 이상적이다. 이곳에서 자라는 사과나무는 모양과 크기가 다양한 만큼 열매 맛도 다채로워서 어떤 사과는 꿀처럼 달콤하고, 어떤 사과는 아니스*Pimpinella anisum*[6]나 견과류 맛이 나며, 개중에는 도저히 먹지 못할 정도로 신 것도 있다. 재배 사과의 조상인 달콤한 야생 사과는 아마도 수백만 년 전, 기원지인 중국 지역에서 텐산으로 이동해 갔을 것이다.

텐산산맥의 놀라운 숲들은 정치적, 지역적으로 고립되어 비교적 최근까지 관심을 받지 못했다. 하지만 그 덕분에 살아남을 수 있었고, 이 이질적인 지역은 이제 야생 식물을 연구하고 그 유전 물질을 보존하려는 식물학자들의 성지가 되었다. 이런 연구자 중 한 명이자 셀본Selborne 가문의 4대 백작인 존 파머John Palmer는 자신이 물려받은 햄프셔주 사유지에서 반세기 가까이 과일 농장을 운영했다. 큐Kew[7]에 있는 왕립식물원Kew Garden의 이사장을 역임하기도 한 그는 사과가 야생에서 어떻게 자라는지 연구하기 위해 카자흐스탄의 중국과 국경을 접한 중가르 알라토Dzungar Alatau 지역을 여행했다.

포플러, 단풍나무와 더불어 사과나무가 지배 종인 숲을 우리

6 산형과의 한해살이풀. 흰 꽃이 피고 열매는 갈색을 띠는 달걀 모양으로 향미료로 쓰인다. 그리스와 이집트가 원산지로 유럽, 인도, 멕시코 등지에 분포한다.

7 영국 런던 서남부의 지역.

는 처음으로 발견했다. 홉hop[8] 또한 사과나무만큼이나 많이 자라고 있었다. 나 역시 햄프셔에서 사과나무와 홉을 재배했지만, 이 두 식물이 야생에서 함께 자라는 모습을 보리라고는 털끝만큼도 예상하지 못했다. 만약 내가 토폴리예프카Topolyevka에서 보았던 자연의 모습을 따랐더라면 홉이 늙은 브램리Bramley[9] 사과나무를 타고 오르도록 재배할 수 있었을 것이고, 기둥과 철사로 덩굴 지지대를 만드는 작업을 생략해 비용도 크게 절약되었을 것이다. 사과나무 몇 그루는 5월에 내린 때아닌 눈 때문에 거의 자라지 않았다. 가지치기를 해 나무가 고르게 잘 자라는 과수원에 친숙한 내게 이 사과나무 숲은 일종의 문화 충격이었다. 빼곡하게 자라는 나무의 가지들은 먹이를 찾는 곰들이 부러뜨려 놓았고, 뚫을 수 없을 정도로 빽빽하게 얽힌 늙은 나무에서 떨어져 나온 뿌리순에서 많은 어린나무가 돋아나고 있었다.

비록 인간의 도움 없이 일구어졌고 여전히 인간의 거주지에서 멀리 떨어져 있지만 이러한 지상의 에덴동산과 그 안에 숨어 있는 유전 정보의 보고寶庫는 위험에 처했다. 재배 사과 품종의 꽃가루가 하나의 위협이고, 묘목을 먹는 방목지의 야생마 또한 또 다른 위협이다.

이 숲의 열매들은 어떻게 아시아 전역과 서쪽으로 계속 퍼져 나갔을까? 중앙아시아에 펼쳐진 작은 언덕과 평원에서 맞는 여름과 가을은 초기 인류에게 적당한 환경이었음이 틀림없다. 유목민들이 말을 타고 아시아 내륙을 지나는 길이 생긴 지는 적어도 1,000년은 되었을 것이다.

---

8 삼과의 여러해살이 덩굴풀. 맥주의 원료로 쓰인다.
9 요리용으로 쓰는 큰 사과.

훗날 과일은 전설적인 옛 무역로인 실크 로드를 따라 상인들과 함께 이동했을 것이다. 동쪽에서 서쪽으로 가는 행렬에는 비단, 도자기와 더불어 음식도 실었는데, 모든 음식이 긴 여정 동안 먹기 위한 것만은 아니었다.

흥미로운 단서가 발견된 장소 중에 우즈베키스탄 북서부 해발 2,200미터에 이르는 파미르고원 끝자락의 유목민 거주지 토슈불로크가 있다. 이 중세 유적지 발굴 과정에서 발견된 호두는 인근 나무에서 열린 것이지만, 포도와 복숭아 잔해는 근처 오아시스 도시 사마르칸트 나 부하라 부근의 온화한 기후 지역에서 자란 나무에서 비롯한 것으로 추정된다.

스페인의 루이 곤살레스 데 클라비호Ruy González de Clavijo, ?~1412[10]는 마르코 폴로가 여행한 지 한 세기 후 이 지역을 방문했다. 1404년 8월 말, 그는 사마르칸트 외곽에 있는 공원 비슷한 큰 과수원을 발견했다.

> 우리는 높은 담장으로 완벽하게 둘러싸인 폐쇄된 과수원을 발견했다. 그곳에는 온갖 나무가 가득했는데, 라임나무와 시트론나무만 찾아볼 수 없었다. (중략) 여섯 개의 커다란 수조에서 쏟아지는 세찬 물줄기가 과수원 한쪽 끝에서 다른 쪽 끝으로 흘렀다. 연못과 연결되는 포장로 양옆으로 키가 매우 큰 나무가 다섯 줄씩 심겨 그늘을 드리웠다. 이 길로 이어지는 작은 오솔길들이 과수원의 모습을 더욱 다채롭게 했다.

---

10 15세기 초 스페인의 외교관. 카스티야 왕의 사절로 사마르칸트를 방문했으며 견문록 〈티무르 대제사〉를 저술했다.

이 과수원 너머에는 포도밭에 어울릴 만한 또 다른 작은 정원이 있었다.

사과는 거의 완벽한 과일이다. 다른 많은 과일보다 더 오래 저장할 수 있고 멀리 운반할 수 있다. 말린 사과 조각은 벌레가 잘 꾀지 않고 박테리아나 곰팡이에게 번식할 발판을 제공하지 않기 때문에 보관이 훨씬 용이하다는 사실을 사람들은 일찍이 발견했을 것이다. 일부 사과는 건조하면 쓴맛이 줄어든다. 중세 사람들은 크래브애플을 다른 음식의 맛을 돋우는 시즈닝으로 주로 이용했다. 목수는 보통 단단하고 나선형인

위 스웨덴 화가 칼 라르손Carl Larsson이 바라본 수확기의 사과 과수원. 20세기 초.

Plate LXXVIII
Calvile Acoute
Fig. I.
Fig. II.
Super Cælestial
Fig. III.
Monsterous Rennet
Winter Pearmain
Fig. IIII.
Fig. V.
Spencer Pippin
S.t John Aloes Rennet
Fig. VII.
June Apple. Fig. VI.
B. Langley Delin.
I. Carwitham Sc.

사과나무 목재를 소중히 여겨 시곗바늘, 트레드밀, 나사, 베니어판을 만드는 데 사용했다.

'사과는 나무에서 멀리 떨어지지 않는다.' The apple doesn't fall far from the tree. 의역하자면 '부전자전', '피는 못 속인다'라는 뜻이다. -옮긴이라는 속담을 문자 그대로 보면, 사과는 익자마자 바로 땅에 떨어진다는 의미다. 이 인과반응은 나무와 열매 사이의 소통에 달렸다. 사과는 익으면서 에틸렌ethylene을 생성한다. 나무가 이 신호를 받으면 잎에서는 식물호르몬인 아브시스산abscisic acid.[11]이 생성된다. 결과적으로 잔가지와 사과 줄기 사이에 장벽이 형성되어 영양소 흐름이 차단되고, 그 결과 열매는 가지에서 떨어진다.

우리는 이 사과가 점차 분해되어 씨앗 중 하나가 땅의 어느 지점에 묻히는 모습을 상상할 수 있다. 그러나 이 묘목의 앞날은 그다지 밝지 않다. 부모 나무가 햇빛을 막고, 물과 영양분을 얻기 위해 어린나무와 경쟁할 것이기 때문이다. 성장에 필요한 햇빛과 공기를 얻기 위해 사과나무는 서로 일정 공간을 두고 떨어져 있어야 한다. 이 공간으로 새와 동물이 들어와 씨앗이 퍼지는 것을 돕는다. 흥미롭게도 어린 사과 씨앗은 천연 발아 억제 성분이 들어 있어 추위에 강하다. 이 씨앗들은 수분을 흡수해 부풀어 오른 후, 다음 식생기에 첫 싹을 틔우기 위해 겨울을 보낸다. 만약 그렇지 않다면 어린 식물들은 첫해의 추운 기간 동안 얼어 버릴 것이다.

씨앗 확산과 별개로 '사과는 나무에서 멀리 떨어지지 않는다'라는 표현은 유전학적 관점에서는 기본적인 오류다. 이 속담이 의미하는 대

11 식물의 생장 기능을 조절하는 호르몬 중 하나. 휴면과 노화를 촉진하고 생장과 발아를 억제하며 숨구멍을 닫는 작용을 한다.

왼쪽 '현재 영국에 존재하는 과일을 최고로 기르기 위한 확실한 방법'을 약속하는 책, 〈포모나Pomona〉에 실린 사과들. 배티 랭글리Batty Langley, 1729년.

로 인간 아이는 때때로 부모와 매우 닮는 것이 사실이지만, 사과씨는 그렇지 않다. 사과 씨앗 각각에는 다양한 유전 물질이 포함되어 있는데, 같은 유전 물질을 포함한 씨앗끼리는 수정이 잘 이루어지지 않는다. 이 경우 결과적으로 꽃이 피거나 열매를 맺기 힘들다. 즉 부모 나무 아래 떨어진 씨앗들만으로는 열매를 맺는 사과나무가 자랄 수 없는 것이다. 부모 나무에서 멀리 떨어진 씨앗이 다른 품종의 씨앗을 만났을 때에 비로소 열매를 맺을 수 있다.

그러므로 씨앗에서 자라난 과일나무가 부모 나무와 정확히 같은 특질을 보이는 경우는 매우 드물다. 사실 유전 특성이 같은 식물을 생산하려면 자연스러운 유성 생식[12] 과정을 우회해야 한다. 특히 매력적이거나 맛 좋은 과일이나 나무를 복제하기 위해서는 접목椄木이라는 형태로 인간이 개입해야 한다. 이 방법으로 특히 좋은 나무의 접가지접목을 위한 식물의 가지 -옮긴이를 대목접목 시 접가지를 붙이는 나무 -옮긴이, 즉 다른 나무의 뿌리 부위나 나무줄기의 일부분과 접합한다. 접목이 성공하기 위해서는 접가지의 껍질 아래 성장층인 형성층식물의 줄기나 뿌리의 물관부와 체관부 사이에 있는 분열 세포의 층 -옮긴이이 대목의 부름켜와 서로 맞닿아야 하고, 이 과정을 통해 두 조직이 융합된다. 이 과정은 2주에서 4주가 걸린다.

모든 과정을 올바로 수행해 접가지와 대목이 잘 연결되면 두 부분은 하나로 생장해 접가지를 제공한 나무의 자연 복제품이 된다. 대목은 새로운 나무에 물과 영양분을 공급하는 한편, 다양한 방법으로 생장에 영향을 준다. 접목은 나무의 생장 시계 태엽을 빠르게 감는다. 만약 더 나이 많은 나무의 접가지를 접목했다면 대목의 나이와 상관없이 더 일찍 꽃과 열매를 맺는 나무가 탄생한다.

---

12 암수의 두 배우자가 합일한 접합체에서 새로운 생명체가 발생하는 생식법.

접목은 과일나무 재배를 완전히 새로운 수준으로 이끌었다. 나무의 자손이 항상 동일한 특성의 과일 품종을 생산하는 능력이 이 접목 기술에 달렸다. 사람들은 이 기술을 발전시키는 방법을 수천 년 동안 꾸준히 개발해 왔다.

접목의 정확한 기원은 밝혀지지 않았다. 사과의 역사적 발전을 집중적으로 연구한 배리 E. 주니퍼Barrie E. Juniper와 데이비드 J. 매벌리David J. Mabberley는 밭에서 일하던 농부들이 의도하지 않은 접목 과정을 관찰하게 되었을 수도 있다는 흥미로운 가설을 세웠다. 예를 들어 이웃한 식물과 한 매트에서 자라는 식물이 서로 합쳐져 저절로 새로운 싹이 텄을 수도 있다. 이 현상을 관찰한 사람들이 의도적으로 여러 조합을 시도해 보고 싶다는 동기를 부여받았을 수 있다. 이러한 관찰은 다른 장소에서도 일어날 수 있었고, 시간이 지나면서 다른 종류의 과일나무에도 기술이 전수된 것이다.

어떤 식물이 접목에 적합하고 어떤 식물은 적합하지 않은지를 결정하는 일은 꽤 복잡하며, 많은 요인에 영향을 받는다. 시간이 지나면서 사람들은 서로 호환되는 과일 종에 대한 경험을 쌓았다. 기본적인 규칙 중 하나는 식물이 상대적으로 가까운 관계여야 한다는 것이다. 두 식물이 유전적으로 흡사할수록 접목 가능성 또한 커진다.

대목은 접붙인 나무의 키를 결정하는 한편, 접가지는 열매의 종류를 결정한다. 오늘날 배 접가지를 털모과에 접목하기도 하지만 사과나무는 이종 간 접목에 적합하지 않다. 셋 모두 살구속이어도 아몬드와 복숭아는 호환되지만 아몬드와 살구는 접목이 불가능하다. 테오프라스토스는 이미 이런 원리를 이해하고 다음과 같이 썼다. "항상 비슷한 것끼리 쉽게 결합하는 것과 마찬가지로, 늘 그랬듯 같은 품종의 싹이다." 그러나 과거에는 종종 환상적인 수준에까지 접목을 적용하려 해서, 뽕나무 가지를 하얀 포플러에 접목해 하얀 뽕나무를 탄생시킬 수 있다는 이론도 존재했다.

식물 접목을 통제하는 생물학적 법칙과 더불어 문화적, 종교적 태도가 영향을 끼쳐 접목은 결혼과 유사한 형태로 인식되기도 했다. 이를 바탕으로 서로 불평등한 식물의 조합, 예를 들어 재배 사과나무와 야생 배나무 같은 조합은 피해야 했다. 이는 단순하게 생각하면 교육을 제대로 받은 집안의 자녀를 야만적인 문맹 집안의 자녀와 혼인시켜서는 안 된다는 논리와 결을 같이한다.

의도적으로 재배한 과일나무가 많아짐에 따라 시간이 지날수록 야생 과일을 맺는 식물의 비율이 줄어들었다. 그 결과 정원사와 농부의 욕망이 반영된 재배 과일 품종이 부상하고 야생 품종과 점점 차별화되었다. 일꾼들에게 인내는 필수적인 덕목이었다. 나무를 심은 후 처음으로 열매를 맺기까지 적어도 3년은 필요했다. 게다가 어린나무들은 특히 세심하게 관리해 주어야 했다.

오늘날에도 '야생'과 '경작' 사이 넓은 영역 어딘가에 여전히 생산적인 나무들이 존재한다. 예를 들어 아나톨리아Anatolia[13] 중앙부의 사람들은 의도적으로 원시 배나무, 유럽 산수유나무Cornelian Cherry, 마운트 아틀라스 매스틱, 아몬드나무, 서양팽나무 같은 야생 과일나무를 보존한다. 때로는 어린나무의 대목에 특별히 맛있는 과일이 열리는 늙은 나무를 접붙이는 간단한 방식으로 이 나무들이 맺는 풍성한 결실을 즐긴다. 재배된 올리브나무의 잔가지 역시 때때로 그들의 야생종인 올리애스터나무*Olea oleaster*에 접목되기도 한다.

---

13 흑해와 지중해 사이 튀르키예의 넓은 고원 지대.

5

고전 속 과일들

고대 그리스 사람들은 접붙이기 기술에 친숙했다. 그들은 소아시아Asia Minor[1] 이웃들과 밀접하게 교류했는데, 이곳 주민들은 과일나무와 과일나무 재배법에 대해 매우 잘 아는 지식의 원천이었다. 호메로스Homeros, 기원전 800~기원전 750[2]는 기원전 8세기에서 기원전 7세기경에 쓰인 〈오디세이Odyssey〉 7권에서 파이아키아 왕 알키누스가 소유했던 독특한 한 과수원을 묘사한다.

---

1 아시아 서쪽 끝에 있는 흑해, 에게해, 지중해에 둘러싸인 반도. 튀르키예의 대부분을 차지하며 예로부터 아시아와 유럽을 잇는 중요한 통로였다.

2 고대 그리스의 시인. 서사시 〈일리아드〉와 〈오디세이〉를 썼다.

왼쪽 보이오티아Boeotia, 그리스 중부에 있는 지방. 오래전부터 문화가 발달해 테베, 오르코메노스 등의 도시 국가가 번영했다. 밀, 보리, 담배, 포도주, 올리브가 많이 난다. 출신 운동선수를 위한 장례 기념물의 세부 모습. 오른쪽 위로 석류 두 개가 보인다. 그리스, 기원전 550년경.

성문 가까이 펼쳐지는 넓은 정원,
폭풍우와 궂은 날씨로부터 보호받네;
할당된 4에이커의 땅,
주변으로 녹색 울타리가 둘러 있네.
비옥한 대지에서 자라는 무성한 키 큰 나무:
여기 금으로 익어 가는 빨간 사과,
여기 감미로운 즙이 넘치는 푸른 무화과,
새빨갛게 타오르는 농익은 석류와 함께,
여기 배의 무게에 아래로 굽는 나뭇가지,
그리고 1년 내내 잘 자라는 푸릇푸릇한 올리브……
배가 떨어질 때마다 배를 수확하고.
사과 위에 사과, 무화과 위에 무화과 쌓여 가네.[3]

또 다른 관점에서 〈오디세이〉는 오디세우스의 아버지 라에르테스가 소유한 농가를 묘사한다. 집과 더불어 노예 거주지, 축사, 들판과 포도밭이 알키누스의 정원에서 자라는 과일과 함께 등장한다.

그리스어로 '과수원orchard'은 때로는 친숙해 보이는 *orchatos*[4], 때로는 *kêpos*를 쓰는데, 뜻을 정확히 규정하기 어려운 *kêpos*는 어떤 면에서 정원의 변화무쌍한 특성과 통한다. 고고학자 마거릿 헬렌 힐디치는 *kêpos*의 그리스적 개념을 분석했다.

3 이 책에서는 알렉산더 포프Alexander Pope가 영어로 옮긴 버전을 한국어로 번역했다.
4 영어 orchard와 철자가 비슷해 저자는 친숙하다는 표현을 썼다.

세 가지 본질적인 '공명共鳴'이 있다. 하나는 높은 가치에 대한 공경, 다른 하나는 부와 특권 그리고 동양적인 요소, 마지막으로 유혹적이면서도 위험한 여성의 존재다. 이 요소들은 그리스 풍경과 결합해 정원을 양면적이고 경계적인 공간으로 만들었다.

도시 외곽의 과수원은 물을 보장받을 수 있는 강과 하천 주변에 위치했다. 기원전 600년경에 살았던 그리스의 시인 사포Sappho, 기원전 630~기원전 570[5]는 아프로디테에게 바쳐진 사과나무와 목초지, 관개 시설을 갖춘 것이 분명한, 거품이 부글부글 끓어오르는 온천에 대해 쓰기도 했다.

그리스에서 호메로스가 그토록 일찍이 무화과 재배에 대해 언급한 것은 썩 흥미로운 일이다. 무화과나무는 페르시아에서 기원한 것으로 알려져 있기 때문이다. 무화과나무의 수분 생태는 상당히 복잡하다. 대개는 무화과말벌이 개입해야만 한다. 무화과에는 수꽃과 암꽃뿐 아니라 곤충이 알을 까고 자라는 번식지 역할을 하는 특이한 꽃이 피는데, 이처럼 무화과말벌이 들어 있는 무화과는 먹을 수 없는 것으로 여겨졌다. 이런 일을 막기 위해 과수원에서는 한 나무에서는 말벌을 위한 꽃과 수꽃만을 피우게 하고(카프리피그*Ficus caprificus*라는 반야생 무화과 품종이다) 다른 나무들은 암꽃만 피우도록 무화과나무를 개량했다. '무화과 수분 촉진법caprification'이라고 알려진 이 과정에서, 카프리피그나무의 잔가지를 무화과나무의 수관에 접붙인다. 이렇게 길러진 암나무에서는 우리가 먹을 수 있는 무화과가 열린다.

그리스인들은 또한 흑해Black Sea[6] 지역에서 육지로 넘어온 양조용

5 레스보스섬의 방언으로 소녀나 청년에 대한 정열적인 애정을 읊은 서정시를 지었다. 작품에 〈아프로디테 송가〉가 있다.

6 유럽과 아시아의 경계에 있는 바다. 우크라이나, 루마니아, 튀르키예 등으로 둘러싸여 있다.

포도에 감탄했다. 그리스 신화에 따르면 제우스의 아들 디오니소스가 이 포도를 발견하고 인간에게 소개했다. 위대한 철학자 플라톤Platon, 기원전 428?~기원전 347?[7]이 "신이 인간에게 선사한 것 중에 이보다 더 훌륭하고 가치 있는 것은 없다."라고 한 말은 꽤 유명하다.

인간이 오래전부터 재배한 것으로 추정되는 양조용 포도 씨앗 중 가장 오래된 것은 오늘날의 조지아인 남캅카스에서 발견되었다. 이는 기원전 6000년대로 거슬러 올라간다. 초기 재배자들은 스스로 수분이 가능하기 때문에 다른 식물과 상호 작용을 하지 않아도 되는 포도를 선별해 순수 품종으로 번식할 수 있도록 했다. 오늘날까지 와인을 만드는 데 사용하는 포도 품종 대부분이 자가 수정이 가능하다. 6,000년 전의 한 증거에 따르면 포도즙을 발효해 포도주로 만드는 기술은 캅카스 서부에서도 널리 퍼져 있었다. 오늘날 조지아 사람들은 여전히 수천 년 동안 이어져 온 이 방법으로 와인을 빚는다. 그중 *크베브리kvevri*라는 흙 항아리를 5~6개월 동안 땅에 묻어 와인을 숙성하는 과정은 살아 있는 고고학의 한 예다.

그리스의 역사학자들은 일찍이 이 지역에 대해 잘 알고 있었던 것으로 보인다. 헤로도토스는 "많은, 어쩌면 모든 국가의 관습이 캅카스 지역에서 비롯되었고, 이들 대부분이 야생 나무의 열매를 먹는다."라고 썼다. 그리고 그는 카스피해 동쪽 사람들에게 수확한 과일을 1년 내내 저장하는 기술이 있음을 알았다. "이들은 나무에서 수확한 과일이 익으면 저장해 뒀다가 겨우내 먹는다." 그는 아마도 이 과일이, 신선하게 먹거나 말려서 저장하는 자두라고 생각했을 것이다.

---

7 소크라테스의 제자로 아카데미를 개설해 교육에 생애를 바쳤다. 초월적 이데아가 참실재라는 개념을 설파했다. 철학자가 통치하는 이상 국가 사상으로 유명하다.

오른쪽 식물 연구에 많은 공을 세워 식물학의 아버지로 일컬어지는 테오프라스토스Theophrastos.

고대 그리스의 과일 재배에서 특히 중요한 인물로 테오프라스토스가 있다. '식물학의 아버지'로 역사에 기록된 그는 적어도 17세기 후반까지, 식물학이라는 학문을 바탕으로 실천해야 할 관습의 틀을 형성하는 역할을 했다. 그가 자신이 수집한 온갖 식물을 키우던 정원의 오솔길을 거닐며 강연을 했다는 이야기도 전해진다. 미완성으로 남은 그의 대표적인 식물학 논문 〈식물 탐구Enquiry into Plants〉와 〈식물 기원론On the Causes of Plants〉에는 여섯 가지 사과, 네 가지 배, 두 가지 아몬드와 털모과가 나온다. 키 큰 나무에서 자라는 동그랗고 붉은 열매에 대해 묘사한 부분도 있는데, 이 과일은 바로 체리다. '매우 많은 밭, 매우 다양한 포도'라는 문구를 보면 이미 수많은 양조용 포도 품종이 존재한 것이 틀림없다. 과일 품종은 접목을 통해 더 많이 재생산되는데, 복숭아처럼 자가

수분이 가능한 과일은 씨를 통해 접목이 이루어졌다. 테오프라스토스는 당시 동양에서 이미 오래전부터 알려진 대추야자나무를 인공적으로 수분하는 기술을 언급했다. 그는 복숭아를 페르시아산 과일로 언급하는데, 아마도 알렉산더 대왕Alexander The Great, 기원전 356~기원전 323[8]이 페르시아에서 그리스로 복숭아를 가져왔기 때문일 것이다. 사실 우리는 복사나무*Prunus persica*가 기원전 2000년경 최초로 중국 북부에서 재배되었다는 사실을 알고 있다. 그 후 실크 로드 여행자들이 복숭아씨를 페르시아와 카슈미르로 가져왔다.

사람들은 항상 다른 사람의 나무에서 과일을 따거나 가지를 부러뜨리거나 심지어 장작으로 쓰기 위해 기둥을 자르고 싶어 했다. 서로 다른 집단이 교전을 치르는 동안, 나무는 종종 의도적으로 훼손되었다. 고대 아테네의 입법자인 드라콘Drakon[9]이 성문화成文化한 법 덕분에 사람들은 나무가 인간의 건강한 삶에 매우 중요하며 나무를 훔치거나 훼손하면 심지어 죽음으로 처벌받을 수 있다는 사실을 알게 되었다.

로마인들은 이 그리스의 지식 기반을 확장했다. 초기 로마의 식탁에 오른 과일 대부분은 야생 교목과 관목에서 채집한 것이었다. 전설에 따르면 훗날 로마를 건국한 쌍둥이 형제 로물루스Romulus와 레무스Remus는 어린 시절 버림받았는데, 늑대가 이 아이들을 발견해 무화과나무 아래에서 보살폈다고 한다. 평범한 나무가 아니라 포로 로마노Foro Romano[10]에서 자라는 *피쿠스 루미날리스Ficus Ruminalis*였다. 사과나무는

---

8 마케도니아의 왕. 그리스, 페르시아, 인도에 이르는 대제국을 건설했으며 그리스 문화와 오리엔트 문화를 융합한 헬레니즘 문화를 이룩했다.
9 기원전 7세기 후반 아테네의 입법자. 기원전 621년에 관습법을 성문화해 '드라콘의 법'을 공포했다.
10 고대 로마의 중심지. '로마인의 광장'이라는 뜻으로 정치·상업·종교 활동 시설이 밀집한 곳이다.

왼쪽 정원에 대한 환상을 불러일으키는 빌라 디 리비아의 프레스코 벽화, 로마, 1세기경.

그만의 특별한 여신인 포모나Pomona[11]의 보호 아래 자라고 있었다. 베르툼누스Vertumnus[12]는 포모나와 사랑에 빠졌으며 과일나무가 잘 자라도록 하는 그들의 역할에 특별한 관심을 가지고 계절의 변화를 지켜보았다.(그의 이름은 라틴어로 vertere, 즉 '변화하다', '돌아서다'라는 단어에서 유래했다) 베르툼누스는 젊고 매력적일 뿐 아니라, 과일로 변모하는 씨앗처럼 모습을 바꾸는 능력이 있었다.

가장 오래된 농업 핸드북인 〈농업론De Agricultura〉은 대大 카토Cato the Elder로 불리는 마르쿠스 포르키우스 카토Marcus Porcius Cato, 기원전 234~기원전 149[13]의 저서다. 그에게 가장 중요한 작물은 포도였고 올리브, 무화과, 배, 사과, 아몬드, 개암나무 열매 등이 그 뒤를 이었다. 서력기원기원후의 시대가 시작되기 전, 베르길리우스Vergilius, 기원전 70~기원전 19[14]가 쓴 두 번째 농업 서적 〈농경시Georgics〉에는 다양한 나무 재배에 대한 고찰이 담겨 있다. 신성한 숲에서 참나무 열매들과 베리류가 바닥나 체계적인 접근이 필요했는데, 이는 더 많은 인간이 계속해서 먹거리를 채집하고, 돼지를 먹이기 위해 몰고 다녔기 때문인 것으로 추정된다. 특히 묘목은 보호가 필요했다. 일단 줄기가 솟고 가지가 하늘을 향해 뻗기 시작하면 제멋대로 자라도록 내버려 둘 수 있었다. "모든 나무가 무겁게 열매를 맺으며 자라는 동시에 새들의 야생 서식지는 진홍빛 베리와 함께 붉어진다."

고대 로마의 식물 애호가 중 한 명인 콜루멜라Lucius Junius Moderatus

---

11 로마 신화의 신. 과일, 정원 등을 가꾸는 신으로 이름 자체가 라틴어로 '과일'을 뜻한다.

12 로마 신화에 나오는 사계절을 관장하는 과수원, 정원의 신으로 포모나에게 구애하지만 거절당한다.

13 로마의 정치가이자 문인. 로마가 그리스화하는 추세에 반대했으며 중소 농민을 보호하고 라틴 산문 문학을 개척하는 데 기여했다. 카이사르 시대 철학가인 동명의 증손자와 구분하기 위해 대 카토로 부른다.

14 고대 로마의 시인. 로마의 건국과 사명을 노래한 민족 서사시 〈아이네이스〉를 썼다.

Columella, 4~70[15]는 이 분야에서 명예를 누렸다. 그의 생애 동안, 고대 로마의 과일 재배는 절정에 달했다. 저서 〈농경에 대하여De Re Rustica〉 역시 영어로 번역 출간되었는데, 중소 규모 소유권의 지속성, 농업 전문화와 투자, 도시 소비자들의 수요 증가, 아우구스투스 황제Emperor Augustus, 기원전 63~기원후 14[16]의 통치 아래 행해진 농업 친화 정책 등 농업과 과일 재배가 번창한 요인이 열거되어 있다.

콜루멜라는 무화과, 아몬드, 밤, 석류 등 과일나무를 심기 가장 좋은 시기에 관한 정보를 비롯해 과수원을 가꾸는 매우 정확한 지침을 제시한다. 배나무 또한 세심하게 다룬다.

> 겨울이 오기 전 늦가을에 배나무를 심어 한겨울까지 적어도 25일은 여유를 둔다. 나무가 성숙했을 때 열매를 맺을 수 있도록 주변에 도랑을 깊이 두르고, 뿌리 가까운 곳의 나무줄기를 잘라

15 스페인 태생의 로마 군인이자 농부. 농사와 소박한 삶을 담은 책을 많이 남겼다.
16 로마 제국의 제1대 황제. 학술과 문예를 장려해 로마 문화의 황금시대를 이룩했다.

> 갈라진 틈에 송진을 채취할 수 있는 소나무 쐐기를 끼워 둔다. 그런 후 무른 땅이 다시 단단해졌을 때 그 위에 석회 가루를 뿌린다. 훌륭한 배나무를 길러 내기 위해선 과수원에 심을 때부터 세심하게 다루어야 한다.

이 방법 중 일부는 어느 정도 설득력 있게 들리지만, 실제로 효과가 있었는지는 전혀 알 수 없다. 어쨌든 이 책은 지금은 잘못되었음이 밝혀진 접목술 방식에 대해서도 서술한다.

위 생로맹앙갈Saint-Romain-en-Gal, 프랑스 동부 론주에 있는 고고학 유적지. 모자이크에 묘사된 접붙이기, 프랑스, 200~225년경.

> 접가지와 대목의 껍질이 서로 다르지만 않다면, 그리고 같은 계절에 비슷한 열매를 맺기만 한다면 어떤 품종이든 거리낌 없이 완벽하게 접목할 수 있다.

진실을 호도하는 이 확신은 점성학적 정보를 일부 바탕으로 하는데, 예를 들면 반드시 상현달이 떴을 때 접붙이기를 하자고 제안한다.

철두철미한 면에서는 대大 플리니우스Gaius Plinius Secundus 혹은 Pliny the Elder, 23~79[17]가 그의 뛰어난 선조들을 능가했다. 37권에 이르는 〈박물지Natural History〉에는 배 39종, 사과 23종, 자두 9종, 체리 7종, 복숭아 5종, 호두 6종 등을 포함해 1,000여 종의 식물이 묘사되어 있는데, 이 모든 과일의 대표에 수여하는 트로피는 71종에 이르는 양조용 포도가 획득했다. 콜루멜라는 이탈리아에서 알려진 과일만 다룬 반면 플리니우스는 그리스, 갈리아[18], 동양, 스페인 품종까지 다뤘다. 그는 심지어 씨 없는 사과 품종이 존재한다고 주장했는데, 이는 많은 원예학자들이 오래도록 추구해 온 꿈이었다. 씨 없는 사과는 최근에야 실현되었다.

전통적인 로마 정원은 기원전 6세기부터 기원후 5세기에 걸쳐 조성되었다. 이탈리아반도나 아프리카 북부 점령지, 소아시아, 이베리아반도 혹은 중앙 유럽과 서유럽 어디에 있든 그 지역의 기후 조건을 반영했다. 그리고 로마 제국이 팽창함에 따라 대추야자나무, 석류나무, 자두나무, 체리나무 같은 새로운 식물은 영원의 도시 로마로, 그리고 로마 영토

17 로마 제정기의 장군, 정치가, 학자. 군사, 역사, 수사학, 자연과학을 연구했다.
18 고대 유럽 켈트인이 기원전 6세기부터 살던 지역. 현재의 프랑스, 벨기에 전 지역과 이탈리아 북부, 네덜란드 남부, 독일의 라인강 유역, 스위스 대부분을 포함했으나, 기원전 1세기 무렵 로마 카이사르에게 정복되어 로마령이 되었고, 이후 프랑크족, 게르만족에게 점령당했다.

의 또 다른 지역으로 퍼져 나갔다.

과수원은 대부분 도시 근처에 조성되어 과일을 시장으로 빠르게 내다 팔 수 있었다. 과일 상인들은 심지어 열매가 나뭇가지에 매달린 상태에서도 값을 매겼는데, 플리니우스의 표현에 따르면, 그야말로 돈이 나무에 열리는 것이었다.

> 도시를 둘러싼 많은 과일나무에서 매해 생산되는 과일이 나무 한 그루당 2,000세스테르티우스sestertius[19]에 낙찰된다는 사실은 놀랍지 않다. 나무 한 그루의 수확량이 과거 농장의 수확량보다 더 많다.

로마의 주택과 베수비오 화산 폭발로 파괴된 도시의 벽들에 그려진 과일나무와 여러 책에 기술된 정원에 대한 묘사를 통해 우리는 그 시절 정원이 어떠했는지 상상해 볼 수 있다. 빌라 디 리비아Villa di Livia[20]의 정원 방에 그려진 프레스코 벽화가 한 예다. 기원후 30년경에 완성된 이 작품은 열매 맺힌 석류나무를 묘사하고 있는데, 개중 몇몇 석류는 잘 익어 터질 듯 갈라져 있다. 카사 델 프루테토Casa del Frutteto 혹은 과수원의 집House of the Orchard으로 알려진 폼페이의 카사 데이 쿠비콜리 플로레알리Casa dei Cubicoli Floreali 프레스코 벽화 또한 인상적이다. 협죽도, 도금양, 은매화, 레몬나무, 체리나무가 자라는 정원 풍경으로 주의 깊은 관찰자라면 잘 익은 열매를 노리며 무화과나무 줄기를 타고

---

19 고대 로마의 화폐 단위 가운데 하나.

20 로마 교외에서 발견된 초기 로마 황제 아우구스투스의 별장. 이곳의 한 방을 장식한 프레스코 벽화가 유명하며 현재 로마 테르메 미술관에 옮겨 놓았다.

올라가는 뱀 한 마리도 발견할 수 있을 것이다. 이 벽화에는 울타리와 꽃병, 조각 작품도 그려져 있는데, 실제로 해당 지역에서 동일한 유물이 발굴되기도 했다. 이 프레스코 벽화들은 정원이 더 넓고 아름다워 보이도록 의도한 듯하지만, 현대의 사진 벽화들과 크게 다르지 않다. 이곳에서 대략 100여 개의 암포라가 발견되었기 때문에 연구자들은 79년, 베수비오 화산이 폭발하기 전 와인 상인이 마지막으로 이곳에 살았다고 믿는다.

미국의 고고학자 윌헬미나 F. 자셈스키Wilhelmina F. Jashemski의 연구는 폼페이Pompeii 주민들의 정원이 어떠했는지 잘 알려준다. 거의 모든 집에 정원이 적어도 하나씩 있었고, 어떤 집에는 가로수를 심은 산책로로 둘러싸인 커다란 주주식周柱式[21] 정원이 서너 개씩 있었다. 좀 더 오래된 집들에는 올리브를 비롯한 과일이나 견과류가 열리는 나무와 채소를 심은 뒷마당이 있었고, 드물게는 포도밭이 딸린 정원도 있었다. 이집트와 메소포타미아에서처럼 폼페이 사람들이 관상용 정원과 생산용 정원을 구분했다는 증거는 없으며 그 경계 또한 유동적이었다.

자셈스키는 쾌적한 날씨 덕분에 사람들이 집 정원에서 많은 시간을 보낼 수 있었다고 설명한다. 그들은 트라이클리니아triclinia[22]라는 정원 식당의 석조 의자에 기대 앉아 포도 덩굴이 둥글게 드리운 그늘을 즐기며 밥을 먹었는데, 이곳에서 털실을 짜거나 한가로이 휴식을 즐기기도 했다. 정원의 해시계는 사람들이 시간을 가늠할 수 있게 했고, 조각 작품들은 자연의 신성한 측면을 두드러지게 했다. 예를 들어 에페베Ephebe 가문의 저택 정원에는 포모나의 동상이 세워진 작은 신전이 있었

21 그리스와 로마 신전에서 본전 둘레에 줄기둥을 두른 형식. 로마 주택에서는 보통 뒤뜰을 이러한 형식으로 조성했다.

22 고대 로마에서 사용하던 삼면에 누울 수 있는 안락의자가 붙은 식탁, 혹은 그 식탁이 있는 식당.

는데, 포모나가 손에 들고 있는 과일로 가득한 조개껍데기에서 떨어진 물줄기가 연못으로 흘러내렸다. 이러한 정원을 설계한 이들은 신을 기릴 기회에 주의를 기울인 것이 분명하다. 유기 유물로 남은 뼈들 또한 보다 일상적인 형태의 보호자 혹은 감시자가 존재했다는 사실을 말하고 있다. 프레스코 벽화에 그려진 자색쇠물닭, 왜가리, 백로 같은 새들은 실제로 정원을 방문했음이 틀림없다. 야외 활동은 해가 져도 멈추지 않았다. 따뜻한 여름 저녁이면 공기가 신선한 정원이 답답한 실내보다 매력적이었을 것이다. 밤이면 정원 일부가 촛불로 환히 밝혀졌음을 알려 주는 증거도 있다.

폼페이와 헤르쿨라네움Herculaneum[23] 근방 베수비오산 산비탈에는 과수원과 묘목장이 많았을 뿐 아니라 이 지역에서 나는 과일을 사고파는 시장도 있었다. 자셈스키는 폼페이에 있는 도망자의 정원Garden of the Fugitives[24] 서쪽에 위치한 정원에 대해서도 묘사했는데, 그중 일부는 상업적으로 운영된 것으로 보인다. 고고학자들은 식물 대부분이 남북을 축으로 나란히 자랐다는 사실을 확인할 수 있었다.

나무를 비롯한 식물들이 뒤섞여 자란 정원 북쪽에는 지붕 수로를 따라 빗물을 모으는 물탱크가 있었던 것으로 짐작된다. 정원을 가로질러 심은 커다란 나무 세 그루의 가지가 식당으로 이어지며 그늘을 드리우고, 얕게 팬 길은 산책로나 관개 수로 역할을 했을 것이다. 이곳에서 제물을 바쳤다는 고고학적 증거인 석조 제단도 출토되었는데, 아마도 통째로 구운 짐승이나 짐승의 피를 바쳤을 것이다. 이 유적지에서 발굴

---

23 이탈리아 베수비오산 기슭에 있었던 고대 도시. 기원전 6세기에 그리스 식민시로 건설된 후 로마령이 되었다가 79년에 화산 폭발로 매몰되었다.

24 이탈리아어로는 Orto dei Fuggiaschi. 폼페이의 고고학 유적지. 화산 폭발로 희생된 13명의 흔적이 발굴되었다.

위 옛 폼페이의 현재 모습, 이탈리아.

된 소, 돼지, 염소, 양, 달팽이의 뼈와 껍데기 들은 화산 폭발로 묻히기 전 사람들이 정원에서 즐겨 먹었던 음식이 무엇인지 알려 준다. 제단에서 태운 내장은 신들의 몫이었다. 정원사들은 땅이 비옥해지도록 정원 곳곳에 유기물을 뿌리고, 식물이 마르지 않도록 수분을 머금은 부석을 흙에 섞었다.

변호사이자 상원의원이었던 소小 플리니우스Gaius Plinius Caecilius Secundus 혹은 Pliny the Younger 61?~113?[25]는 우리에게 과일나무를 장식으로 활용한 고대 로마의 정원을 들여다볼 수 있는 드문 기회를 선사한다. 그는 주기적으로 공식 책무에서 벗어나 도시 외곽에 있는 자신의 여러 집 중 한 곳에서 휴식을 취했다. 그중에는 오스티아Ostia 항구 근처 라우

---

25 로마의 법률가이자 정치가. 대 플리니우스의 조카이며 양자다.

위 종종 티레니아해Tyrrhenian Sea 해변 근처 사유 정원으로 잠적한 소 플리니우스.

렌툼Laurentum 해안에 있는 시골 저택, 빌라 루스티카Villa Rustica가 있었다. 당시에는 작게나마 먹거리를 생산하는 공간이 준비되었을 때 비로소 사유지가 완성된다고 보았기 때문에 그곳에 채소, 포도나 올리브를 비롯한 과일을 재배하는 정원이 있었다는 사실은 놀라운 일이 아니다. 소小 플리니우스가 친구 갈루스Gallus, 로마의 황제에게 보낸 편지에 적힌 집에 대한 묘사를 보면 그가 그곳에서 얼마나 편안함을 느꼈는지 엿볼 수 있다.

> 제스타티오gestatio, 진입로 또는 출구 옆으로 그늘진 포도밭이 펼쳐지는데, 그쪽으로 난 길은 무척 부드러워 맨발로 걷기에도 좋다네. 정원에는 주로 무화과나무와 뽕나무가 자라는데, 이곳 토양은 다른 어디보다 비옥하지. 바다에서는 좀 멀지만 정원 풍경을 즐길 수 있는 식당도 있어 매우 즐겁다네. 정원 뒤로는 건물 두 채가 서 있고, 창문으로는 빌라 입구가 보이는데 꽤 그럴싸한 텃밭으로 이어진다네.

이러한 주택 부지는 바람을 막아 주었으며 어떠한 날씨에도 거주할 수 있도록 설계되었다. 다른 무엇보다도 플리니우스처럼 스트레스에 지친 로마 엘리트 계층은 토가toga[26]를 벗을 기회를 감사하게 여겼으며 누구에게도 방해받지 않는 환경을 즐겼다.

플리니우스의 다른 별장들 중 한 채는 토스카나Toscana 지방의 투스쿨룸Tusculum[27]에도 있었다. 동료 의원인 도미티우스 아폴리나리스

---

26 고대 로마 시민이 입던 헐렁한 겉옷.

27 로마 동남쪽에 있던 고대 도시. 로마인의 호화로운 별장지였다.

Domitius Apollinaris에게 보낸 또 다른 편지에서 그는 그곳 정원과 정원 외 다른 요소들이 어떻게 어우러지는지에 대해 썼다. 자연은 어떤 경우에는 예술 작품으로 양식화되었고, 또 다른 경우에는 불규칙하고 비계획적인 특성을 간직했다.

> 어떤 곳에서는 초원을 만나고, 다른 곳에서는 네모난 산울타리를 세운 구역을 볼 수 있다네. 이 울타리는 수천 가지 형태로 깎여 있는데, 때로는 글자 형상으로 정원 소유주의 이름을 나타내기도 하고, 때로는 예술가의 작품 같기도 하지. 여기저기 솟은 오벨리스크들 사이로 과일나무도 자라고 있다네. 이렇듯 우아한 규칙성 한가운데서 자네는 문득 시골의 자연 풍경을 모방한 듯한 여유로운 아름다움을 엿보고 놀랄 테지.

이 모든 정원과 과수원에서 자란 과일은 어떻게 되었을까? 어떤 과일은 신선할 때 식탁에 올랐고, 어떤 과일은 가공되었다. 포도로 포도주를 담갔고, 견과류는 말렸다. 다재다능한 학자 마르쿠스 테렌티우스 바로Marcus Terentius Varro, 기원전 116~기원전 27[28]의 글에 따르면 사과를 저장하는 방법은 이미 상당히 진보해 있었다.

> 사과는 건조하고 서늘한 장소에 짚을 깔고 그 위에 놓아 세심하게 보관해야 한다. 이러한 이유로 과일 저장고를 지을 땐 창문을 북쪽으로 내어 바람이 잘 통하게 한다. 그러나 사과가 바람을

---

28 로마 최초의 공공 도서관장으로 역사, 지리, 법학, 문학, 의학, 건축 등 여러 분야에 걸쳐 연구 업적을 남겼다. 저서에 〈농업론〉 등이 있다.

위 바쿠스Bacchus는 로마 신화에 등장하는 와인과 과일, 농경의 신으로 16세기 고대 그리스 문화에서는 디오니소스Dionysos에 해당한다.

계속 맞으면 과즙이 줄고 시들기 때문에 창에는 덧문을 달았다. 그리고 시원한 온도를 유지하기 위해 천장과 벽, 바닥에 시멘트를 발랐다.

올리브 역시 주의를 기울여 수확하고 가공한 주요 식품이었다. 긴 막대기로 나뭇가지를 쳐 떨어지는 열매를 바구니에 모으는 관행은 이미 오래전부터 있었다. 수확한 올리브의 극히 일부만을 온전한 과일 형태로 먹었다. 올리브 대부분은 돌이 돌아가도록 설계한 착즙기에 으깨 기름을 짰다. 이 귀한 액체는 파이프를 통해 착즙기에서 곧장 그 아래 탱크로 흘러들었으며 사람들은 점토 항아리에 기름을 채워 집으로 가져갈 수 있었다.

로마 제국은 마침내 유럽 중부와 북서부까지 뻗어 나갔다. 로마인이 그곳에서 맞닥뜨린 상황을 이해하기 위해서는 그들이 도착하기 전 그 지역이 어떠했는지 살펴보는 것이 도움이 된다. 스위스 북부와 오스트리아 남부를 거쳐 콘스턴스호Lake Constance[29]에 위치한 신석기 시대기원전 3500~기원전 2200 수상 가옥 마을 발굴은 개암나무 열매, 호두와 더불어 사과, 배, 자두, 달콤한 베리류가 이곳에서 자랐음을 알려 준다. 그러나 그 존재만으로는 과일 문화가 발달했음을 증명하지 못한다. 사람들은 정착지 인근에 묘목을 심었을 수도 있지만, 접붙이기와 가지치기 기술에 대해서는 알지 못한 것이 분명하다. 그러나 고고학자들이 발견한 압착 사과의 두꺼운 껍질은 고대 게르만 부족이 과일 주스 발효법을

29 독일, 오스트리아, 스위스 국경에 있는 빙하호로 라인강의 일부를 이룬다. 호수 주변에서 포도 재배가 활발하며 풍경이 아름다워 관광지나 휴양지도 많다. 오스트리아 지방에서는 보덴호라고도 한다.

알았음을 보여 준다.

고대 로마 이전 영국 선사 시대의 과일 관련 유적은 야생 라즈베리스톤헨지 부근과 케임브리지셔주의 시피 언덕, 신석기 시대와 청동기 시대 중기 무렵의 신 체리글로스터셔주의 놋그로브 고분과 노섬벌랜드주의 호헤드, 또 다른 신석기 시대 과일인 크래브애플 씨앗윌트셔주의 윈드밀 언덕뿐이다. 이 과일들은 모두 수확은 되었지만 경작되지는 않았다. 어떤 경우든 영국의 기후는 초기 과일 경작에 도움이 되지 않았다. 고대 로마의 역사가 타키투스Tacitus, 56?~120?30는 다음과 같이 썼다.

> 비와 안개가 잦은 기후는 끔찍하지만 극심하게 춥지는 않다. 이곳의 하루는 세계 곳곳의 다른 우리 지역보다 길다. (중략) 이곳의 흙에서는 올리브나무와 포도나무, 그리고 보통 따뜻한 지방에서 자라는 식물들을 제외하고는 훌륭한 작물이 생산될 것이다. 이들은 빨리 열리지만 천천히 익는데, 모두 토양과 대기의 극심한 습기 때문이다.

음습한 날씨와 마주했음에도 로마인들은 남쪽 땅에서 쌓은 경험을 다소 음울한 영국 해안에서 발휘할 준비를 했다. 타키투스는 영국에서 포도나무가 잘 자라지 않을 것이라고 주장했지만, 고고학자들은 노샘프턴셔주에서 네 곳을 포함해 모두 일곱 곳이나 되는 로마 포도밭의 흔적을 발견했다. 이 지역에 있는 네네 계곡Nene Valley은 누가 봐도 와인을 빚기에 최적이었다. 울러스턴Wollaston 마을 인근 발굴 때 적어도 12헥

30 고대 로마의 역사가이자 웅변가, 정치가. 뛰어난 변론술로 공화정을 찬미하고 간결한 문체로 로마 제국 초기 역사를 서술했다. 저서에 〈게르마니아〉, 〈역사〉 등이 있다.

타르에 이르는 고대 포도밭이 발견되었는데, 대 플리니우스와 콜루멜라가 묘사한 지중해식 방법으로 일군 밭이었다.

한 유적지에서 발견된 기초 고랑은 포도나무 4,000그루를 심을 수 있을 만큼 아주 넓었다. 이는 매년 포도주 1만 리터를 생산할 수 있는 정도였는데, 와인은 대부분 달콤한 과일 맛을 냈다. 대개 완전히 익지 않은 갈색 포도로 담그는 대신 착즙에 꿀을 넣어 단맛을 더했을 것이다. 따라서 이렇게 만들어진 혼합물은 암포라나 배럴barrel, 술을 숙성하는 나무통 -옮긴이에서 발효했고 6개월 이내에 모두 먹어야 했다. 9월 말에 포도를 수확했기 때문에 포도주는 겨울과 봄에만 먹을 수 있었을 것이다. 그해 나머지 기간 동안 와인 애호가들은 건포도로 만든 대체품으로 만족해야 했다.

위 영국 도싯Dorset에 있는 힌턴세인트메리Hinton St. Mary에서 발견된 로마 시대 모자이크 작품. 예수를 닮은 인물 옆으로 석류 두 개를 배치했다.

로마인들은 포도 외에도 이탈리아를 비롯한 유럽 대륙 여러 지역에서 나는 과일들을 영국으로 가져왔다. 로마의 정원 문화가 제국의 서쪽 끝까지 미쳤다는 증거는 웨스트서식스주에서도 발견되었다. 고고학자들은 알프스산맥 북쪽 피시본Fishbourne에서 거대한 로마 저택 중 하나의 유적을 발견했다. 이곳에서 가장 매력적인 요소는 인상적인 바닥 모자이크지만 정원도 부분적으로 재건되었다. 그곳에 과일나무가 있었는지 확신할 수는 없지만, 정원사들이 적어도 어떤 시도를 했을 가능성은 엿보인다. 비록 태양이 눈부시게 빛나는 남쪽이 원산지인 식물 종에는 여전히 도전적인 환경이었을 테지만, 무엇보다도 과일 재배가 매우 발달했고, 당시 잉글랜드 남쪽 기후는 매우 온화했기 때문이다.

타키투스는 사과나 배 같은 과일 이름을 분명하게 명시하지 않았지만 로마인들이 영국에 이런 과일나무를 심은 것은 거의 확실하다. 아마도 과수원으로 유명한 켄트주 최초의 과수원 역시 로마 점령기에 일궈졌을 것이다. 고대 로마 유적지가 있는 실체스터Silchester의 구덩이에서 발견된 뽕나무 씨앗 또한 바다를 건너온 것이 분명하다. 뽕나무는 섬나라 영국에 자생하지 않았기 때문이다. 달콤한 밤과 호두 역시 로마인들과 함께 왔다. 간단히 말해서 로마인들은 제국 전체에 걸쳐 그랬듯이 영국 자연계에 흔적을 남겼다. 식물 개체 수를 바꾸었고, 그때부터 새로운 발전의 길이 열렸다. 이 길에는 수녀원과 수사원 체제가 창조한 완전히 새로운 조건 아래 지속된 유럽 대륙과의 교류도 포함되었다.

6

수도원의 열매

6세기부터 15세기까지 가톨릭 수도회, 특히 베네딕트회Benedict[1]는 중앙 유럽과 영국 전역에 전설적인 정원을 일구었다. 자급적 종교 공동체에 정원은 과일과 채소, 그리고 조미료와 약용으로 쓰이는 허브의 필수 공급원이었다.

수도회, 특히 초기 수도회 대부분이 대체로 채식주의 식단을 지켰다는 점을 볼 때, 이러한 과채 재배가 수도사와 수녀에게 얼마나 중요했

1 529년에 이탈리아의 수도사 베네딕트가 창설한 수도 단체. 청빈, 동정, 복종을 맹세하고 수행과 노동에 종사한다.

왼쪽 '사과나무 아래의 처녀와 아이The Virgin and Child Under an Apple Tree', 루카스 크라나흐Lucas Cranach the Elder, 1472~1553 독일 화가. 르네상스의 대표 화가로 나체화의 독특한 경지를 개척했다., 1530년대.

을지 더욱 명확해진다. 우유와 달걀, 치즈는 사순절Lent[2]을 제외하고는 허용되었다. 사순절 기간 동안 생선은 먹을 수 있었기 때문에 많은 수도원과 수도회에 물고기가 사는 연못이 있었고, 이곳에서 잉어를 키우기도 했다. 반대로 다리가 넷 달린 동물의 고기는 꺼렸다. 이탈리아의 일류 요리사인 마르티노 다 코모Martino da Como[3]가 1460년에 펴낸 유명한 저서 〈요리의 기술Libro de Arte Coquinaria〉 같은 당대 요리 책에는 신선한 과일이 거의 나오지 않는다. 과일은 익혀서 요리에 쓰거나 삶아 먹는 것이 일반적이었다. 하지만 나무에서 몰래 따서 바로 먹는 간식으로서의 과일을 배제할 수는 없다.

성경 속 낙원에서는 계절이 절대 변하지 않았고, 아무도 정원을 가꾸는 힘든 노동을 할 필요가 없었다. 모든 것이 저절로 풍요롭게 자랐다. 물론 실제 정원은 꽤 달랐다. 안전한 담장 안에서 보호받으며 자연과 어우러져 조용하게 일하는 수녀와 수도사를 보는 낭만적인 시각은, 정원이 상대적으로 작고 관리가 수월했던 중세 초기에는 실제였을지도 모른다. 그러나 시간이 흐르고 수녀원과 수도원은 자급 목적뿐 아니라 많은 돈을 지불하는 외부 고객에게 제공하기 위한 상품을 생산하는 일종의 기업으로 성장했으며 필수적으로 정원사를 더 많이 고용해야 했다. 오늘날 독일 동부에 위치한 12세기 시토회Cîteaux[4] 수도원 포르타Pforta가 그 예로, 수석 정원사가 과수원을 책임졌다는 기록이 있다. 수도사와 수녀의 상당수는 귀족 출신이었는데, 종교에 귀의했다고 해서 그

2 부활 주일 전 40일 동안의 기간. 이 기간 동안 교인은 광야에서 금식하고 시험당한 그리스도의 수난을 되새기기 위해 단식하며 속죄한다.

3 15세기에 활약한 요리 전문가이자 서구 세계 최초의 유명 요리사. 로마 궁전에서 주방장으로 일하기도 했다.

4 1098년 베네딕트회의 성 로베르가 프랑스 시토에 창설한 수도회. 12세기부터 13세기에 전성기를 이루었다.

들이 누리던 특권을 반드시 포기해야 하는 것은 아니었다. 그들은 '기도하고 일하라*ora et labora*'라는 베네딕트회의 신조에 따라 기도하고 독서하며 전형적인 나날을 보냈다. 이 모든 것은 고용된 노동자가 육체노동을 수행한다는 사실을 의미했으며, 그렇다 하더라도 책임자는 언제나 수도회 사람이었다.

학자들은 스위스의 생갈Saint Gall 수도원 도서관에서 중세 정원의 형태를 알 수 있는 중요한 자료인 베네딕트회 수도원 설계도를 발견했다. 816년에 제작한 것으로 추정되는 이 설계도는 1604년에 발견되었지만 19세기 중반까지는 면밀하게 조사되지 않았다. 실제 조성 정황은 분명하게 밝혀지지 않아 실현되지 않고 초안에 그친 설계도일 가능성도 있다. 그럼에도 이러한 수도원이 어떻게 세워졌는지 알려 주는 귀중한 단서를 제공한다. 이 설계도에는 다양한 건물과 함께 약용 허브를 심은 정

위 베네딕트회 수녀 공동체인 자인트 발부르가Saint Walburga 수도원, 아이히슈테트, 바이에른주.

원*herbularius*, 채소밭*hortus*, 과수원의 위치*pomarius*를 라벨로 표시해 놓았다. 마지막으로 우리 관점에서는 특이해 보이는 한 가지 세부 사항이 있는데, 이 정원이 한편으로는 공동묘지였다는 사실이다. 이런 두 가지 쓰임새가 우연이 아니었던 것은 확실하다. 1년을 주기로 과일나무는 겨울잠을 잤다가 꽃을 피우고 열매를 맺는 일을 반복하는데, 이는 인간 삶에 대한 비유이자 부활의 상징으로 작용했다. 접가지가 죽은 나무줄기에서 어떻게 되살아났는지를 다룬 유명한 중세 전설이 둘 사이의 연관성을 확고히 해 준다.

생갈 수도원에서 발견된 설계도를 보면 정중앙에 수도승들의 묘지가 있다. 무덤은 가운데 높이 솟은 십자가 주변에 대칭으로 늘어서 있고 비문에는 라틴어로 이렇게 쓰여 있다. "십자가 주변에 누인 형제들의 생명 없는 육체, 영원의 빛이 비출 때 되살아나리." 또 그 자체로 구원의 상징인 십자가에는 이렇게 쓰여 있다. "이 땅의 모든 나무 중 십자가가 가장 거룩하며 그 위로 영원한 구원의 열매가 달콤한 향기를 퍼뜨리네."

정교하게 그린 나뭇가지 장식으로 나무를 상징하는 한편, 각각의 종을 알려 주는 라벨도 붙여 두었다. *mal*사과, *perarius*배, *prunarius*자두, *mispolarius*메들라, *castenarius*밤, *persicus*복숭아, *avellenarius*개암나무 열매, *nugarius*호두, *murarius*뽕나무, *guduniarius*털모과, *amendelarius*아몬드, *laurus*월계수, *sorbarius*로완, *ficus*무화과, *pinus*소나무가 있으며 사과, 배, 털모과가 가장 많았다.

카롤링거Carolinger 시대의 작가이자 식물학자이며 베네딕트회 수도사였던 발라프리트 스트라보Walafrid Strabo, 808~849[5]의 글들이 보존되어

5 독일의 신학자이자 저술가. 시, 산문 등 세속적인 글과 종교적인 글을 가리지 않고 썼다.

더 많은 정보를 제공한다는 사실은 우리에게 행운이다. 스트라보는 어린 시절 콘스턴스호에 있는 섬 라이헤나우Reichenau의 수도원에 들어갔고 이후 10년 동안 수도원장으로 헌신했다. 정원에 관한 시 '정원 가꾸기에 관하여On the Cultivation of Gardens'에서 그는 스승 그리말두스Grimaldus 신부에게 말한다.

> 스승께서는 당신의 작은 정원 울타리 안, 무성한 수관이 드리운 과일나무 그늘 아래 앉아 있습니다. 부서지는 그림자 꼭대기에는 솜털이 보송보송하고 부드러운 열은 빛깔 복숭아가 남아 있습니다. 당신의 쾌활한 소년 제자들이 이 커다란 복숭아를 따서 두 손 가득 감싸쥐려 애쓰며 당신 손바닥에 놓아 줍니다.

이런 정원에서는 과연 어떤 과일이 자랐을까? 샤를마뉴 대제Charlemagne,742?~814[6] 치하에 작성된 농업 법령 '*카피툴라레 드 빌리스* Capitulare de Villis'[7] 같은 문서에서 몇 가지 단서를 찾을 수 있다. 샤를마뉴 대제의 농업법은 그의 제국 전체에 충분한 식량을 공급하는 것을 목표로 했는데, 곧바로 먹을 수 있는 새콤달콤한 사과뿐 아니라 오랜 기간 보존할 수 있는 사과도 기록되어 있다. 문서에 나열된 사과 품종들은 오늘날 존재하지 않는다. 이 사과들은 오랜 재배 역사를 이어오는 동안 거친 정거장에 불과했고 새로운 품종이 생겨나면서 사라졌다. 남은 것은 이 사과들이 어떠했는지에 대한 암시뿐이다. 예를 들어 그레이 프렌치 레닛Grey French Rennet은 오늘날에도 재배하는 레닛Rennet 또는 레네트Reinette

---

6 프랑크 왕국의 왕이자 서로마 제국의 황제. 게르만 민족을 통합하고 영토를 확장했다.
7 토지, 동물 등 왕이 소유한 자산의 전반적인 관리법에 관한 규정을 나열한 문서. 샤를마뉴의 영지 관리 지침과 기준을 제시하며 카롤링거 정부와 행정부 개혁에 중요한 역할을 했다.

사과의 초기 품종으로 본다. 이 사과의 기원은 12세기에 설립된 프랑스 북부 모리몽Morimond 지역의 시토회 수도원으로 거슬러 올라간다.

이미 살펴보았듯, 생갈 수도원의 특징 중 하나로 전통적으로 지중해 지역에서 자란 무화과나무가 있다. 남방 기후에서 자라는 식물이 과연 중앙 유럽 수도원 정원에서 자랄 수 있었을까? 이른바 '중세 온난기'는 900년대 말부터 1300년대까지 지속되었지만, 15세기 자료들에 따르면 드레스덴Dresden에 있는 프란체스코회Francesco[8] 수도원 정원에는 무화과나무가 있었다. 작센 공작 알브레히트 3세Albrecht III가 1476년 성지 순례 후 돌아오는 길에 가져온 것이다. 중세에 알려진 몇몇 감귤류 또한 수도원 정원에서 발견되었을 수 있다. 도미니크회Dominic[9] 수도사이자 대학 교육을 받은 학자 알베르투스 마그누스Albertus Magnus, 1200~1280[10]는 시트론*Citrus medica var. Cedro*과 비터 오렌지*Citrus aurantium*의 꽃과 향기에 대해 언급하는 과일 책을 집필했다.

중세 문헌에 따르면 회랑은 때때로 과일나무로 둥그렇게 둘러싸여 있었다. 특히 시토회 수도사들은 수도원 담장 경계 너머까지 땅을 소유하고 경작하는 것을 중요하게 여겼다. 그들은 특히 이 분야에 능숙했으며 이러한 노력을 업무의 일부로 여겼다.

14세기 말 바츨라프 4세Václav IV, 1361~1419[11]가 출간을 의뢰한 성경에는 많은 삽화가 수록되었는데, 이 중에는 수도원 밖 과수원이 어떤 모

---

8 1209년 프란체스코가 세운 최초의 탁발 수도회. 청빈한 생활을 강조하며 교육과 포교 사업을 통해 그리스도의 사랑을 전한다. 정식 이름은 '작은 형제의 수도회'로 수사, 수녀, 평신도의 3부가 있다.

9 1215년 도미니크가 세운 탁발 수도회. 정통 신앙을 옹호하고 신학의 학문적 중요성을 인식했으며 복음의 세계적인 전파를 목적으로 한다.

10 독일의 수도사이자 철학자, 과학자이자 주교. 도미니크회의 중심 인물로 토마스 아퀴나스와 함께 스콜라 철학을 완성했다.

11 신성 로마 제국의 황제.

습일지 짐작할 수 있는 그림도 있다. 작은 지붕을 얹은 진입로와 연결된, 땔나무를 엮은 원형 울타리가 세워져 있다. 그 뒤로는 나무 여러 그루와 덤불이 있는데, 과일이 주렁주렁 매달려 있으며 그 사이에서 아홉 사람이 바쁘게 일하고 있다. 몇몇이 과일을 따서 모으는 동안 한 사람은 나무를 껴안은 것처럼 보이는데, 아마도 흔들고 있는 것 같다. 영국 제도에 있었던 수도원 정원 그림 중 가장 오래된 작품은 켄터베리 대성당 Canterbury Christ Church의 평면도 일부로, 1165년에 그려졌다. 이 설계도에서 뚜렷이 구분되지 않지만 포메리움pomerium[12]은 열매를 맺은 것이 분명한 나무가 자라는 두 개의 정원으로 구성되어 있다.

카르투시오회Carthusians[13]는 특별히 언급할 가치가 있다. 이 수도회에서는 수도승마다 100제곱미터에 달하는 자신만의 정원 터를 갖는 것이 관례였다. 물은 나무나 돌로 도랑을 만들어 확보했고, 무엇을 심을지 자율적으로 결정했다. 단 한 가지 규칙만이 있었는데, 나무가 너무 높이 자라 이웃 정원에 햇빛이 드는 것을 방해하면 안 된다는 것이었다.

생갈 수도원에서 발견된 평면도에서는 나무뿐 아니라, 초기부터 과수원의 일부였던 것으로 보이는 벌집도 볼 수 있다. 벌은 식물의 수분을 도울 뿐 아니라 초를 만드는 데 필요한 밀랍과 요리에 쓰거나 직접 먹을 수 있는 꿀을 제공했다. 과수원과 벌보다 더 공생적인 관계는 생각하기 어렵다. 벌은 수도승에게 상징적인 존재이기도 했다. 짝짓기가 전혀 관찰되지 않는 벌에게서 금욕을 엿볼 수 있었던 것이다. 이러한 이유로 밀랍은 수도승들의 예배당을 밝히는 양초를 만드는 데 완벽한 물질로 여겨졌다.

---

12 고대 로마의 성역. 주로 성벽 주위 빈터로 제례 의식 장소로 사용했다.

13 1084년 성 브루노가 설립한 폐쇄적인 가톨릭교회의 수도회 중 하나. 은둔자의 고독한 생활과 수도원의 공동생활을 결합해 수도승들은 개인 방에서 주로 생활했다.

그렇다면 수도원 정원의 분위기는 어땠을까? 수도회의 발전은 초기 기독교 은둔자들의 수련 방식에서 큰 영향을 받았다. 그들의 고립은 사색하는 삶을 가능하게 했다. 비교적 폐쇄된 조용한 수도원 정원의 꽃향기는 특히 강했다. 580년경, 프랑크 왕국의 기록자, 그레고리우스 투로넨시스Gregorius Turonensis, 538~594[14]가 쓴 〈신부들의 삶Vitae Patrum〉에는 성 마르티우스Saint Martius가 설립한 클레르몽Clermont 수도원에 관한 묘사가 등장한다. 성 마르티우스는 장장 90세까지 살면서 평생 신을 섬긴 사람이다.

> 다양한 채소와 과일나무가 가득한 수도사들을 위한 정원이 있었다. 바라보기만 해도 즐겁고 행복할 정도로 비옥했다. 축복받은 이 노인은 종종 바람이 나뭇잎들에 속삭이며 지나가는 나무 그늘에 앉아 있곤 했다.

그곳에서, 혹은 또 다른 곳에서도 형제와 자매들은 베르길리우스와 오비디우스Ovidius, 기원전 43~기원후 17[15] 같은 고대 작가들의 작품을 읽고 그들의 기독교적 관점에 따라 해석했다. 플라톤과 에피쿠로스Epicouros, 기원전 341~기원전 270[16], 테오프라스토스는 함께 철학을 논하기 위해 제자들과 정원에서 만났는데 이 전통은 중세까지 지속되었다. 정원과 자연에 대한 고풍스러운 묘사를 읽는 것은 수도사와 수녀들이 주변 식물 생태

---

14 프랑크 왕국 투르의 주교이자 메로빙거 왕조의 역사학자. 중세 초기 역사의 가장 중요한 증인으로 평가받는다. 투르의 그레구아르(Grégoire de Tours)로 불린다.

15 로마의 시인. 사랑의 즐거움을 노래한 연애시로 유명하다. 작품에 서사시 〈사랑의 기술〉, 〈변신 이야기〉 등이 있다.

16 고대 그리스의 철학자. 원자론에 기초를 둔 에피쿠로스학파를 창시했다. 저서로 〈자연에 대하여〉가 있다.

왼쪽 보헤미아 왕 바츨라프 4세의 의뢰를 받아 출간한 성경에 삽화로 등장하는 폐쇄 과수원, 14세기 말.

를 바라보는 법에 영향을 끼쳤다.

15세기의 한 기록을 통해 과수원이 수도사들에게 혜택을 주었던 또 다른 방법을 알 수 있다. 클레르보Clairvaux 수도원의 수도사에 관한 이 기록에는 현대 의학이 태동하기 훨씬 전부터 병든 형제들을 위로한 다양한 방법이 나와 있다.

위 〈타쿠이눔 사니타티스〉에 수록된 벌집, 14세기 말.

> 다양한 과일나무들, 의무실 가까이에서 자라는 이 나무들은 병든 형제들에게 적잖이 위로가 된다. 걸을 수 있는 사람들에겐 산책로가, 열병을 앓는 사람들에겐 편안한 휴식처가 되어 준다. (중략) 환자들은 푸른 잔디에 앉아 눈앞에서 아른거리는 근사한 초록빛 풀과 나무와 열매를 바라보며 매우 만족스러워한다. (중략) 그리하여 하느님께서는 그분의 선의로 하나의 아픔에 많은 위안을 주신다. 고요한 하늘은 맑은 미소를 짓고, 땅은 생명력으로 몸을 떨며, 환자는 눈과 귀와 코로 색과 노래와 향기를 기쁘게 들이마신다.

식재 발전에서 수도원의 역할은 과소평가할 수 없다. 정보를 공유하는 생생한 연락망 덕분에 더 나은 과일 품종 개발이 가능했고, 남쪽 지역에서 자라는 식물 또한 체계적으로 소개되고 보급되었다. 수도사와 수녀들은 숲에서 딸기와 산딸기를 채집하는 데 그치지 않고 최초로 재배한 사람들이기도 하다.

최근 몇 년 동안 프랑스 고고학자들은 700여 년 전에 존재했던 아비뇽 교황청Palais des papes d'Avignon의 정원을 재건한다는 열띤 계획을 발표했다. 1309년부터 1376년 사이에 교황 일곱 명이 아비뇽에서 정원을 가꾸었는데, 당시 교황은 강력한 프랑스 왕의 지배 아래 있었으며 이탈리아는 분쟁에 휩싸여 있었다.

아비뇽 교황청의 첫 번째 정원은 1335년 교황 베네딕투스 12세 Benedictus XII, 1285~1342[17]가 조성한 것이다. 고딕 시대 후반부터 존재했

17 프랑스의 성직자이자 아비뇽의 세 번째 교황. 수도회 개혁을 위해 노력했으며 아비뇽에 거대한 궁전을 짓도록 했다.

던 교황 궁 동쪽을 따라 지은 이 궁전은 약 2,000제곱미터에 달했고 사방에 두꺼운 담장을 둘렀다. 고고학자 안 알리망베르디용Anne Allimant-Verdillon이 이끄는 연구 팀은 도자기 화분에서 키우던 오렌지나무와 포도 덩굴을 포함해 채소와 과일의 유기 흔적과 씨앗을 발견했다. 뒤를 이은 교황들은 각자 취향에 따라 정원을 바꾸었는데, 덩굴에 지지대를 더하거나 관상용 나무를 더 심고 누각과 벤치를 설치하기도 했다. 사람들이 이 정원을 지나며 그 모든 결과물을 즐기는 모습을 쉽게 상상할 수 있다.

정원사들은 남자나 여자 조수를 두고 달팽이와 해충을 퇴치하거나 잡초를 솎아 내는 간단한 작업을 통해 이 땅을 책임지고 보살폈다. 사실 이 정원들은 궁전에서 여성이 일할 수 있는 유일한 장소였다. 교황 그레고리우스 11세Gregorius XI, 1329~1378[18]는 1376년 로마로 복귀했고 이후 아비뇽 교황청의 정원은 방치되었다. 오늘날 이 정원들을 되살리는 임무를 맡은 팀은 14세기 토양층에 뒤덮인 씨앗들에서 싹을 틔우려 애쓰고 있다.

수도원 정원을 예전과 완전히 똑같이 재건하는 일이 과연 가능할까? 생갈 수도원에서 발견한 평면도를 엿보면서 시작된 이 생각은 실현 가능성이 거의 없어 보인다. 하지만 30여 년 전, 그 야심 찬 시도가 시작되었고 다행히 오늘날까지 지속되고 있다.

1991년 파리의 건축가 소니아 르소Sonia Lesot와 파트리스 타라벨라Patrice Taravella는 버려진 작고 수수한 수도원 노트르담 도르상Notre-Dame d'Orsan을 우연히 마주했다. 한때 루아르Loire 계곡에 위치했던 퐁트브로

18 최후의 프랑스인 교황. 반대를 무릅쓰고 교황청을 아비뇽에서 로마로 복귀시켰으며 그리스도 교회와 통일하려 노력했다. 교회법 학자로 유명하다.

왼쪽 15세기 프랑스 중세 시적 소설집 〈장미의 로맨스Le Roman de la Rose〉에 실린 삽화를 통해 볼 수 있는 유원지로서의 과수원.

Fontevrault 수도원에 속했던 노트르담 도르상 수도원은 1107년 로베르 다르브리셀Robert d'Arbrissel이라는 남자가 설립했다. 세 면이 뜰로 둘러싸인 엄숙해 보이는 12세기 건물의 높은 지붕은 붉은 타일로 덮여 있다. 르소와 타라벨라가 발견했을 때 건물은 허물어지고 돼지우리와 닭장을 비롯한 다른 옥외 건물들도 폐허가 되어 있었다. 두 사람은 이에 굴하지 않고 수도원 대지뿐 아니라 주변 숲과 들판을 포함한 토지 20헥타르를 구매했다. 그리고 돌무더기를 치우는 등 주변을 정리하고 다음 단계를 준비하는 데 첫해를 보냈다. 그들은 정원을 예전과 완전히 똑같이 재현할 수 있다고 믿을 만큼 순진하지 않았다. 무엇보다도 애초에 어떤 형태였는지도 알 수 없었다.

중세 시대 미니어처와 태피스트리색실로 그림을 짜넣은 장식용 직물 -옮긴이, 문서들이 그들의 작업에 영감을 주었다. 그리고 두 사람은 몇 가지 기본적인 결정을 내렸다. 가능하면 목재를 건축 자재로 쓸 것, 정원은 간단한 도구를 이용해 수작업으로 일굴 것, 분쇄한 뿔과 말린 피 같은 전통적인 비료를 쓸 것 등이었다. 그들은 보르도액Bordeaux mixture[19]이라고 알려진 황산구리와 산화칼슘을 섞은 용액을 살균제로 택했다. 엄격하게 말하자면 이는 비록 19세기에 발명되었지만 말이다. 현대 급수 시스템을 활용해 물 주는 시간을 줄이고 식물을 돌보는 다른 작업에 보다 많은 시간을 할애할 수 있도록 했다.

실제 중세 회랑식 중정에서 그랬듯이 노트르담 도르상 정원에도 다양한 식물이 자랐는데 특히 과일나무가 주를 이뤘다. 텃밭의 자두나무 일흔 그루는 예루살렘으로 가는 길을 상징하는 산울타리 미로로 꾸며

19 19세기 말 프랑스 보르도 지방에서 포도의 병충해를 방제할 때 처음 사용한 데서 붙은 이름이다. 석회보르도액이라고도 한다. 오늘날 유기 농법에도 쓰인다.

졌는데, 늦여름 서로 다른 시기에 잘 익은 자두를 딸 수 있도록 하기 위해 르소와 타라벨라는 생트카트린Sainte-Catherine, 미라벨 드 낭시Mirabelle de Nancy, 렌클로드 도레Reine-Claude Dorée, 퀘츠 달자스Quetsche d'Alsace 네 가지 품종을 택했다. 옥외 건물들의 담장은 알파벳 유U 자 모양으로 지지한 사과나무와 배나무로 뒤덮여 있었다. 이 나무들은 트랑스파랑트 드 크롱셀Transparente de Croncels, 레네트 뒤 망Reinette du Mans, 칼빌 블랑슈Calville Blanche를 포함해, 향수를 불러일으키지만 사실 모두 800년 전에는 존재하지 않았던 재배 품종들이다.

작은 포도밭도 하나 있다. 슈냉 블랑Chenin Blanc 포도 덩굴은 유연하고 가느다란 어린 밤나무 가지로 만든 울타리를 지지대 삼아 타고 자란다. 몇 해가 흐르면 이 포도는 특유의 꿀 향기를 풍기는 슈냉 블랑 와인이 된다.

배나무 세 그루가 여전히 자라는 사유지 북쪽의 목초지는 주요 과수원이었다. 스물세 가지 품종의 사과가 열리는 나무들이 오점형 패턴에 따라 늘어서 있다. 주사위 게임을 해 본 사람이라면 누구나 오점형을 알 것이다. 모퉁이 각각에 점이 있고 다른 한 점은 중앙에 있는, 다시 말하자면 숫자 5의 상징이다. 1세기 로마의 수사학자, 쿠인틸리아누스Quintilianus, 35?~96?[20]는 95년경 출판된 그의 주요 저서 〈웅변교수론Institutio Oratoria〉에서 이 형태에 대해 이렇게 설명한다.

> 정면에서 바라보든 다른 방향에서 바라보든 오점형보다 아름다운 것이 무엇이겠는가? (중략) 아름답지 않을 거라면 과일나무를 심을 때 이에 대해 묻고 고려할 필요가 있다는 말인가? 의심

---

20 스페인 태생의 고대 로마 수사학자. 변론술을 가르쳤으며 그리스와 로마의 고전을 비평했다.

> 할 여지 없이 나는 나의 나무들을 이렇게 배열할 것이고, 나무 사이 간격 또한 규칙적으로 지킬 것이다.

그는 이렇듯 규칙적인 패턴으로 나무를 심으면 "각각의 나무가 토양의 양분을 동일하게 흡수해" 생장과 건강에 도움이 된다고 믿었다.

회랑과 과수원을 나누는 길을 따라 베리 덤불이 늘어서 있다. 허브 정원에서는 올리브나무 두 그루가 여름이면 그늘을 제공하고 겨울이면 추위를 막아 준다. 신중하게 관찰한다면 작은 오렌지나무도 발견할 수 있을 것이다.

그 수도원은 폐허로부터 솟아났다. 소니아 르소와 파트리스 타라벨라, 그리고 수석 정원사 질 기요Gilles Guillot의 노력 덕분에 우리는 당시 수도승들이 그곳에서 어떻게 살았는지 상상할 수 있다. 노트르담 도르상은 신과 자연이 인간 활동을 이끌던 시대의 기념물이다. 정원은 그 비밀을 잘 간직하고 있다. 수도원 설립자는 죽기 전에 자신의 시신을 성당에 안치하도록 했지만 그의 심장은 정원에 머물렀다. 달리 어느 곳에 묻힐 수 있다는 말인가!

클로이스터스The Cloisters[21]는 그 이름에서 알 수 있듯, 중세 회랑의 또 다른 흥미로운 재현이다. 뉴욕 맨해튼 북쪽 끝자락에 위치한 이 미술관은 허드슨강 상류 한 공원의 작은 언덕 위에 있다. 1938년에 문을 연 이 복합 건물 단지의 구조적 요소는 프랑스의 다양한 장소들에서 비롯되었다. 주랑朱廊, 붉은 칠을 한 복도 -옮긴이으로 둘러싸인 보네퐁 클로이스터Bonnefont Cloister 정원은 로마 시대 주주식 정원을 떠올리게 하는데, 포도

---

21 미국 뉴욕 메트로폴리탄 미술관의 분관으로 중세 유럽 예술품과 건축물을 전시한다. 12~15세기 건축물 잔해를 조합해 만든 건물과 회랑으로 둘러싸인 정원으로 이루어져 있다.

오른쪽 한때 인기 있었으나 오늘날은 흔하지 않은 과일, 메들라, 16세기.

나무와 담에 기대어 자라도록 한 배나무와 털모과나무가 몇 그루씩 있다. 오늘날 존재하는 또 다른 '중세' 정원들과 마찬가지로 이 정원 또한 역사 속 정원들을 모방했을 뿐이지만, 당시 정원들의 분위기를 일러 주는 동시에 우리로 하여금 그곳을 채운 열매 가득한 나무 아래에서 보냈을 시간이 어떠했는지 느끼게 한다.

〈세루티 가문의 사계절The Four Seasons of the House Cerruti〉은 풍부한 세밀화가 수록된 베로나의 고문서로 중세 사람들이 어떻게 광범위한 풀과 나무들을 경작하고 이해했는지에 관한 통찰을 보여 준다. 〈타쿠이눔 사니타티스Tacuinum Sanitatis〉라고도 알려진 이 놀라운 문서는 오늘날의 범주화를 거부하며, 우리에게 매우 낯설어 보이는 건강과 식단에 대한 포괄적 개념을 기초로 한다. 이 책 페이지마다 실린 지식은 책 자체보다 더 오래되었다. 아랍의 의학 전통에서부터 시작해 디오스코리데스Dioscurides, 40~90?[22]와 갈레노스Galenus, 129?~199?[23] 같은 전설적인 그리스 의사들에 의해 차례로 풍부하게 쌓인 경험을 바탕으로 한 고대 고전 의학이다. 11세기 초 바그다드에서 태어난 기독교도 의사 이븐 부틀란Ibn Butlan, 1001~1064?[24]의 생각 역시 영향을 미쳤다.

이 책에 수록된 삽화 206점은 이탈리아 예술가인 조반니노 데그라시Giovannino de' Grassi의 작품으로 전해진다. 14세기 후반 이탈리아 북부의 풍습과 관습을 묘사한 이 삽화에서는 특정 나무와 풀이 동물, 향신

---

22 그리스의 의사이자 약학자, 식물학자. 그가 쓴 의학 서적은 모든 현대 약학의 뿌리가 되었다.

23 그리스의 외과 의사이자 로마 제국의 철학자. 실험과 해부를 통해 인체 구조를 탐구하고 의학의 과학적 기초를 닦았다. 저서 〈갈레노스 전집〉은 히포크라테스의 저서와 함께 의학계에 커다란 공헌을 했다.

24 위생, 영양, 운동에 대해 다룬 저서 〈건강 관리〉를 통해 개인의 신체적, 정신적 건강을 강조했다.

료, 물, 심지어 바람과 더불어 중요한 역할을 맡는다. 그림마다 첨언이 달렸는데, 비록 오늘날에는 그 효능을 의심할지라도 당대 사람들이 자연을 대하는 모습을 보는 시각만은 분명 높이 살 만하다. 온전한 과수원은 하나도 등장하지 않지만 계절별로 구성된 이 삽화들은 우리가 전체 이미지를 그릴 수 있도록 도와준다. 배pirna에 대한 도입부를 읽으면 어떻게 접근하면 좋을지 알 수 있다.

> 완전히 익은 향기로운 배는 피를 차갑게 만드니 체질이 뜨거운 사람에게, 여름에, 남부 지방에 적합하다. 또한 배는 위장이 약한 사람들에게 좋지만 담즙 생성에는 해롭다. 그렇지만 이는 식사 후 마늘을 씹음으로써 치유할 수 있다.

디오스코리데스에 따르면 배나무를 태운 재를 음료수에 녹여 마시면 버섯 중독을 중화할 수 있다. 심지어 "야생 배를 버섯과 함께 조리하면 어떠한 중독 증세도 피할 수 있을 것이다."라는 문장까지 발견할 수 있다. 잘 속는 독자들이여, 이 말을 시험해 보지 않기를 바란다.

수도원 회랑과 정원은 성서 속 원칙이 지배하는 세상을 창조하려는 시도였을 수도 있다. 하지만 미미한 복제품에 지나지 않았다. 수세기 동안 에덴동산은 매혹적인 힘을 유지했다. 집단 상상 속에서 하나의 독립적 존재로 발전했고, 결국 일련의 우화 끝에 현실에 그 흔적을 남겼다. 이탈리아 작가 조반니 보카치오Giovanni Boccaccio, 1313~1375[25]는 그의 저서

25 이탈리아의 작가이자 초기 인문주의자. 열 사람이 매일 10편씩 열흘간 한 이야기를 엮은 〈데카메론〉을 완성해 근대 소설의 시조가 되었다.

〈데카메론Decameron〉1348에서 과일나무와 꽃이 자라는 정원을 묘사하는데, 그 아름다움이 에덴동산에 버금간다.

> 1,000여 종의 꽃들이 사방에 뿌려져 풍성하게 자라고, 농익은 과일과 꽃봉오리로 뒤덮인 밝은 초록빛 레몬나무와 오렌지나무는 근사한 향기뿐 아니라 눈을 즐겁게 해 주는 그늘도 선사한다.

보카치오는 실제로 존재할 수도 있었던 한 정원을 분명하게 묘사한다. 예수회Society of Jesus26 학자 아타나시우스 키르허Athanasius Kircher, 1602~168027는 몇 걸음 더 나아간다. 그는 에덴동산이라는 아이디어를 단순히 고려하는 데 만족하지 않고, 좀 더 구체적인 형태, 즉 지도에 담으려고 시도했다. 그의 지도에서 이 정원은 메소포타미아에 위치하며 조감도로 그 틀을 드러낸다. 담장으로 둘러싸인 커다란 직사각 형태의 이 정원은 나무로 채워져 있다. 중앙의 샘에서 물이 솟아 서로 다른 방향으로 네 개의 강줄기를 이루며 담장 너머까지 흘러간다. 유난히 커다란 나무 한 그루 아래 아담과 하와가 있다.

키르허가 아무 근거 없이 이런 모습을 구상한 것은 아니다. 페르시아의 통치자 키루스 2세Cyrus II, 기원전 585?~기원전 529?28 시절 수도인

26 1534년에 스페인의 로욜라가 세워 1540년에 교황의 승인을 받은 남자 수도회.
27 독일의 자연과학자이자 수학자, 고고학자. 과학과 신학 두 분야에 걸쳐 많은 업적을 남겼으며 자연과학에 바탕을 둔 우주관과 가톨릭 신학의 조화를 지향했다.
28 아케메네스 왕조의 창건자로 페르시아를 통일하고 신바빌로니아 왕국을 정복했으며 피정복 민족의 제도와 종교를 존중했다.

오른쪽 사람들이 과일을 충분히 먹으며 즐기고 휴식을 취하는 이상적인 세계를 그린 '황금시대The Golden Age', 독일 르네상스 화가 루카스 크라나흐, 1530년경.

파사르가다에Pasargadae[29]에 있었던 정원과 유사한 장소에 둠으로써 성경 이전 시대에 뿌리를 둔 네 구역으로 나뉜 정원의 전형을 보여 준다. 훗날 이 기본적인 기하학 구조는 중세 교회와 회랑의 밀폐된 정원으로 계속 이어졌다. 이슬람 정원 또한 천국을 모델로 삼음으로써 이에 못지않게 빚을 졌고, 안달루시아Andalucía[30]에서 인도에 이르는 정원의 예들도 마찬가지다. 이러한 사각 정원에서 항상 과일나무가 자란 것은 아니고, 이곳이 과일나무를 찾아볼 수 있는 유일한 장소도 아니지만, 이런 정원은 수천 년 동안 이어지며 중요한 패턴을 확립했다.

키르허는 괴짜가 아니었다. 17세기 기독교인들은 세상의 기원에 대한 성경의 설명을 문자 그대로 받아들였는데, 좀 더 과학적인 시대에 사는 우리로서는 상상조차 하기 힘들 정도다. 그리고 영국 제도에서는 일련의 작가들이 이 성경 이야기를 실제 과수원 디자인에 적용하기 위한 운동을 이끌었다. 천국에 대한 매우 귀중한 발상을 제시한 청교도주의자 존 밀턴John Milton, 1608~1674[31]이 한 예다. 그는 천국을 동방의 드넓은 지역으로 여겼다. 이 지역은 "탐스러운 열매가 잔뜩 열린 가장 튼실한 나무들"로 둘러싸인 곳이었다. 그는 이 왕국에서 수행하는 특별한 임무에 대해서도 상상했다. 풍성한 나무를 위해 누군가가 "잔가지를 쳐 내고", "가지치기하고", "지지대를 받치"거나 한데 "묶어야" 했다. 그러나 아담과 하와는 이 모든 노동에 대해 보상을 받았다. 정원에서 자라는 "황금빛 윤기가 도는" 과일이 "맛있었"기 때문이다.

---

29 이란 남부 페르세폴리스 동북쪽에 있던 고대 도시. 고대 페르시아 제국 초기의 수도로 제국 을 건축한 키루스 대왕의 묘 같은 유적이 남아 있다.

30 스페인 서남부 곡창 지대. 오랫동안 아랍의 지배를 받아 이슬람 유적이 많다.

31 영국의 시인. 종교 개혁 정신의 부흥, 정치적 자유, 공화제 등을 지지하다가 탄압을 받았으며, 실명과 아내를 잃은 비운을 달래며 대작 〈실낙원〉을 썼다.

그보다 더 이른 16세기에는 많은 작가들이 과일, 특히 열대 과일과 원조 에덴동산의 연관성에 대해 열정적으로 이야기했다. 이 시기 출간된 많은 책들은 식물과 과일나무 배치가 정원을 진정 낙원으로 만들 수 있는가 하는 질문을 다루었다.

왕실 의사였던 존 파킨슨John Parkinson, 1567~1650[32]은 저서 〈태양의 낙원/지상낙원Paradisi in Sole/ Paradisus Terrestris〉에서 화원과 텃밭, 과수원을 위한 풀과 꽃과 나무에 대해 자세히 설명한다. 파킨슨의 에덴은 지구에서 자라는 모든 것을 발견할 수 있는 세 정원으로 이루어진다. 이 중 하나인 '과수원의 모델'은 모든 방향으로 반복되거나 계속될 수 있는 나무들의 기하학적 레이아웃을 보여 준다. 그 결과 나무들은 좁은 길들을 만들어 내고 가지로 그 길을 잇는 아치들을 형성한다.

스태퍼드셔주 리크 출신 랠프 오스틴Ralph Austen, 1612~1676은 상업적인 묘목장을 운영하며 삶의 후반부를 옥스퍼드에서 보냈다. 옥스퍼드는 1659년에 그가 사과 와인 사업체를 설립한 곳이다. 그는 작물을 재배하고 정원을 가꾸는 새로운 방법이 기아와 실직 같은 사회 문제를 해결하는 데 도움을 줄 수 있을 거라고 확신했다. 그는 과일나무의 '존엄성과 가치'를 표현할 수 있는 독특한 방법도 발견했는데, 이는 과일나무에 즉각적인 유용성을 넘어서는 의미를 부여했다. 그는 저서 〈과수원이나 과일나무 정원의 영적인 사용에서In the Spiritual Use of an Orchard or Garden of Fruit Trees〉에 이렇게 썼다.

세상은 위대한 도서관이며 과일나무는 하나님과 하나님의 능력, 지혜, 선善 같은 그분의 속성을 보고 읽을 수 있는 책의 일부

32 17세기 초반 영국의 식물학자이자 정원사이며 성공한 약재상.

> 다. 하느님에 대한 우리의 의무를 많은 면에서, 심지어 과일나무를 통해서도 가르치고 전한다. 나무가 비유적인 의미에서 책인 것과 마찬가지로, 같은 의미에서 나무는 목소리가 있으며 우리에게 거짓 없이 말하고 많은 교훈을 준다.

엄밀히 말하자면 이 출판물은 그가 1653년에 출간한 〈과일나무에 관한 논문A Treatise of Fruit-Trees〉의 일부가 포함된 팸플릿이다. 속표지는 아가Song of Solomon[33] 제4장 12~13절을 인용했다. "나의 누이, 나의 신부는 잠근 동산이요 덮은 우물이요 봉한 샘이로구나. 네게서 나는 것은 석류나무와 각종 아름다운 과수와 고벨화와 나도풀이로다." 이 두 구절에 악수하는 그림이 더해진 표지는 이익과 쾌락은 함께해야 한다는 생각을 문자 그대로 납득하게끔 해 준다. 모든 것이 완벽한 조화를 이룬다. 무엇이 이보다 더 나을 수 있을까?

오스틴에게 생산적인 과수원은 낙원의 열쇠였다. 런던의 브롬프턴 파크 묘목장Brompton Park Nursery에서 교육받았으며 관련 사업을 이끌기도 했던 정원사이자 설계사 스티븐 스위처Stephen Switzer, 1682~1745는 자신의 책 〈실용적인 과일 정원사The Practical Fruit-Gardener〉1724에서 다음과 같이 생각을 밝힌다.

> 잘 설계한 과일나무 정원은 그 자체로 천국의 전형이며, 그곳에서 인간의 마음은 황홀감의 절정에 도달하고, 고결한 자의 영

33 구약 성경의 한 편. 여덟 장으로 된 문답체 노래로, 남녀 간의 아름다운 연애를 찬양한 노래다. 솔로몬이 지은 것으로 추측한다.

혼은 현세에서 허용되는 최고의 기쁨을 누린다.

그는 스스로 완벽하다고 여기는 정원을 조성하기 위해 자신의 믿음을 디자인에 정확히 반영하고자 했다.

윌리엄 로슨William Lawson의 초기작 〈새로운 과수원과 정원A New Orchard and Garden〉1618은 당대 비평가들에게 킹 제임스 성경King James Bible[34]의 언어를 상기시켰고, 이런 문체로 쓰인 원예 책 중 최고로 인기가 많았다. 다음 인용에서 살펴보자.

> 지구상 모든 즐거움 중 과수원에서 누리는 즐거움이야말로 가장 멋지고 자연과 가장 일치한다. (중략) 당신의 눈이 보고자 욕망하는 것, 당신의 귀가 듣고자 욕망하는 것, 당신의 입이 맛보고자 욕망하는 것, 당신의 코가 냄새 맡고자 욕망하는 것은 무엇인가? 풍요와 다양성이 넘치는 과수원에서 누리지 못할 것은 무엇인가?

로슨에게 과수원은 천국의 풍경이나 다름없었다.

> 그리고 나의 의견을 말하자면, 그대의 과수원은 칭송받아 마땅했다. 어렵더라도 만약 과수원을 통해 은빛 강줄기가 기쁨과 함께 흐른다면, 그대는 그대의 산에 앉아 민물송어와 교활한 뱀장어 혹은 다른 귀여운 물고기를 낚을 것이다. 그렇지 않더라도

34 성경의 영어 번역본 중 하나. 전 세계에서 가장 많이 읽히고 널리 알려졌으며 오늘날에도 많은 개신교 신자들이 사용한다.

> 조각배를 타고 노를 저어 해자로 가서 그물을 드리울 수 있을 것이다.

엘리자베스 왕조나 스튜어트 왕조의 많은 정원에는 정말로 언덕이나 산이 조성되어 있었다. 계단이나 구불구불한 작은 오솔길을 따라 정상에 오르면 멋진 경관이 펼쳐졌다. 이런 정원은 조금이라도 운동을 할 수 있는 귀한 기회를 제공했다. 우리는 이 점을 과소평가해서는 안 된다. 다음과 같은 놀라운 구절을 보면 이는 더욱 분명하다.

> 과수원에서 운동할 기회를 누리기 위해 볼링장을 만들거나 이보다 더 남자답고 건강에 이로우며 두 팔을 단련해 주는 양궁장[35]을 마련하는 편이 좋을 것이다.

기독교에서 비롯한 영적 믿음이 분명히 반영된 정확한 양식에 따라 과수원을 설계한다는 생각은, 상대적으로 제한된 인간 집단에서 엿보이는 단기적인 현상으로, 얼마 가지 못했다. 훗날 조성된 정원들 역시 합리적인 원칙을 계속 따르기로 했지만, 천상의 계획을 모방하려는 의도는 아니었다. 그러나 구원을 갈구하는 데 정원이 특히 적합하다는 생각이 하루아침에 사라진 것은 아니다. 그 대신 세대에서 세대를 거치며 그 시대의 믿음에 따라 새로운 형태를 취하며 계속 이어졌다.

---

35 원문에 쓰인 표현은 a pair of Buts로 중세 유럽, 특히 스코틀랜드 지방에서유행하던 활쏘기를 일컫는 것으로 보인다. James Fergusson, 〈The Scottish Historical Review〉 참조.

7

태양왕이 사랑한 과일, 배

베르사유 궁전에 있는 포타제 뒤 루아Potager du Roi는 '왕의 텃밭'으로 번역되지만, 이 이름은 채소와 허브 화단을 떠올리게 하는, 그러므로 꽤 절제된 표현이다. 정원 터는 태양왕 루이 14세Louis XIV, 1638~1715의 수석 정원사였던 앙드레 르 노트르André Le Nôtre, 1613~1700[1]가 설계했다. 1678년에 이르러, 변호사지만 심장만은 정원사였던 장밥티스트 드 라 캥티니Jean-Baptiste de La Quintinie, 1626~1688[2]가 궁전 남쪽에 9헥타르에 이르

---

1 프랑스의 조경 예술가이자 왕궁 수석 정원사. 이탈리아식 정원을 좀 더 기하학적으로 정비하는 동시에 유기적으로 구성해 장엄한 프랑스식 정원을 창조했다.

2 프랑스 루이 14세 때의 변호사이자 정원사, 농업경제학자. 궁정 과채 담당자로 임명되어 베르사유 궁전 근처에 '왕의 텃밭'을 조성했다.

왼쪽 향기와 색깔, 모양이 다양한 배들, 1874년 삽화.

는 드넓은 정원을 조성해 궁전에 과일과 채소를 공급했다. 그 이전의 정원들은 그런 일을 하기엔 너무 작았다. 이 계획을 위해 선택된 몇몇 구역은 땅이 워낙 질척거려 적합하지 않은 듯 보였다. 당시 자료에 묘사된 바에 따르면 그곳은 악취 나는 늪지였다. 물을 빼내고 비옥한 흙으로 채우는 데 스위스 호위병 몇 연대가 필요할 정도였다.

파리 근교 베르사유는 1682년 프랑스 궁정이자 정부 부처 소재지가 되었다. 이듬해에는 새로운 텃밭이 완공되었다. 궁전의 다른 구역과 마찬가지로 텃밭은 왕의 대중적 이미지를 위해 디자인되었다. 전체와 조화를 이루며 자연 위에 군림하는 지배력을 드러내려는 그 시대의 전형적 열망을 담은 세련된 예술 작품 같았다. 루이 왕은 라 캥티니를 텃밭 담당자로 임명하고 정원을 거닐 때면 그를 동반했다. 그가 이용했던 측면 출입구는 주철로 화려하게 장식되어 절대 군주에게 어울렸다. 베네치아 총독이나 시암Siam, 지금의 태국 -옮긴이 대사 같은 중요한 손님이 왔을 때 루이 14세는 그들이 반드시 정원을 둘러보도록 했다.

담장 일부를 확장해 만든 테라스에서 왕은 산책을 하거나 정원의 풍요로운 수확물을 내려다볼 수 있었다. 건축 구조에서 한 가지 흥미로운 점은 남쪽, 동쪽, 서쪽과 마주한 외벽에 29개의 밀폐된 구획이 있었다는 것이다. 이러한 구획은 바람이 들지 않아 한 해 중 가장 추운 날에도 해가 들어 비교적 따뜻한 날과 같은 미기후를 보였기 때문이다. 이 덕분에 그곳은 추위에 민감한 무화과나무와 복숭아나무와 살구나무를 재배하기에 완벽했다. 멜론과 딸기, 라즈베리쉬크레 드 메스 품종 역시 이곳에서 재배한 것으로 추정된다. 이 나무들은 자연 상태로 자라지 못했다. 정원 전체 공간의 매우 인공적인 외관과 조화를 이루는 방식으로 틀에 넣어 길들였는데, 이 중 몇 그루는 수려하기 이를 데 없다. 라 캥티니는 나무를 부채꼴로 자라도록 유도하면 나뭇가지마다 더 많은 햇살이 닿는다는 사실 또한 물론 알고 있었다.

라 캥티니는 매우 까다로운 고객을 만족시키고 수천 명이 원하는 만큼 아름다운 과일을 선별해 공급해야 한다는 데 엄청난 부담을 느꼈을 것이다. 궁정 사람들은 여름이면 이 정원에서 매일 무화과 4,000여 개가 날 것으로 기대했다. 그의 다른 주목할 업적은 제철이 아닌 식물을 재배하는 것이었다. 전해 오는 이야기에 따르면 그는 1월에 딸기를 공급해 궁정 사람들의 미각을 만족시킬 수 있었다고 한다. 이 이야기가 비록 사실일지라도 그 딸기는 분명 그리 달지는 않았을 것이다. 그 시기에는 온실이 아직 개발되지 않았기 때문이다. 온실은 그로부터 50여 년이 지난 후에 세워졌다. 그러나 라 캥티니에겐 다른 비법이 많았다. 그는 재배 초기에 식물 위로 유리 돔을 씌우고 흙을 따뜻하게 하기 위해 신선한 말똥을 거름으로 뿌렸다. 다른 나라의 통치자들도 그의 엄청난 재능에 관심을 보였고, 영국 왕은 그에게 특별한 자리를 제안했으나 거절당했다.

베르사유에 있는 동안 라 캥티니는 과수원과 채원菜園에 관한 간단한 책자를 쓸 정도로 정원 가꾸기에 열성적이었다. 이 책은 영국에서 〈완벽한 정원사, 혹은 과수원과 채원의 올바른 질서와 재배를 위한 지침서The Complete Gard'ner; Or, Directions for Cultivating and Right Ordering of Fruit-Gardens and Kitchen-Gardens〉라는 제목으로 출간되었다. 이 책은 식물학의 측면을 많이 다룰 뿐 아니라 500가지 품종의 배에 대해서도 묘사한다. 라 캥티니는 이렇게 썼다. "자연은 이곳의 모든 과일 중에 이 배만큼 아름답고 고귀한 그 어떤 것도 선사하지 않는다는 점을 고백해야겠다. 식탁을 가장 영광스럽게 만드는 것은 배다."

태양왕은 이 과일, 특히 오랫동안 떠오르는 태양의 상징으로 여긴, 설탕만큼 달콤하고 향기로운 봉크레티앵 디베Bon-chrétien d'hiver를 특별히 좋아했다. 버터 같은 농도와 사향 향기라는 고유한 특성을 자랑하는 이 배는 신화 같은 일화의 주인공이다. 1816년 런던원예협회The Horticultural Society of London에서 개최한 과일 박람회에서 이 배를 선보인 것은 과수원 운영자 윌리엄스였다. 그 후 윌리엄스 봉크레티앵Williams Bon-chrétien이라고 불린 이 배는 세계를 정복했다. 이에 앞서, 이 배는 보스턴으로 흘러들어 정착했는데, 배가 자라는 과수원을 차지한 이넉 바틀릿Enoch Bartlett은 배에 자신의 이름을 붙였다. 바틀릿은 오늘날 미국과 캐나다에서 이 배를 부르는 가장 흔한 이름이기도 하다.

다음 세기를 맞으면서 베르사유 정원은 여러 다른 단계를 거쳤다. 특별히 기억할 만한 한 가지 혁신은 1735년에 일어났다. 라 캥티니의 후계자 루이 르 노르망Louis Le Normand이 난방 설비를 갖춘 온실에서 재배한 최초의 파인애플을 루이 15세에게 자랑스럽게 바친 것이다. 그 온실에는 심지어 바나나나무까지 심어져 있었다. 수십 년 전 영국 콘월주

봉크레티앵 배, 1853년.

에서 발견되어 재건한 사유지의 일부인 헬리건의 잃어버린 정원The Lost Gardens of Heligan은 말 배설물을 거름으로 써 온기를 유지하는 구덩이에서 파인애플을 재배하는 특별한 방식을 여전히 고수하고 있다.

17세기와 18세기에 과수원의 황금기를 누린 프랑스는 세계 다른 지역에서 과수원을 발전시킬 수 있도록 도왔다. 17세기 말까지 나무 전문가와 과수 농부들의 광범위한 관계망이 유럽 전역에 확장되었다. 당시 과일 생산의 중심지였던 파리 지역 프랑스 정원사들이 영국 제도와 독일로 갔고, 영국 정원사들이 프랑스로 왔다. 각 나라 사이에 판매와 교환이 활발히 이루어졌고, 그중에서도 가장 특이하고 매력적인 품종에 대한 갈망은 아주 뜨거웠다.

이 관계망이 북미로 확장되는 데에는 그리 오랜 시간이 걸리지 않았다. 18세기 몽레알Montréal[3]의 과일 농장에서는 레네트 사과나무, 칼빌 사과나무 같은 지역 고유 품종과 더불어 독일 자두 품종 츠베치거Zwetschge와 프랑스 자두 품종 프뤼니에 드 다마Prunier de Damas가 함께 자랐다. 앙드리외Andrieux 가족이 소유했던 프랑스의 한 묘목장은 전 세계와 교류했는데, 앙드리외가 접목해 고객들에게 제공한 품종인 몽스트뢰즈 레네트 뒤 카나다Monstrueuse Reinette du Canada[4] 역시 노르망디에서 유래했을 가능성이 높다. 이 이름은 아마도 좀 더 흥미롭고 이국적으로 보이게 하기 위한 마케팅 술수였을 것이다.

배, 복숭아, 무화과는 이 무렵 특히 유명했다. 사람들은 그 향기에 홀렸다고 주장했다. 르네 다위롱René Dahuron은 1696년 저서 〈과일나무 가지치기에 대한 새로운 방법Nouveau traité de la taille des arbres fruitiers〉이라

3 지금의 캐나다 퀘벡주의 도시 몬트리올. 17세기 중엽 프랑스인이 정착했으나 18세기 후반 영국령이 되었다.

4 '캐나다에서 온 괴물 같은 레네트 사과'라는 뜻.

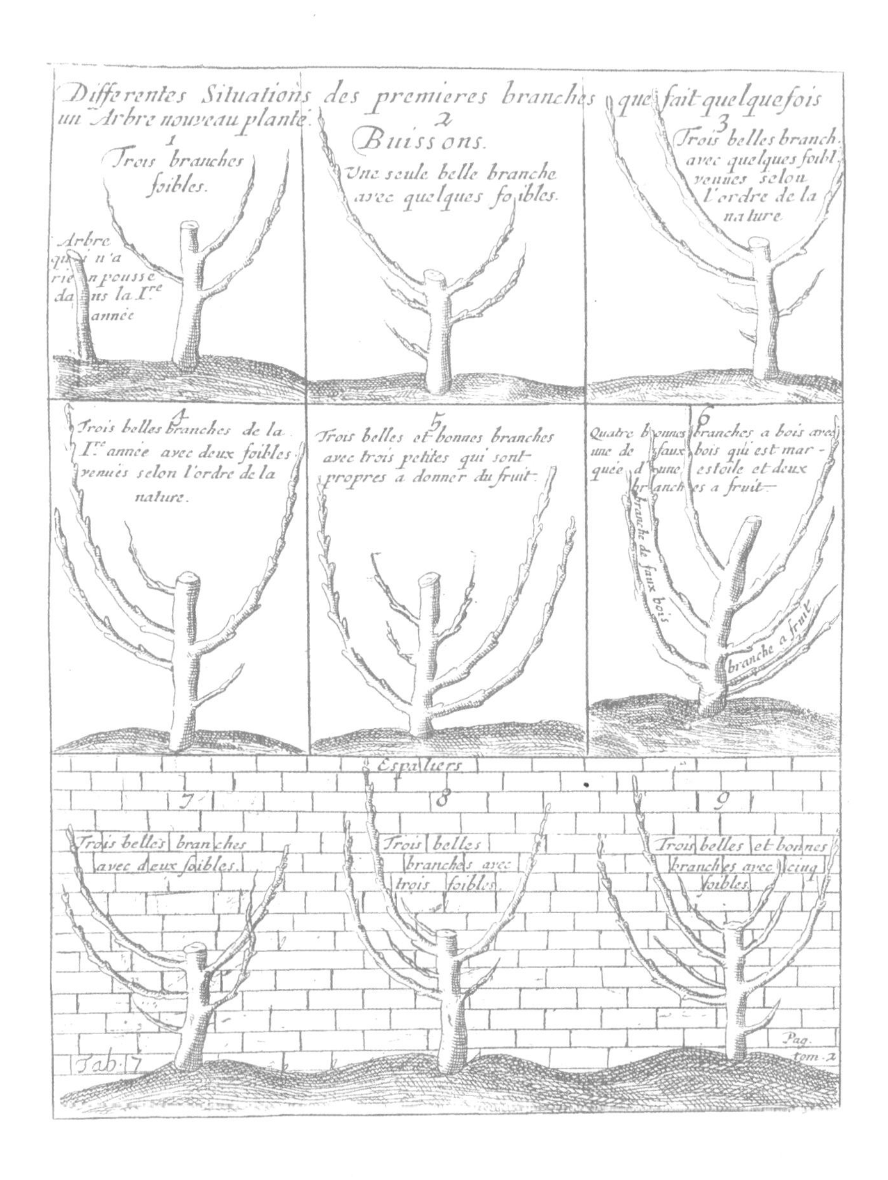
Differentes Situations des premieres branches que fait quelquefois un Arbre nouveau planté.
Buissons.
1
Trois branches foibles.
Arbre qui n'a rien poussé dans la Ire année
2
Une seule belle branche avec quelques foibles.
3
Trois belles branch. avec quelques foibl. venues selon l'ordre de la nature.
4
Trois belles branches de la Ire année avec deux foibles venuës selon l'ordre de la nature.
5
Trois belles et bonnes branches avec trois petites qui sont propres a donner du fruit.
6
Quatre bonnes branches a bois avec une de faux bois qui est marquée d'une estoile et deux branches a fruit.
branche de faux bois
branche a fruit
Espaliers
7
Trois belles branches avec deux foibles.
8
Trois belles branches avec trois foibles.
9
Trois belles et bonnes branches avec cinq foibles.
Tab. 7
Pag. tom. 2

는 책에서 "잘 익은 배나 복숭아의 향기를 능가하는 사향이나 호박 같은 것이 존재하는가?"라고 물었다. 라 캥티니의 제자 중 한 명이던 다위롱에게 이 질문은 순수하게 수사적이었다. 그 반면에 자두를 좋아하는 사람은 별로 없었다. "자두 한 알보다 달걀 두 알을 먹는 것이 낫다."라는 말이 당시 프랑스에서는 흔히 쓰였다. 사람들은 자두가 기대어 자라게 두기에는 담장 공간이 너무 아깝다고 생각했다.

자두는 왜 그렇게 인기가 없었을까? 자두가 '실패'한 이유는 귀하거나 이국적이라는 평판이 부족했기 때문이었다. 변비 치료제로 알려진 점 또한 부정적으로 작용했다. 다 자란 자두나무는 못생겼을 뿐 아니라 드문드문 기형적으로 보이기까지 했다. 물론 부당한 처사였다. 무엇보다 자두나무는 담을 타고 자라도록 길들이지 않았던 반면, 이런 방식으로 특별 재배한 배나무와 복숭아나무는 규칙적이고 우아해 보였다. 게다가 자두나무는 중부 유럽 기후에 잘 적응해 돌보기가 쉬웠다. 자두나무를 재배하는 데에는 특별한 재능 같은 건 필요하지 않았다. 사실 자두나무는 종종 야생에서도 자랐다. 그러나 그 초라한 이미지에도 불구하고 예술가들은 자두가 지닌 다양한 빛깔의 진가를 알아보고 감사히 여겼다. 노랑, 빨강, 초록, 보라, 검정으로 미묘하게 빛나는 음영은 정물화에 활기와 다채로움을 불어넣어 주었다.

사과와 배는 앞서거니 뒤서거니 하며 치열하게 경쟁했다. 이 사실은 어떤 면에서는 놀라운데, 배는 사과에 비해 재배하는 데 훨씬 어려움이 많았기 때문이다. 섬세한 배는 운반하기 어려웠기 때문에 채 익기 전에 수확해야 했다. 태양왕과 그의 수석 정원사들이 사과보다 배를 선호했다는 점이 사과에 불리했지만 한 세기 전 작가들이 칭송했다는 이유로 사과의 인기는 여전히 높았다. 샤를 에스티엔Charles Estienne과 그의 사위 장 리보Jean Liebault가 쓴 〈농경과 농가L'agriculture et Maison Rustique〉1564

왼쪽 담장을 이용해 나무 모양 잡는 법, 라 캥티니, 〈완벽한 정원사〉, 1695년.

에 찬가 한 편이 등장한다. "사과나무는 모든 나무 중에서 가장 필수적이고 가치 있다. 이 때문에 호메로스는 사과나무를 그의 생애에서 가장 아름다운 과일을 맺는 나무라고 했다." 베르사유 정원이 막 모습을 드러내려던 때에 사과는 이미 골수팬을 두고 있었다.

라 캥티니는 루이 15세 치세가 끝날 때까지 과일 농사의 최고 권위자로 남아 있었다. 많은 다른 작가들이 그의 책을 베끼기 바빴고, 어떤 이들은 표절 흔적을 감추려고 하지도 않았다. 앙리루이 뒤아멜 뒤 몽소Henri-Louis Duhamel du Monceau, 1700~1782[5]가 쓴 〈과일나무에 관한 논문Traité des Arbres Fruitiers〉처럼 식물 생장에 대한 보다 진보적인 이해를 보여 주는 진정 새로운 책은 18세기 후반까지 등장하지 않았다.

접목과 재배에 최신 통찰을 적용한 것으로도 이미 상당한 성과였지만, 과수 재배 대가들에겐 또 다른 중요한 기술이 있었다. 그들은 과수원에서 자라는 다양한 품종을 파악하고 각기 다른 시기에 익도록 해 과일을 지속적으로 공급했다. 물론 이 위업이 모든 과일 종에 가능했던 것은 아니다. 그러나 일부 자료는 17세기 후반부터 이미 프랑스 주요 정원사들이 거의 1년 내내 배를 공급했다고 주장한다. 일찍 익는 데파르뉴D'Epargne와 드 자르고넬De Jargonelle이 계절의 문을 열어 6월 중순부터 7월 초까지 몽모랑시Montmorency 계곡에서 성숙기를 맞이했다. 그 뒤를 아 두 테트À Deux Têtes와 루아얄Royale, 커다란 요리용 여름 배, 드 발레De Vallée가 이었다. 가을에는 사랑스럽고 달콤한 품종인 메시르장Messire-Jean과 드 탕본De Tantbonne, 당글레테르D'Angleterre, 드 베르가모트De

5 프랑스의 의사이자 식물학자. 현대 농경학의 선구자 중 한 사람으로 원예와 농경의 새로운 방식을 개발하고 시험하며 이 과정을 출판물로 발표했다.

오른쪽 제멋대로 자란 나무를 다듬는 법, 라 캥티니, 〈완벽한 정원사〉, 1695년.

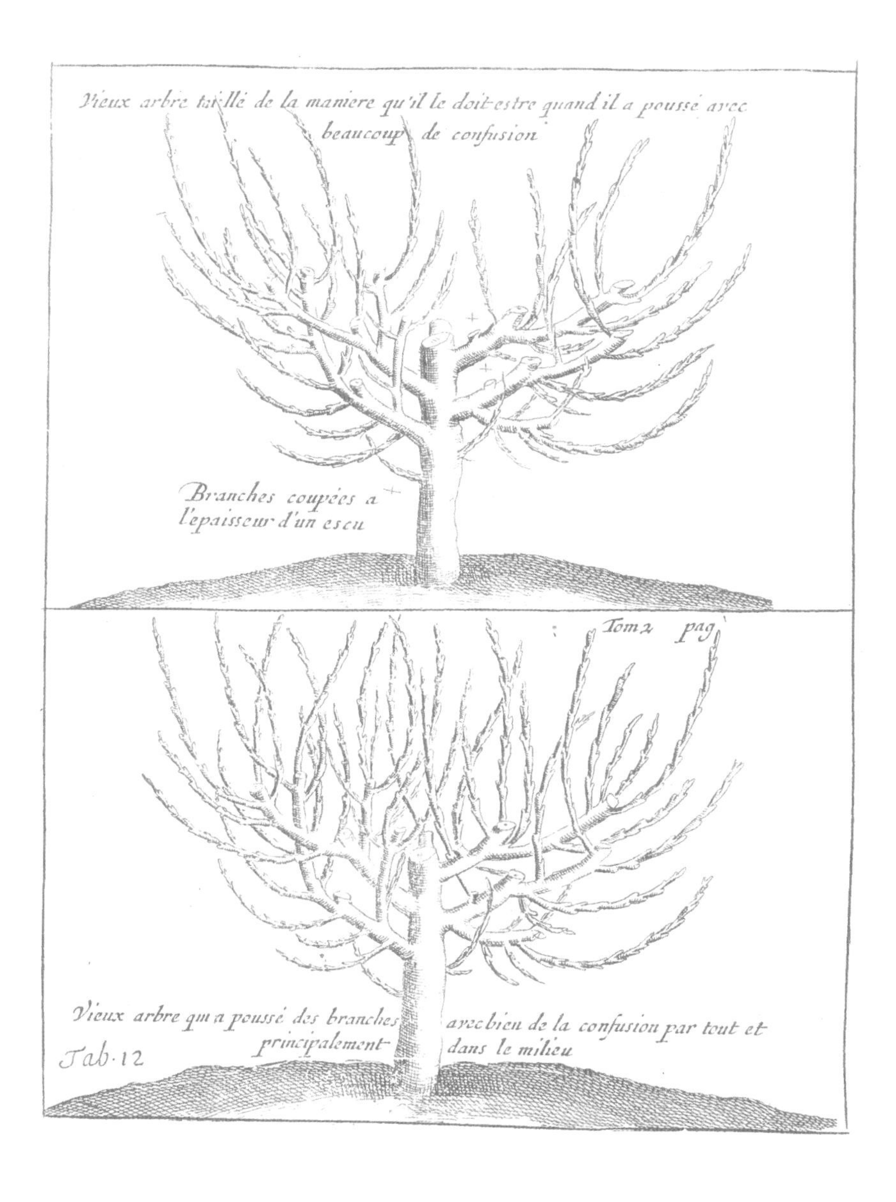
Vieux arbre taillé de la maniere qu'il le doit estre quand il a poussé avec beaucoup de confusion
Branches coupées a l'epaisseur d'un escu
Tom 2 pag
Vieux arbre qui a poussé des branches avec bien de la confusion par tout et principalement dans le milieu
Tab. 12

Bergamote 품종이 수확되었다. 한편 겨울 배인 푸아르 디베Poire d'Hiver, 비구뢰즈Vigoureuse, 드 마르탱섹De Martin-sec, 드 당고베르De Dangobert가 과일 창고나 저장고에서 때를 기다리며 천천히 완숙기에 다가가고 있었다. 모든 것이 계획대로 진행되고 날씨가 예측대로일 때, 6월 중순부터 이듬해 5월까지 신선한 배를 먹고 팔 수 있었다. 12개월 중 11개월이라는 놀라운 기간이었다. 물론 시기마다 가격은 달랐고, 끝물인 5월의 배 맛이 어땠는지는 알 수 없다. 풍미와 식감에 대한 오늘날의 높은 기준을 충족할지는 의문이다.

과수원은 살아 있는 실험실이었다. 과수 재배자들은 고객이나 과수원 주인과 때때로 의견 충돌을 빚으면서 기존 품종을 퍼뜨리는 동시에 새로운 품종을 적응시켜 나갔다. 과일나무는 동물 사료로 활용하는 포도 덩굴이나 채소들과 가끔 공간을 공유해야 했다. 다른 용도로 키우는 나무나 꽃 역시 있을 수 있었다. 제한된 지역에 나타나는 이 다양성은, 식물에 물과 비료를 주는 일을 상대적으로 간단하게 만드는 편리한 미기후를 생성시켰다.

과일나무와 다른 식물들을 일정 형식에 따라 심는 관습은 미적 즐거움뿐 아니라 공간 활용성도 높여 주었고, 세심한 가지치기는 열매가 익는 데 필요한 햇빛이 안쪽과 아래쪽 깊숙이 닿게 해 주었다. 그러나 때로는 부도덕한 정원사들이 가지치기를 핑계로 필요 이상으로 많은 나뭇가지를 잘라 장작으로 삼기도 했다. 당시에는 장작이 귀해서 벌어진 일이었다. 1700년경에는 한 과수원 주인이 이런 허튼짓을 하는 정원사 피에르 보넬Pierre Bonnel을 고소하는 사건이 있었다. 보넬은 '크리스마스 여덟 시간 전'에 나뭇가지들을 잘랐는데, 사과나무 아래에서 자라는 포도 덩굴에 바람이 통하게 하기 위해서였다고 주장했다. 이 말이 사실일 수도 있지만 어쩌면 단순히 휴일을 좀 더 따스하게 보내려는 목적이었을 수도 있다.

'절도'로 인한 위험과 손해는 다른 방면에서도 발생했다. 중부 유럽과 그 너머 지방 과수원과 포도원에서는 가축이 들어와 약탈하는 일을 막기 위해 일반적으로 돌담과 울타리를 둘러 세웠다. 가축 방목지 인근트인 곳에 서 있는 과일나무의 줄기는 막대기나 가시덤불 혹은 바람에 펄럭이는 낡은 옷가지 등 적으로부터 보호할 수 있는 것으로 감쌌다. 일부 지역에서는 이웃과 충돌을 빚지 않는 한 동물이 과수원에서 풀을 뜯도록 놔두었다.

염소는 잎을 좋아할 뿐 아니라 나무를 타고 올라가, 열매를 맺는 나뭇가지를 훼손할 염려가 있었기 때문에 가장 큰 위협이었다. 이 때문에 중앙 유럽의 넓은 지역에 걸쳐 염소를 기르는 일이 금지되거나 제한받기도 했다. 알프스산맥에서는 규제가 덜해 감시할 목동만 있으면 떠도는 가축 무리에 염소가 끼어 있어도 문제 되지 않았다. 과일나무를 훼손한 염소는 끔찍한 처벌을 받았는데, 때때로 목숨을 잃기도 했다. 약탈하는 염소를 벌하는 특히 소름 끼치는 방법은 갈라진 나뭇가지에 뿔을 끼워 매다는 것이었다. 서로 악의를 품은 이웃들이 일부러 염소를 상대의 과수원으로 몰아넣어 재산을 훼손하도록 유도하는 경우도 가끔 있었다. 돼지 역시 땅을 휘젓고 나무에서 떨어진 과일을 먹는 습성 때문에 환영받지 못했다. 과수원 밖에 묶어 둘 수 없는 돼지들은 흙을 파헤치지 못하도록 주둥이에 금속 고리를 끼워 두어야 했다.

풍작은 과수원을 세심하게 돌본 보상이었지만 새로운 문제점이기도 했다. 동시에 익어, 채 먹기도 전에 상하는 맛있는 과일을 모두 어떻게 해야 할까? 겨울에도 과일을 먹을 수 있는 확실한 방법은 없을까? 신

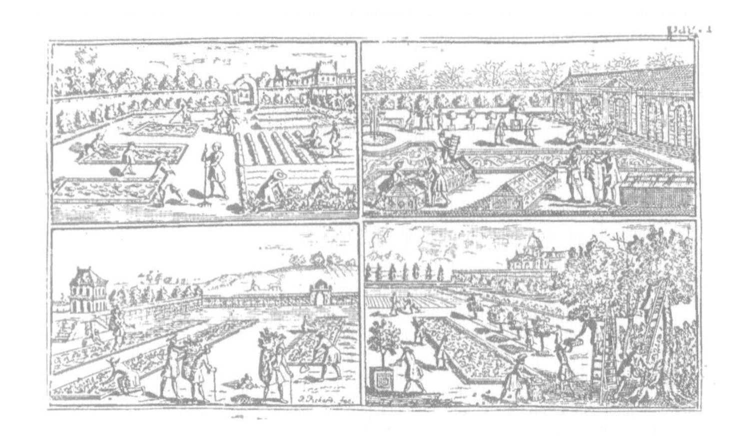

선한 과일의 대안으로는 잘 부패하지 않는 설탕 조림, 과즙 젤리, 시럽이나 피클로 만들어 보존하는 방법이 있었다. 과일을 발효해 술을 담가 잿빛 겨울을 더 잘 견딜 수 있도록 하는 선택도 있었다.

살구, 복숭아, 체리 같은 몇몇 과일은 조리 후 순수한 과일 브랜디의 일종인 오드비eau-de-vie에 보존했다. 잼 레시피는 수없이 많지만 이 중 어떤 것은 퍽 특이하게 들린다. 과즙이나 사과주, 혹은 꿀을 넣어 짜거나 달았다. 17세기 말로 갈수록 달콤한 잼이 급속히 유행했다. 지금의 도미니카 공화국의 수도 산토도밍고Santo Domingo인 프랑스령 식민지 생도맹그Saint-Domingue와 앤틸리스 제도Antilles에서 설탕을 수입하면서 나타난 현상이었다.

어떤 과일은 몇 달 동안 저장한 후에도 신선하게 즐길 수 있었다. 과수원 인근 지역에서 이를 위한 엄격한 작업을 시행했는데, 과일 보관을 위해 특별히 지은 저장고가 그 중심이었다. 그곳에 보관하는 귀한 과일들은 습기와 얼어붙을 듯 차가운 기온, 그리고 굶주린 설치류로부터 보호받았다. 그러나 이런 건물을 유지하는 것은 필요한 인력을 감당할

위 베르사유에서 과일과 채소 정원을 바라보는 네 가지 시점, 라 캥티니, 〈완벽한 정원사〉, 1695년.

수 있는 부유층만이 누릴 수 있는 사치였다. 20세기 중반까지 북반구 인구의 절반은 겨우내 신선한 과일 없이 부족한 비타민을 보충하려고 애쓰는 것 외에는 선택의 여지가 없었다.

과일 보관법에 대한 보다 정확한 설명을 위해 라 캥티니에게 돌아가자. 그에 따르면 과일 저장소는 북쪽에 튼튼한 벽이 필요하다. 북쪽에서 불어오는 매섭고 차가운 바람을 막아야 하기 때문이다. 단열을 위한 문과 창문 역시 필수다. 중앙에 널따란 탁자를 놓아 과일 바구니와 도자기 접시를 둘 공간을 마련하고, 벽에는 살짝 비스듬히 선반을 설치해 과일을 놓고 라벨을 붙여 과일 종류와 먹을 수 있는 날짜를 표시한다. 과일은 습기를 흡수하는 이끼나 고운 모래 위에 조심스럽게 올려놓는다. 일꾼들은 정기적으로 저장고를 확인해 환기가 잘 되도록 하고, 망가진 과일을 즉시 꺼내 부패를 유발하는 미생물이 퍼지지 않도록 해야 한다. 특히 추운 기간에는 건물을 따뜻하게 유지하기 위해 나무나 석탄 난로에 불을 지펴야 한다. 물론 덫을 놓아 고양이가 쥐를 잡았는지도 확인해야 한다.

당시에는 요리 책에 오랜 식이 요법이 실려 있었다. 이 중 몇 가지를 살펴보면 신선한 무화과, 복숭아, 자두, 살구, 블랙베리, 체리는 반드시 식사 전에 먹어야 하는 반면 배, 사과, 털모과, 메들라*Mespilus germanica*, 소

브는 식사 후에 먹어야 한다.(메들라와 소브는 오늘날 잘 알려지지 않은 과일인데, 장미과에 속하며 사과와 비슷하게 생겼다) 이 경우를 제외하고 과일은 대부분 조미료로 쓰거나 조리 과정을 거쳤다. 그러나 신선한 과일을 대하는 태도의 변화는 분명히 시작되고 있었다. 1784년에 출판된 〈과원 학교L'école du Jardin Fruitier〉라는 소책자에 한 예가 있다. 이 책에서 드 라 브르토느리de La Bretonnerie는 이렇게 썼다. "과일은 완전히 익었을 때 먹어야 건강에 이롭다. (중략) 과일이 병을 치료할 수 없는 경우라 하더라도 적어도 증상을 완화하고, 나아가 몸을 보할 수 있다."

베르사유 정원 구역은 많은 변화를 겪었지만 그 기하학적 구조는 첫 완공 후 300년도 더 지난 오늘날까지 알아볼 수 있다. 정원을 둘러싼 담장 중 일부는 사라졌어도, 태양왕이 드나들던 거만한 출입구는 여전히 남아 있다. 이 정원에서 자라는 수천 종의 식물 중에는 배 140종, 사과 160종, 지난 세기의 과일 몇 종을 포함해 450종의 과일이 포함되어 있다. 2007년 이후 코넬 대학교Cornell University를 비롯한 여타 기관에서 수학한 미국인 앤트완 제이콥손Antoine Jacobsohn이 이곳 수석 정원사로 일하고 있다. 그가 가장 좋아하는 배는 버터 같은 과육에 즙이 많은 뒤셰스 당굴렘Duchesse d'Angoulême 품종이다. 또 다른 식물학계의 보물이 이 정원에서 발견되었는데, 바로 플리니우스에게 알려졌던 전설적인 사과 아피 존Api Jaune이다.

8

바람 찬 북쪽으로

예전에 남부 지방에서 발견된 과일나무들은 확실히 13세기까지 영국 제도에서 번성하고 있었다. 그동안 과일 재배는 사업으로 성장했다. 이 시기 기록에 따르면 영국 웨스트컨트리West Country에서는 과수원 일꾼들에게 봉급 일부를 사과주로 지급했는데, 비교적 최근까지도 이 지역에서 지속되는 관습이다. 14세기에 런던의 시장은 타워힐Tower Hill, 빌링스게이트Billingsgate, 이스트칩Eastcheap, 롬바드가Lombard Street, 보레인Bow Lane의 과수원들에서 과일을 공급받았다. 과일 농사를 다룬 많은 저작들은 실용적인 팁을 운문으로 포장했다. 예를 들어 토머스 터서Thomas Tusser가 1580년에 쓴 원예 가이드 〈좋은 농부가 되는 500가지 방법Five Hundred Pointes of Good Husbandrie〉에는 수확에 대한 찬사가 이렇듯

왼쪽 빅토리아 시대의 복숭아 집, 웨스트딘 정원West Dean Gardens, 서식스주, 영국.

선율적으로 묘사되어 있다.

> 목전에 닥쳐 수확한 과일에서는 목재의 맛이 나리니,
> 오그라들고 쓴맛이 나니 도무지 좋지가 않으리.
> 나무를 흔들고 때려 수확한 과일이니
> 떨어지며 멍이 들고 흠이 생기리.

프랑스와 마찬가지로 과일 재배는 영국 왕실 정원의 중요한 요소였다. 조지 3세George III, 1738~1820[1] 치하인 1784년, 원예학자 윌리엄 포사이

1 영국의 왕. 내각을 지도하는 등 왕권 강화를 위해 과감한 정책을 실시했으며 그 여파로 북미 식민지의 반발을 사 미국 독립 전쟁이 일어났다.

위 15세기 프랑스의 한 과수원.

스William Forsyth, 1737~1804[2]가 켄싱턴 궁전Kensington Palace의 정원사로 임명되었다. 그는 궁 정원에 씨 없는 부드러운 과일을 재배하는 것을 시작으로 서쪽 구역까지 새로운 과수원을 확장해 멜론과 오이의 터전으로 삼았다. 포사이스는 과일에 집중하기 위해 기존 작물인 채소 재배를 포기했던 듯하다. 켄싱턴 궁전에서 나는 수확물은 다른 정원들에서 나는 작물과 함께 왕실에 바쳐졌다. 그 작물들이 왕을 비롯한 왕족들을 충분히 만족시켰는지 우리는 알지 못한다. 작물은 대부분 복숭아였는데 천도복숭아*Prunus persica* var. *nucipersica*, 살구, 포도, 산딸기, 무화과, 자두, 배도 있었고 멜론 하나가 끼어 있는 경우도 있었다. 어떤 경우든 남는 과일은 없었는데 그 전에 재배한 채소의 경우와 사뭇 달랐다.

1804년 존 타운센드 에이턴John Townsend Aiton, 1777~1851은 윈저 궁Windsor Palace의 수석 정원사로 임명되어 런던의 모든 궁에 과일을 공급하게 되었다. 그는 윈저 궁에 있는 서로 분리된 네 개의 정원에서 과일 재배에 힘썼다. 각 정원에는 고유의 파인애플 재배 온실과 더불어 생장을 촉진하기 위한 포도나무 온실도 있었다. 정원들은 서로 멀리 떨어져 있어서 모두 둘러보려면 반나절은 좋이 걸렸다. 그의 왕실 고객들뿐 아니라 그 스스로도 인정하기로, 그의 책무는 다음과 같았다.

> 그의 임무는 가능한 한 가장 적절하고 보편적인 방법으로 농산물을 전달하는 것이다. (중략) 폐하나 왕족, 신하들이 있는 곳이라면 어디든지. (중략) 윈저 성에서 22마일이 넘지 않는 거주지라면 가능할 것이다.

2 스코틀랜드 식물학자이자 왕실 정원사, 왕립 원예학회 창립 회원.

한편 과일을 다른 궁으로 운반하는 사람들은 배달 거리에 따라 보상을 차등 지급받았다. 왕립 식물원으로 배달하는 데는 하루 4실링인 반면, 세인트 제임스Saint James로 배달하는 데는 5실링이었다. 윈저 궁의 업무를 포함해 여러 어려움이 있었지만 에이턴은 자신의 자리를 1830년까지 지켰다. 윌리엄 4세가 왕좌를 차지한 해였다.

영국의 정원사들은 오랫동안 조심스럽게 프랑스와 관련이 있는 과수원에 주의를 기울였지만 그들의 성공은 엇갈린 것으로 보인다. 1784년 프랑수아즈 드 라로슈푸코Françoise de La Rochefoucauld는 영국 서퍽주를 방문하고 민족적 우월감에 젖었다. 그의 평가는 분명 가혹했다.

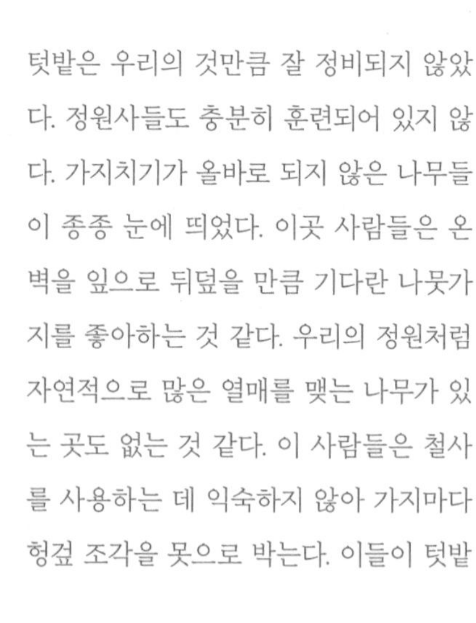

텃밭은 우리의 것만큼 잘 정비되지 않았다. 정원사들도 충분히 훈련되어 있지 않다. 가지치기가 올바로 되지 않은 나무들이 종종 눈에 띄었다. 이곳 사람들은 온벽을 잎으로 뒤덮을 만큼 기다란 나뭇가지를 좋아하는 것 같다. 우리의 정원처럼 자연적으로 많은 열매를 맺는 나무가 있는 곳도 없는 것 같다. 이 사람들은 철사를 사용하는 데 익숙하지 않아 가지마다 헝겊 조각을 못으로 박는다. 이들이 텃밭과 다양한 과일 재배에 대해 아는 지식은 대체로 프랑스에서 왔다.

과일이 익기 위해서는 열이 필요하다. 하지만 이는 특히 영국의 기후에서는 기대하기 어려운 부분이다. 이 문제를 해결하는 한 가지 방법은 과일나무가 통제된 환경에서 자랄 수 있도록 넓은 공간을 담장으로 둘러싸는 것이었다. 텃밭 주변 담장은 식물을 비바람으로부터 보호할 정도로 높아야 하지만, 태양을 완전히 가리면 안 되기 때문에 2~3미터가 일반적이었다. 돌과 회반죽이나 흙으로 쌓아 올린 담장 위에는 비를 막아 주는 타일 지붕을 올렸는데, 이 덕분에 물이 덜 스며들어 담장이 튼튼한 상태를 오래 유지할 수 있었다. 그리고 모르타르mortar[3] 나 회반죽을 담장에 발라 설치류와 곤충을 막았다. 물론 담장은 소유의 표시이기도 했다. 사람들의 키가 지금보다 상당히 작았던 시절에 2~3미터 높이의 담장은 침입자를 막는 데 효과적이었다. 담장은 안쪽 환경을 따뜻하게 만들 뿐 아니라 건물의 벽 일부가 데워진다는 장점도 있었다. 예를 들어 서식스주 웨스트딘West Dean 지구에서는 정원 수석 디자이너의 오두막을 담장에 면해 지어서

3 회나 시멘트에 모래를 섞고 물로 갠 것. 얼마 지나면 물기가 없어져 단단해지는데 주로 벽돌이나 석재 따위를 쌓는 데 쓰인다.

왼쪽과 위 〈헬밍엄 약초와 동물 우화집Helmingham Herbal and Bestiary〉에 수록된 석류와 호두나무, 16세기 초.

열기를 조금 나누도록 했다. 때로는 중간을 비워 두고 담장 두 개를 나란히 세운 후 그 사이에 짚들을 채워 불을 붙인 후 천천히 타오르도록 했다.

거대한 돌담으로 둘러싼 정원과 과수원은 네덜란드와 벨기에, 프랑스 북부처럼 쌀쌀한 기후의 유럽 다른 나라들과 영국에 있었다. 담장은 차가운 북풍으로부터 식물을 보호할 뿐 아니라 낮에는 태양열을 흡수하고 밤에는 방출했다. 이 결과 생성된 미기후 덕분에 주변 지역보다 10℃는 더 따뜻했다. 이러한 환경은 훨씬 남쪽인 지중해 지역과 거의 일치했다. 소빙하 시대[4]였던 16세기에 스위스 식물학자 콘라트 게스너Conrad Gessner, 1516~1565[5]는 무화과와 커런트 열매가 익어 가는 과정에 이러한 담장이 긍정적인 작용을 했다고 설명한다.

유럽 남부에서 특정 식물 재배에 성공하자 인간은 잠재력 있는 식물을 머나먼 땅에서 수입하려는 욕망에 불이 붙었다. 존 트레이드스캔트John Tradescant the Elder, 1570?~1638[6] 같은 정원사들은 희귀한 과일과 관상용 식물, 혹은 알려지지 않은 미지의 식물을 찾아 아프리카 북부와 유럽을 여행하는 모험을 했다. 북아프리카 베르베르족의 고향인 바버리 해안Barbary Coast 지역에서 그는 프티 무스카Petit Muscat 혹은 화이트 알제White Algiers 살구를 발견했다. 그러나 트레이드스캔트가 가장 사랑한 것은 자두였다. 〈트레이드스캔트의 과수원The Tradescants' Orchard〉에서

---

4 기후가 불안정하고 비교적 추운 날씨가 지속되는 시기. 대빙하 시대보다 지속 기간이 짧다.

5 스위스의 박물학자이자 의사, 서지학자. 과거의 동물학 지식을 집대성한 〈동물지〉 세 권은 근대 동물학의 효시로 여겨진다.

6 영국의 박물학자이자 정원사, 수집가. 여러 나라를 여행하며 과일나무의 씨앗과 구근을 수집했다.

왼쪽 다양한 배들의 보고인 〈과수원예학Pomologia〉, 요한 헤르만 크노프Johann Hermann Knoop, 1706~1769, 1760년.

이 위대한 정원사의 위업인 수채화 컬렉션이 빛을 발하는데, 총 23종의 자두가 기록되어 있다. 그는 다양한 모양과 색깔에 큰 감흥을 느꼈다. 그가 후각을 잃었다는 사실을 고려하면 당연한 일이다. 그의 책은 수기 형태로만 존재하고 한 번도 출판된 적이 없지만, 과일의 여신 포모나의 전설에 영감을 받은 작품 중 하나로 역사에 남았다.

1630년에 트레이드스캔트는 서리주에 있는 오틀랜즈 궁Oatlands Palace의 정원, 포도원, 누에 감독자로서 찰스 1세Charles I, 1600~1649[7] 아래에서 일했다. 그의 아들 역시 존이라고 불렸는데, 이 부자는 런던 남쪽에 있는 '호기심의 캐비닛' 아크Ark[8]로 명성을 얻었다. 그들은 자신들의 식물학적 발견의 결과물을 땅에 심었다. 아버지와 아들이 식물 표본을 찾기 위해 세계를 돌아다니면서 모은 공예 수집품들은 옥스퍼드에 있는 영국 최초의 공립 박물관인 애시몰린 박물관Ashmolean Museum의 초석이 되었다.

스코틀랜드를 생각하면 꽃이 피고 과일이 익어 가는 과수원보다는 야생 자연과 원시 기후의 이미지가 떠오른다. 그러나 이 나라에는 우리가 잘 모르는 몇 가지 사실이 있다. 서쪽 해안 기후는 멕시코 만류[9] 덕분에 상대적으로 온화하다. 이 지역의 역사상 첫 과수원은 12세기에 조성되었는데, 블랙프라이어Blackfriar라고 불리는, 도미니크회 수도사들을 위시한 종교 단체가 이를 주도했다. 이 정원들은 아마도 중앙 유

7 영국 스튜어트 왕조의 왕. 스페인과 프랑스 두 나라와 전쟁을 벌여 패했으며 청교도를 탄압하고 의회와 첨예하게 대립했다.

8 '방주'라는 뜻으로 이들이 각지를 떠돌며 수집한 진귀하고 기이한 물건들을 모아 놓은 큰 집을 이른다.

9 북대서양의 북아메리카 연안을 따라 북쪽으로 흐르는 세계 최대의 난류. 멕시코만에서 대서양을 횡단해 유럽 서북 해안을 따라 흘러 북극해에 이른다.

오른쪽 초기 과수원예학자 중 한 명인 요한 헤르만 크노프가 과일나무 모양 잡는 법을 보여 주고 있다.

럽 수도원 정원과 비슷했을 것이다. 1163년 글래스고Glasgow[10] 인근에 설립된 페이즐리Paisley 수도원의 기록에 따르면 이 수도원 단지에는 2.5헥타르 규모의 과수원이 포함되어 있었다. 에든버러Edinburgh[11]에도 왕실 과수원이 있었다. 1330년대에 영국이 처음으로 기록했지만 1124년부터 1153년까지 스코틀랜드를 통치했던 데이비드 1세David I 때부터 존재했을 것으로 추정된다. 넓은 정원과 과수원이 캐슬록Castle Rock[12] 남쪽과 서쪽 면을 둘러싸고 있었다. 이곳에서 왕가에 공급할 과일과 농산물을 재배했으며 아마 상업적으로도 이용했을 것이다. 나무를 베었다는 기록 또한 있어 목재를 비롯한 과일 이상의 산물을 제공했음을 알 수 있다.

스코틀랜드에서 재배한 과일에 관한 최초의 정확한 정보는 17세기 후반에 18대 크로퍼드 백작 윌리엄 린지William Lindsay가 만든 목록으로, 사과 26종, 배 40종, 자두 36종, 체리 28종, 다양한 복숭아, 천도복숭아, 살구, 구스베리*Ribes uva-crispa*, 커런트 품종이 기록되어 있다. 복숭아나무와 살구나무는 햇볕을 막아 주는 담장 안에서 재배되었을 것으로 추정하는 편이 합당할 듯하다. 스코틀랜드에서 가장 큰 과수원은 글래스고 인근 클라이드강 가에 있는 해밀턴 궁전에서 찾아볼 수 있었다. 1668년 이 정원을 방문했던 누군가는 당시 인상을 다음과 같이 남겼다.

> 프랑스 어느 지역에서나 볼 수 있는 실한 포도 덩굴, 복숭아, 살구, 무화과, 호두, 밤, 필버트개암나무 품종 등이 무성하게 자라 대단

10 스코틀랜드 서남부 항구 도시. 18세기 이래 영국 식민지와 무역하며 세계적인 무역항으로 발전했다.

11 스코틀랜드의 주요 도시. 스코틀랜드 왕국 시절의 수도였으며 역사적 건축물이 많다.

12 에든버러 구시가지에 위치한 검은 현무암 바위산으로 꼭대기에 에든버러 성이 서 있다.

왼쪽 위 스호라벨란트's-Graveland에 있는 과일 온실의 구불구불한 담장, 네덜란드, 20세기 초.
왼쪽 아래 파리 인근 몽트뢰유수부아에 있는 과수원의 담장, 20세기 초.

> 히 풍요롭다. 그리고 봉크레티앵 배는 아주 훌륭하다. (중략) 벽돌 담장은 과일이 익는 데 큰 도움을 준다.

로절린드 마셜Rosalind Marshall, 1939~[13]은 자신의 책 〈앤 공작부인의 나날The Days of Duchess Anne〉에서 해밀턴 공작 3세인 윌리엄 더글러스 해밀턴William Douglas Hamilton이 자신의 선조가 시작한 과일 재배 전통을 어떻게 계승했는지 묘사한다. 그는 새로운 담장에 사용할 벽돌 수천 개를 제작할 벽돌공을 고용하고, 복숭아나무와 살구나무와 체리나무가 벽에 기대어 자랄 수 있도록 했다. 그가 엄청난 성공을 거두자 1682년, 콜랜더 백작Earl of Callander은 "나의 공작 나리께서 심은 나무와 담장의 거리가 얼마나 되는지" 알기를 열망했다. 그는 배나무와 체리나무는 현지에서 조달했지만 복숭아나무와 살구나무는 런던에서 올려 보냈다. 그리고 남쪽 국경 지대에서 포도나무와 뽕나무와 견과류 나무를 구해 왔다. 당시 유행하던 접그루를 얻기 위해 대륙까지 영역을 넓혔으며 한번은 보네스Bo'ness 선장을 네덜란드로 보내 "살구나무에 접한 복숭아나무 다섯 그루, 자두나무에 접한 복숭아나무 네 그루, 복숭아나무 두 그루"를 구했다.

과일이 익는 최적의 조건을 만들고자 애쓰는 정원사들은 때때로 길을 잘못 들었다. 예를 들어 그들은 검은색이 열을 가장 쉽게 흡수한다는 사실을 깨닫고 복숭아나무 뒤쪽의 담장을 검게 칠했으나 새싹이 너무 빨리 돋아 기온이 내려가자마자 얼어 버렸다. 한편 여름에는 가끔씩 여린 과일을 태워 버릴 정도로 뜨거워지기도 했다.

영국 제도의 정원사들은 초기에 정원을 담장으로 둘러싸고 무화

---

13 작가이자 역사가, 왕립 문학학회 회원.

과나무를 부채꼴로 재배하거나 벽을 타고 자라도록 재배했다. 그러다 19세기 중반 무렵부터 이 식물들을 위한 특별한 유리 집을 짓기 시작했다. 이러한 방식의 장점 중 한 가지는 무화과를 한 해에 적어도 두 번 많게는 세 번까지 수확할 수 있다는 것이었다. 또 다른 특이한 건축학적 해법도 있었다. 아일랜드에 위치한 아드길런 성Ardgillan Castle 정원 성벽에서 찾아볼 수 있는 벽감壁龕[14]이다. 추위와 바람을 한층 더 잘 막아 주는 30개의 벽감은 필시 특히 민감한 천도복숭아와 복숭아와 배나무 보관에 사용했을 것이다. 이 아이디어는 대서양 건너편의 사람들까지 사로잡았다. 토머스 제퍼슨Thomas Jefferson, 1743~1826[15]은 이 방법에 매료되어, 그가 샬러츠빌Charlottesville에 설립한 버지니아 대학교에 뱀처럼 구불구불하거나 지그재그로 생긴 담장을 세웠다. 대학 주요 잔디밭 위에 세워진 누각 10개를 각각 둘러싸고 있는 정원들이 이 담장들로 분리되어 있다.

어떤 과일은 담장으로 둘러싸인 정원에서 자라기에 적합했지만, 어떤 여건이든 그곳에서 자라는 식물에 영향을 미치기 마련이다. 노스요크셔에 있는 너닝턴 홀 주변 지역 과수원들은 오랫동안 보관이 가능해 영국 범선에 공급하기에 적합한 사과를 집중적으로 생산했다. 이 사과에는 다양한 품종이 있었는데, 도그스 스나우트Dog's Snout(퀸스와 비슷한데 개의 코를 닮았다)라는 멋진 이름으로 불리는 품종과 콕핏Cockpit, 버놋Burr Knot이 있었다.

담장으로 둘러싸인 과일 정원은 프랑스 북부에도 조성되었는데, 이는 오늘날까지도 많이 남아 있다. 특히 복숭아로 유명한 파리 동쪽 끝

---

14 장식을 목적으로 벽면을 오목하게 파서 만든 공간.

15 미국의 제3대 대통령. 1776년에 독립 선언서를 기초하고 초대 국무 장관을 지냈다. '미국 민주주의의 아버지'로 불린다.

자락의 도시, 몽트뢰유수부아Montreuil-sous-Bois 지역에서 공통적으로 찾아볼 수 있다. 1870년대 복숭아 재배의 절정기에는 600킬로미터가 넘는 벽들이 이 지역을 십자 모양으로 교차했다. 이러한 장벽은 삶의 모든 측면에 영향을 미친 것이 틀림없다. 아이들이 이런 장애물 코스 여기저기를 기어오르는 모습을 상상하기는 어렵지 않다. 외부인이 이 미로를 침투하기는 거의 불가능했다. 1870년 파리를 점령한 프로이센 왕국[16] 부대는 몽트뢰유수부아에서 길을 잃는 위험을 감수하기보다는 주변을

16 1701년에 프리드리히 3세가 세운 왕국으로 후에 독일 제국의 건국을 주도했다.

멀리 돌아서 갔을 것이라 추측된다. 이제 이 벽들은 본래 목적을 더 이상 수행하지 못한다. 하지만 도시화라는 압력에 놀라울 정도로 저항력이 강하다는 것은 증명되었다. 일부 벽은 오늘날까지 남아서 풍경을 이루고 재산의 경계를 표시한다.

9

누구라도 과일을 심으라

물리적 형태로, 또는 적어도 문서에 기록으로 남아 있는 옛 과수원은 왕족, 귀족, 종교 지도자 계급이 소유했다. 깊은 인상을 주기는 하지만 일반 백성들에게 과일을 제공하던 전형적인 과수원을 대표하는 것은 아니다. 중세 시대로 멀리 거슬러 올라가면, 과수원이라는 체제는 중부 유럽의 많은 마을과 도시를 둘러싸고 있었다. 과수원들은 대개 밭이나 텃밭 근처에 위치했거나 그 일부였다. 감자, 순무, 옥수수 같은 작물은 나무 그늘 아래에서 자랐고, 이런 작물과 과일은 모두 가을이면 손으로 직접 수확했다.

과거에는 정착지 인근에 일군 과수원과 주변 숲 사이의 경계가 종종 유동적이었다. 숲은 사람들에게 열매를 제공하는 한편 대목의 원천

왼쪽 '사과주 과수원The Cider Orchard', 로버트 워커 맥베스Robert Walker Macbeth, 1890년.

이기도 했다. 이 대목은 재배 나무의 접가지를 접붙이기하는 데에 쓸 수 있었다. 재배하는 나무는 대개 야생에서 자라는 나무보다 생산성이 좋았다. 18세기 파리 주변 지역에 관한 정보에서 한 가지 좋은 예를 알 수 있다. 야생 체리나무는 재배한 체리나무의 대목으로 채집되었으며 개암나무와 야생 사과나무와 배나무 역시 접가지로 활용되었다. 숲에서 자라는 커런트 덤불은 간단하게 옮겨 심을 수 있었으므로 접목이 필요 없었다. 숲은 때로 인공적인 과수원이나 정원보다 훨씬 건조하기 때문에 숲의 대목이나 옮겨 심은 관목이 새로운 환경에 적응하는 데 시간이 걸리기도 했다.

로마 점령기에 자주 경작하던 호두나무와 밤나무가 야생 숲에까지 번지면서 너른 풍경의 울타리이자 인간의 어떠한 간섭도 없는 숲의 일부가 되었다는 점 역시 중요하다. 숲은 과일과 견과류, 대목의 원천일 뿐 아니라 운송 재료들의 원천이기도 했다. 특히 섬세하게 다루어야 하는 체리를 비롯한 과일을 운반하기 위해서는 포장이 필요했다. 밤나무 잎은 시장으로 가는 길에 소중한 수화물들이 서로 부딪치고 밀리지 않도록 하는 완충재 역할을 했다. 영국에서는 여름 배처럼 손상되기 쉬운 과일을 보호하는 데 양치식물을 활용했다. *마운즈* *maunds*, 무굴 제국과 오스만 제국에서 사용하던 측량법을 영어식으로 표기한 단어라고 불린 과일 바구니에는 부드러운 잎들을 붙여 놓았다. 줄기를 밖으로 빼내는 방식으로 과일을 포장하면 배들이 서로 찔려 흠집 나는 일이 없었다.

18세기 후반 무렵에는 사람들이 한 장소에서 참나무, 개암나무, 밤나무 잎들을 워낙 많이 채집하는 바람에 나라에서는 숲에 들어가는 것을 제한하는 법을 제정해야 했다. 하지만 사람들은 이에 아랑곳하지 않고 개암나무 열매나 밤 같은 견과류과 야생 과일 채집을 계속했다.

시골 곳곳에서 자라는 과일나무와 견과류 나무들은 물리적이고

상징적이며 심미적인 측면에서 풍경을 이루었고, 그 특징을 규정하는 중요한 역할을 했다. 나무들은 풍경에 깊이와 아름다움을 더하면서 환경을 근본적으로 변화시켰다. 이 나무들이 얼마나 높이 자랄 수 있는지 한번 생각해 보라. 사과나무는 10미터까지 자랄 수 있고, 배나무는 15미터에 이르며, 벚나무는 20미터 상공까지 가지를 뻗는다. 또 나무들은 대대로 이어지는데, 특히 견과류 종이 그렇다. 견과류 나무는 100년은 좋이 살며, 길게는 500년 가까이 생존하는 종도 있다. 아름다운 나뭇결무늬 때문에 귀하게 여기는 목재로 쓰이기 위해 잘려 나가지만 않는다면 말이다.

위 사과, 자두, 배, 복숭아, 메들라를 짊어진 독일의 과일 장수, 1840년경.

일찍이 모습을 드러낸 앙리루이 뒤아멜 뒤 몽소는 담장에 붙여 키우는 나무 재배법에 관한 글을 주로 썼다. 그러나 1768년에 발표한 논문에서는 모순적이게도 "자유롭게 자라는 나무의 열매는 다른 모든 열매보다 우수하다."라고 말하기도 했다. 그토록 유명한 전문가의 이런 주장은 대칭으로 자라도록 키우는 나무에 매력을 느끼던 정원사들이 자유롭게 자라는 나무의 이미지를 떠올리는 데에 도움이 되었을 것이다. 몽소의 칭찬은 이에 그치지 않았다.

> 만약 규칙적인 형태를 원한다면, 죽은 부위와 가지 몇 개를 제거하는 것 외에 이 나무에는 더 이상 필요한 것이 없다. (중략) 자연에 보살핌과 생장을 맡기면 이 나무는 가지와 뿌리를 사방

> 으로 뻗을 것이다. 수액은 나무의 생장과 활력에 필수적인 잔가지를 튼튼하게 하고 증식하면서 강하고 활력 넘치게 가지 끝으로 흘러간다.

과일 농사의 중요성은 프랑스와 영국 너머 다른 나라 사람들까지 인식하게 되었다. 독일어권 유럽 국가에서는 고위 공직자들이 과일나무 재배 기술의 진보에 힘을 실어 주었다. 다양한 과일 농사를 다룬 이 지역 최초의 서류는 앞에서 언급한 샤를마뉴의 *카피툴라레 드 빌리스*로 땅과 농경을 규제하는 중세 시대 최초의 입법 문서였다. 공직자들은 또 왕국 전역에 과일을 원활히 공급하고자 했는데, 과일이 기근 예방에 얼마나 이로운지를 깨닫고 이에 대비하려는 것이었다. 이 법안의 권고안에는 나무 16종이 포함되었는데 대부분 과일나무다. 과일 농사를 장려하는 노력은 샤를마뉴 대제 이후에도 오랫동안 지속되었다. 예를 들어 16세기 법에 따르면, 모든 부부는 과일나무 여섯 그루를 심고 돌보아야 했으며 그러지 않을 경우 결혼할 수 없었다. 과일나무를 심는 또 다른 이점은 과일을 음료수로 가공할 수 있다는 점이었다. 위생 개념을 거의 찾아볼 수 없던 원시적인 환경에다 무두질 작업과 납 생산에 따른 수질 오염은 전염병의 원인으로 꼽혔다. 주스와 맥주, 와인 수요가 증가한 것은 당연한 일이다.

프랑스와 영국에서 그랬듯이, 독일의 과일 농부들 역시 숲에서 자원을 끌어모았다(여기에서 말하는 '독일 농부'는 유사한 '독일' 문화를 폭넓게 공유하며 독일어를 사용하는 많은 왕국과 지역에 걸쳐 살던 사람들을 가리킨다. 1871년까지 정치적 단위의 독일은 존재하지 않았다). 예를 들어 뷔르템베르크Württemberg 공작 크리스토프는 1567년에 칙령을 내려 백성들이 야생에서 자라는 어린 과일나무를 캘 수 있도록 허용했다. 이에 따라 야생 과일나무는 어디에서

왼쪽 포도원과 과수원 풍경, 밤베르크, 바이에른, 1837년.

나 자라게 되었고, 상업적인 묘목장에서 충분히 구할 수 없거나 대부분의 사람들에겐 무척 비싼 접목용 나무의 대안이 되었던 것으로 보인다.

1740년 왕위에 오른 직후 프로이센의 절대 군주 프리드리히 대왕Friedrich, 1712~1786[1]은 지방 당국에 "가능한 곳이면 어디든 과일나무 재배를 장려하라."라고 지시했다. 그는 30년 전쟁[2]으로 황폐한 중부 유럽의 수많은 과수원을 정비하는 동시에 그의 영토를 통해 기동하는 군인들이 확실히 과일을 공급받을 수 있기를 바랐다(여행자를 비롯한 많은 사람들 또한 시골 어딘가에서 자라는 과일나무가 교체될 때마다 세대를 거쳐 혜택을 받았다).

그러나 이러한 왕실의 노력은 프리드리히의 바람만큼 효과적이지 않았다. 불과 3년 후 그는 도시와 지방에 벌금을 부과하는 또 다른 칙령을 내렸다.

> 토지세 관리자의 판단에 따라 심을 수 있었으나 심지 않은 과일나무, 버드나무, 피나무 등에 각 3점.

프리드리히가 가한 처벌은 이것이 마지막이 아니었다. 그는 해가 지날 때마다 새로 돋은 과일나무와 죽은 과일나무에 대한 정확한 정보를 요구했다. 그것만으로는 충분하지 않았다. 7년 전쟁[3]이 시작되기 몇 해 전인 1752년, 대왕은 이렇게 명령을 내렸다.

---

1 프로이센의 국왕으로 슐레지엔을 영유하고 폴란드 분할로 서프로이센을 얻었다. 부국강병에 앞장선 전형적인 계몽 전제 군주다.

2 1618년에서 1648년까지 독일을 중심으로 유럽 여러 나라 사이에서 일어난 종교 전쟁. 프랑스의 승리로 끝났으며 그 결과 네덜란드와 스위스가 독립했다.

3 1756년부터 1763년까지 오스트리아와 프로이센이 슐레지엔 영유권을 놓고 벌인 전쟁.

왼쪽 이 그림에서는 숲과 과수원의 경계가 흐리다. 헨드릭 판발런 1세Hendrik van Balen the Elder, 플랑드르 바로크 양식 화가이자 스테인드글라스 디자이너, 1575?~1632와 얀 브뤼헐 1세Jan Brueghel the Elder, 플랑드르의 화가이자 제도가. 역사, 꽃, 정물화, 우화, 신화 등 다양한 주제의 그림을 그렸다. 1568~1625.

> 좋다, 모든 마을에 공동 묘목장을 설립할 것이니 나무 재배 지식이 있는 사람이 참여해야 할 것이다. 이 사람은 그 지역 주민들에게 설명하고 지시를 내릴 수 있어야 한다. (중략) 농부는 매년 최소 열 그루의 어린 과일나무를 심어야 한다. 남는 과일은 구워서 마을 사람들에게 팔도록 한다.

왕의 지시에서 '과일을 굽는다'는 것은 케이크나 파이를 만드는 것이 아니라 보존을 위해 건조하는 과정을 의미했다. 커다란 과수원 근처에서 가끔 건조 설비가 발견되는 것은 우연이 아니다. 독일 중부 튀링겐주의 트레푸르트Treffurt 마을에서는 과일 산업이 지역 경제의 주축이었다. 과일 수확량에 따라 마을의 건조 가마들이 그득 찼고 그곳에서 체리, 자두, 배, 사과가 유통에 적합하고 시장성 있는 상품으로 변신했다. 가을이면 마을은 생동감이 넘쳤으며 향기로운 과일 냄새가 주변으로 퍼져 나갔다. 건조 과정에 들어가기 전에 과일을 조각조각 잘랐으며 최종적으로 생산한 상품은 일반적으로 라드나 페이스트리와 함께 먹었다.

그러나 공식적인 과일나무 재배 지시가 항상 원한 만큼 효과를 거둔 것은 아니다. 어떤 경우에는 진지하게 받아들여지지도 않았다. 오늘날의 폴란드 지역인 실레지아Silesia에서 발견된 1765년 보고서에 따르면 조사관들은 순회 때 어린나무가 자라는 것처럼 보이게 하려고 "땅에 봉이나 막대기를 박아 둔" 것을 발견하고 항의하기도 했다.

게다가 묘목장 운영자들은 엄청난 불신의 대상이었다. 19세기까지는 품질 기준도 존재하지 않았다. 사람들은 구매한 어린 접나무에서 예상치 못한 과일이 달리거나 제대로 자라지조차 않을 가능성에 항상 대비

해야 했다. 서로 다른 종을 일관성 없이 부르는 것도 혼란의 원인이었다.

19세기 직전, 슈투트가르트 인근 솔리튀더 궁Solitude Palace에 위치한 공작 소유의 묘목장에서는 매년 10만 개에 이르는 인상적인 식물들을 팔았다. 전직 이발사인 요한 카스파어 실러가 운영하는 묘목장이었다. 그의 아들이 유명한 시인 프리드리히 실러Friedrich Schiller, 1759~1805[4]인데 아버지 요한 카스파어 또한 한 사람의 어엿한 작가였다. 그의 책 〈대규모 나무 재배Die Baumzucht im Großen〉에는 "길을 따라 심기에 매우 적합한 나무"와 "빠르고 건강하게 자라는 나무" 같은 유용한 정보가 담

4 독일의 시인이자 극작가. 괴테와 함께 고전주의 예술 이론을 확립했다.

위 슈투트가르트 기차역에 도착한 과일 차량, 1899년.

겨 있다. 이러한 주제들은 특히 독일어를 사용하는 유럽 남서부 지역에서 유례없이 키 큰 과일나무를 심었던 19세기 초 상황과 잘 들어맞는다. 그 결과 나무들은 도시와 마을을 둘러싸게 되었고, 길의 경계를 이루었으며, 때로는 감자를 비롯한 또 다른 '밭에서 나는 과일'이 자라는 농지와 목초지에 자리를 잡았다. 농작물 재배에 부적합한 경사진 구역은 특히 나무로 유명했다. 이 시기에는 과일나무뿐 아니라 목재와 기름을 제공하는 견과류 나무도 많이 심었다.

1797년 슈투트가르트 남쪽 에름강Erms river 계곡을 여행하던 호프 교수는 그곳에서 마주친 '과일나무 숲'에 대한 인상을 글로 남겼다. 기록에 따르면 그 숲은 수 킬로미터에 걸쳐 뻗어 있었고, 그곳에서 수확된 것은 "주스, 말린 과일 혹은 브랜디"로 가공되었다. 그 시기에 유행했던 말은 사람들이 주변 나무에 얼마나 의존했는지 보여 준다. "시선이 닿는 곳마다 나무 한 그루를 심고 잘 보살피세요. 그 혜택을 누릴 거예요."

키 큰 과일나무는 풍경을 다채롭게 해 주었을 뿐 아니라 실질적인 생태학적 이점도 가져다주었다. 원예 선구자로서 요한 카스파어 실러는 그 점을 꽤 잘 알았다.

> 나무를 기르는 사람들은 나무의 자양분을 기꺼이 나눠 받는다. 나무는 전원 풍경을 더없이 아름답게 만들어 주고 공기를 정화하며 그늘을 제공한다. 인간과 동물 모두가 나무로부터 보호받고 욕구를 채우며 삶의 안락함과 기쁨을 풍족하게 누린다.

18세기에 과일 농사가 영국 남부와 독일 영토 남서부에까지 특히 널리 퍼진 것은 분명 우연이 아니다. 이 지역의 과일 재배 역사는 로마 점령기까지 거슬러 올라간다. 18세기와 19세기에 특히 기후가 온화한 지

왼쪽 모두를 위한 사과, 독일, 19세기 말.

역에서 커다란 과수원들은 그곳 풍경의 일부이자 구획이었다. 지금은 유명한 와인 산지이자 프랑스의 일부인 보주 산맥Vosges mountains과 라인 강The Rhine 사이 알자스 지역에 대한 1908년 자료를 보면 그 과수원들이 어떠했는지 짐작해 볼 수 있다.

> 대체로 마을 주변이나 덩굴로 덮인 언덕의 평탄한 곳에 위치한 과수원은 풍경을 매력적으로 만드는 데 일조한다. 보통 매우 작은 구획으로 나뉘는 '과일밭'은 태곳적부터 이곳에 존재했으며 오늘날에 비해 지난 세기에 더욱 풍요롭기까지 했다.

과일나무 재배는 19세기에 또다시 활기를 띠었다. 진딧물과 아주 밀접하며 파괴적인 곤충인 포도나무뿌리진디가 미국에서 건너와 유럽의 와인 생산지에 막대한 손해를 끼치던 때였다. 포도밭이 사라진 자리에는 대개 다양한 종의 과일나무를 심었다.

숲에서 야생으로 자라든 마을에서 재배하든 전원 지역의 과일나무는 끊임없이 발전하는 도시 사람들에게도 중요한 역할을 했다. 불행한 일이지만, 고향집에서 멀리 떠나온 도시 사람들은 과일나무에 평소의 규범이 적용되지 않으며 나뭇가지에서 자라는 열매 또한 마음대로 가져갈 수 있을 거라 여겼음을 쉽게 상상할 수 있다. 영국 역사학자, 리처드 코브Richard Cobb, 1917~1996[5]는 파리 주변에서 벌어진 무법 행위에 대해 이렇게 묘사했다. "과장이 아니다. 밤이나 어둠이 내릴 무렵 언덕을 걷거나 운전하는 것은 굉장히 위험한 일이다." 그는 이렇게 덧붙인다. "해 질 녘 집으로 향할 때면 목재 더미나 나무줄기를 짊어져 등이 굽은 사람의 그림자가 소리 없이 움직이는 모습을 볼 수 있다."

땔감을 마련하기 위해 불법으로 나무를 베는 것 외에 과일과 버섯 절도 역시 흔했다. 특히 전쟁 통에 절박한 사람들은 가을이면 견과류와 블랙베리에 의지했다. 농촌 공동체에서 굶주림과 추위에 시달리는 이 이방인들은 작물을 훼손하고, 축사 문을 열어 가축들을 풀어 놓아 농부들에게 손실을 끼치는 약탈자이자 침략자였다. 그 반면, 이들은 때때로 울타리와 산울타리를 가로질러 아무도 몰랐던 장소로 가는 길을 발견하기도 했다. 이러한 관점에서 볼 때, 이들은 단지 권리의 부재와 자유를 이용해 목재, 과일, 버섯 할 것 없이 무엇이든 발견하면 이득을 취하는 자들이었다. 거꾸로 생각해 보면, 1820년 쓰인 한 편의 시 '양치기들의 달력The Shepherd's Calendar'에서처럼, 이 모든 것은 꽤 낭만적으로 들리

5 영국의 역사가이자 수필가. 옥스퍼드 대학교 교수. 프랑스 혁명에 관한 수많은 책을 저술했다.

왼쪽 파리 서쪽 센강 근처 과수원의 확장을 알 수 있는 그림. 영국 인상주의 화가, 앨프리드 시슬레Alfred Sisley, 대표적인 인상파 화가로 서정성이 깃든 풍경화를 주로 그렸다., 1839~1899, 1875년.

기도 한다.(이 시를 쓴 작가 존 클레어John Clare, 1793~1864[6]는 영국 소택지에 위치한 마을 헬프스턴Helpston에 살았다.)

외로운 소년들이 울부짖는 노래,
꿈꾸는 즐거움에 취해 황홀한 여행을 하며
몽상에 잠겨 산울타리를 맴돈다네
나무 위에서 빛나는 야생 열매를 따기 위해

또 다른 관점에서 쓴 글도 있다.

숲속에는 여전히 굶주린 소년들이 수리하고 있다네
근심 어린 발길로 죽어 있는 긴 풀들을 비질하고,
감싼 머리 위로 휘저은 가지에서 후두두 떨어지는
새까만 딸기나무 열매를 좇아 달콤함에 취하네
혹은 잘 익은 갈색 베리를 따러 올라갈까나

과일나무가 환경에 끼치는 긍정적인 영향은 자양분과 그늘, 매력적인 풍경을 넘어선다. 오늘날 우리는 목초지에서 자라는 나무가 수분 증발을 억제해 토양의 수분을 증가시킨다는 사실을 안다. 그 결과는 숲과 유사한 미기후로 나타난다. 이러한 조건 덕분에 온갖 작은 동물과 식물들에게 환영받는다. 많은 새들이 그곳에서 먹이를 찾고 나무 기둥 구멍이나 나뭇가지 같은 곳에 둥지를 틀 수 있다. 만약 목초지가 조심스럽게

6 워즈워스, 바이런과 함께 영국의 낭만주의 시대를 풍미했지만 이들의 그림자에 묻혀 산 비운의 시인. 자연을 찬미하고 시골 생활을 묘사하는 시를 주로 썼다.

경작되거나 손을 타지 않고 남겨진다면 난초 같은 희귀한 식물이 그곳을 차지해 살아갈 수도 있다.

게다가 나무뿌리는 토양을 붙들어 침식을 막는데, 이는 주로 산비탈에 심는 과일나무에 큰 강점이 된다. 또 과일나무를 비롯한 다른 낙엽수는 주거지 옆에 심기에 이상적이었다. 여름에는 그늘을 드리우고 겨울에는 앙상한 나뭇가지 사이로 햇볕이 들게 해 주기 때문이다. 나무는 날씨로 인한 피해 방지에도 효과적이었다. 흑림Black Forest[7]의 유명한 히프 지붕hip roof[8] 집들은 바람이 불어오는 쪽에 일렬로 심은 나무들, 특히 호두나무들의 보호를 받았다. 여러 세기가 지나는 동안 야생이든 경작지

7 독일 남서부 바덴뷔르템베르크주에 있는 산림 지대.
8 사각뿔이나 육각뿔처럼 용마루가 없이 하나의 꼭짓점에서 만나는 지붕.

위 유럽 많은 지역에서 발견되는 호두나무 숲. 덴마크 화가, 요아킴 스코브고르Joakim Skovgaard, 비보르 대성당Viborg Cathedral의 프레스코화로 유명하다., 1856~1933, 1883년.

든 농가와 과수원은 서로 밀접한 관련이 있었다.

전통적인 과일나무 농장에서 볼 법한 나이 든 옹이투성이 나무들은 지금도 여기저기서 찾아볼 수 있지만, 이런 나무 대부분은 현대 사회의 실용주의적 요구에 휩쓸려 버렸다. 한때 길과 오솔길에 늘어섰던 과일나무들은 교통안전 기준에 희생되었다. 자동차들이 나무를 들이박는 사망 사고가 종종 일어난 탓이다.

페리고르Périgord로 알려진 프랑스 남부 도르도뉴강Dordogne 계곡 지역에서는 수세기 동안 참나무와 밤나무, 호두나무가 드넓게 뻗으며 풍경을 이루어 왔다. 페리고르 견과류는 이 지역의 자랑거리였다. 예전에는 나무가 워낙 많아서 다람쥐가 나무를 징검다리 삼아 페리고르 전체를 가로지를 수 있다고 주장하는 사람이 있을 정도였다. 이 지역을 가로지르는 누아 뒤 페리고르Noix du Périgord 도로는 중세부터 르네상스 시대까지, 견과류가 화폐로서 빚 상환부터 세금 납부까지 두루 활용되던 시기가 있었음을 증명한다. 사람들은 긴 막대로 나뭇가지를 때려서 견과류를 수확했다. 전해지는 바에 따르면 작은 쇠망치로 호두를 때려 껍데기 깨뜨리는 소리가 온 마을에 메아리쳤다고 한다.

여전히 남아 있는 견과류 재배 농부들은 미국 캘리포니아와 중국, 이란, 칠레의 농부들과 치열한 경쟁을 벌여야 한다. 사업을 계속 영위하려면 창의력이 필요하다. 그들은 오리와 거위에게 견과류를 먹이고 간을 지방으로 채워 파테pâté[9]를 만든다. 증류해 호두주를 만들거나 기름을 추출하기도 한다. 빵 반죽에 넣어 굽거나 달콤한 스프레드로 가공하고 페스토와 소시지에 넣기도 한다. 운이 조금 따르면 오래된 기름 공장 중 하나를 발견할지도 모른다. 이 공장은 풍경을 낭만적으로 수놓는 장미

9 고기나 생선을 곱게 다져 양념해 차게 내는 일종의 스프레드.

덤불로 에워싸여 있을 것이다. 제분소의 나무 방아는 수력으로 망치를 움직여 호두의 껍데기를 깨뜨리고, 속살은 붉고 뜨겁게 달아오른 오븐에서 건조된다. 1리터가 조금 넘는 기름을 만드는 데에는 견과류 6킬로그램 이상이 필요하다.

10

체리 따기

체리는 영원한 낙원의 봄, 그리고 관능적인 유혹과 매혹의 상징이다. 키스하려 오므린 입술과 이토록 닮은 과일이 또 있을까? 훌륭한 향과 맛은 말할 것도 없다. 체리가 오랫동안 욕망의 대상이 된 것은 어쩌면 당연한 일이다.

플리니우스 시대에 이미 많은 체리 품종이 재배되고 있었다. 비록 우리는 그 체리가 정확히 어땠는지, 달았는지 시었는지 알 수 없지만 그 특성을 떠올리게 하는 이름은 남아 있다. 아프리오니안Aprionian은 빛깔이 가장 빨갛고, 루타티안Lutatian은 가장 진했다고 전해진다. 카에칠리안Caecilian은 특히 동그란 모양을 띠고 있었고, 주니안Junian은 나무에서 따서 바로 먹을 때 유독 맛이 좋았다고 한다. 그러나 이들 중 최고는 그

왼쪽 독일 왈츠 '이웃집 정원의 체리Cherries in the Neighbor's Garden' 악보 커버에 실린 삽화, 19세기 말.

유명한 두라치나Duracina로 어두운 빛깔, 풍부한 과즙, 상대적으로 딱딱한 과육과 천천히 익는 특성으로 알려져 있다. 좀 더 최근까지는 '하트체리heart-cherry'라고 불렸다. 변종인 타르첸토 두라치나Tarcento Duracina는 19세기에 폭넓은 인기를 누렸고 지금도 이따금 이탈리아 북동부 우디네 근처에서 발견된다.

이런 재배 체리의 원산지는 로마가 아니다. 체리가 로마로 전해진 것은 전설에도 등장한다. 기원전 70년, 로마의 장군 루키우스 리키니우스 루쿨루스Lucius Licinius Lucullus, 기원전 118~기원전 56?는 유명한 왕 미트리다테스 6세Mithridates VI, 기원전 135~기원전 63[1]와 맞서 흑해 주변 땅을 정복했다. 정복지 중에는 로마에서 케라수스Cerasus, 오늘날의 튀르키예 북동부 기레순 지역 -옮긴이라고 부르는 지역도 포함되어 있었는데, 그곳에서 자라는 귀중한 체리를 가리키는 라틴어 *케라시아cerasia*에서 따온 이름이었다. 루쿨루스가 승리를 축하하며 로마를 가로질러 행진했을 때 전리품 중에는 체리나무도 있었다. 루쿨루스는 자신의 정원에 이 나무를 심었고, 열매가 열렸다. 체리는 훌륭한 연회의 분위기를 절정으로 이끌기 위해 제공하거나 말려서 꿀에 재워 놓기도 하고 과일주를 담글 때 즙을 내어 베이스로 활용했다.

18세기에 체리는 포츠담에 있는 프로이센 통치자들의 궁정에서 특별한 자리를 차지했다. 왕실 정원의 주요 특색은 과일을 중심으로 발전한 문화와 아주 많은 체리나무였다. 프리드리히 대왕은 육욕에 가까워 보일 정도로 체리를 갈망했다. 1737년에 스물다섯 살 젊은 남자였던 그는 친구에게 편지를 보내 자신의 열정을 고백했다.

---

1 미트리다테스 대왕으로 알려진 아나톨리아 북부 폰토스 왕국의 왕. 로마 공화정 말기 세 명의 이름난 로마 장군과 대적한 것으로 유명하다.

오른쪽 당도와 색상이 무척 다양한 체리들, 19세기 말.

> 25일에 나는 아말테아Amalthea로 여행을 떠날 거라네. 나의 소중한 정원이 루핀Ruppin에 있는데, 나의 포도원, 나의 체리, 나의 멜론을 다시 한번 보고 싶어 참을 수가 없다네.

왕의 정원에서는 가능한 한 가장 오랜 기간에 걸쳐 신선한 체리를 공급하는 것이 재배 목표였다. 그러므로 일찍 익거나 늦게 익는 품종 모두 수요가 있었다. '속성 재배' 또한 제 역할을 톡톡히 했다. 정원사들은 나무를 비교적 해가 잘 드는(겨울에도 낮에 해가 나기만 한다면) 남향 벽 가까이에 심었다. 이 벽 앞에 비스듬히 놓은 유리 패널들은 태양광을 더 강하게 하고 밤에 나무가 추위에 노출되는 것을 막는 데 도움을 주었다. 왕의 명령에 따라 포츠담 도시 성벽 서쪽에 일군 텃밭에 체리나무 328그루를 심었고, 어린 묘목을 기를 목적으로 80미터에 이르는 온실을 지었다. 속성 재배는 '체리 상자'라는 특별한 형태로 정점에 달했는데, 말똥으로 어린 묘목의 온기를 유지하는 상자였다. 흔한 일은 아니었지만 얼마 안 되는 체리를 이르면 12월과 이듬해 1월에 수확해 각각 2탈러thaler[2]라는 후한 값에 왕에게 팔았다. 체리나무는 다섯 가지 형태로 재배했다. 표준형, 반소형, 소형, 피라미드형, 담쟁이형. 특별한 품종 하나는 심지어 울타리

2 수백 년 동안 유럽에서 사용한 은화 단위. '달러'의 어원이기도 하다.

왼쪽 체리를 따는 연인들, 독일, 1616년.

에서 재배하기 위해 개량하기도 했다.

1758년 베를린 궁 왕족들의 치료를 담당했던 약방을 통해 이 왕의 체리를 신선하게 먹는 것 외에도 체리 라벤더 물, 블랙체리 브랜디, 새콤한 체리 시럽(여기에는 마리골드*Calendula officinalis* 꽃봉오리를 넣기도 했다), 체리 절임까지 다양하게 활용했음을 알 수 있다. '독일의 사포'로 칭송받은 시인, 아나 루이자 카르슈Anna Louisa Karsch, 1722~1791[3]는 1764년 '검은 체리를 찬양하며In Praise of Black Cherries'라는 제목으로 이 과일에 바치는 열렬한 애정을 담은 찬가를 썼다.

> 많은 음유시인이 소리 높여 노래한다
> 포도 덩굴에 가득 맺힌 보석들을 찬양한다
> 그런데 왜 아무도 오지 않는 걸까
> 체리의 미덕을 노래하기 위해서는
>
> 한때 이 루비 구슬은
> 에덴의 사랑스러운 가지에서 익었고
> 크나큰 유혹에 빠지네
> 밀턴의 공정한 히로인이여
> (중략)
> 건배! 나는 나의 잔을 세 번 든다
> 장미를 찬양하는 것은 흔한 일
> 시인들이여, 운율을 맞추라
> 그리고 체리의 검은빛을 찬양하라

---

3 독일 독서학자이자 시인. 독일 역사상 최초로 자신이 서술한 문학 작품의 수익으로 생활한 여성.

중부 유럽 민속에서 체리나무는 종종 달과 연관된다. 보름달이 뜬 깊은 밤에 돌아다니는 사람들은 악의를 가진 영혼들과 마주칠 수 있었다. 체리나무 아래에서 달맞이 춤을 추는 엘프들을 몰래 지켜보는 것 또한 위험한 행동이었다.

잘 익은 체리는 바로 먹거나 가공해야 한다. 수확하는 사람들에게 체리는 항상 유혹적이었다. '바구니에 두 개, 입 속에 한 개'는 경험에서

위 산울타리에서 과일 따기, 19세기 말.

비롯된 전형적인 규칙이었다. 도를 넘은 사람들은 종종 복통으로 대가를 치렀다. 체리는 익자마자 모두 힘을 합쳐 재빨리 따서 시장으로 옮겨야 했다. 수확한 날 저녁에 체리를 실은 수레는 도시로 출발했고 말들은 밤을 새워 이동했다. 체리의 인기는 굉장했지만 자연에서 알아서 잘 자라는 이 나무가 항상 반가운 것은 아니었다. 체리나무는 20미터씩 자랐는데, 열매가 나뭇가지에서 금세 썩어 버리는 통에 농부들은 위험을 무릅쓰고 나무를 타야 했기 때문이다.

영국에서 켄트Kent보다 체리와 인연이 깊은 지역은 없다. 이 지역의 체리에 얽힌 전통은 헨리 8세Henry VIII, 1491~1547 통치 기간에 시작되었

튀르키예 잡지 표지의 삽화, 1925년경.

다. 헨리 8세는 시팅번Sittingbourne[4]에 과수원을 조성하도록 명령했다. 오늘날 꽃이 흐드러지게 피는 봄이면 꽃과 나무를 즐기기에 특히 좋은 장소 중 하나는 브로그데일 마을의 켄티시에 있는 국립 과일 컬렉션The National Fruit Collection이다. 과일나무를 위주로, 세계적으로 손꼽히는 규모의 식물 컬렉션을 자랑하는 이곳에는 체리나무 285종을 비롯해 수백 종에 이르는 사과나무, 배나무, 자두나무, 커런트나무, 털모과, 메들라가 있다.

맛있는 체리가 오직 켄트에서만 자라는 것은 아니다. 독일, 오스트리아, 스위스가 만나는 콘스턴스호 주변 지역 또한 수 세대를 거친 농경 전통을 보유한 과일나무 천국이다. 꽤 작은 도시인 라벤스부르크 인근에서 요아힘 아르네거는 3헥타르 정도의 체리 과수원을 경작하고 있다. 지역적 조건이 우수함에도 그는 도전에 직면했다. 체리나무는 단 2~3주 동안만 꽃이 피는데, 이 기간에는 꿀벌이 따뜻한 벌집에서 나오는 것을 단념할 정도로 기온이 떨어지곤 한다.

수분으로 수확량을 늘리기 위해 아르네거는 이웃 나라 스위스에서 머리뿔가위벌Hornfaced Mason Bees을 데려오는데, 이 '임시 노동자'들은 500마리씩 벌통에 담겨 도착한다. 머리뿔가위벌은 그들의 사촌인 꿀벌에 비해 과일 농사에 분명한 이점이 있다. 우선 날씨에 훨씬 덜 민감해 기온이 5°C만 넘으면 일을 하기 위해 나타난다. 심지어 빗방울도 그들을 막지 못한다. 그리고 이 벌들은 강박 관념이 아주 강해서 꿀벌에 비해 300배는 더 효율적으로 일한다. 이러한 엄격한 기질은 그들의 진화 과정에서 기인한다. 단지 4주라는 짧은 기간 동안 새끼를 낳고 키우기 때문

---

4 영국 동남부 켄트주의 공업 도시. 런던까지 약 한 시간 걸리는 지리적 이점으로 성장했다. 사과와 체리 산지로 유명하다.

에 꿀벌에 비해 한 꽃에서 다른 꽃으로 더 자주 이동하는 것이다. 이는 과일나무의 유전자 공급원을 한층 자주 섞어 주어 큰 장점으로 작용한다. 게다가 이 벌들은 향기로운 노란 유채꽃들이 씨를 터뜨리는 인근 들판에 전혀 흥미를 보이지 않는다. 오직 과일나무에 찰싹 달라붙어 있을 뿐이다. 가을이면 농부들은 벌통을 옛 주인에게 돌려보낸다. 상자 속 어린 벌들은 진드기와 곰팡이를 제거하는 특별한 관리를 받은 후 겨울 동안 냉장 상태로 지내게 된다.

벌 대여 비용은 만만찮지만 이 과정은 아르네거에게 도움이 된다. 머리뿔가위벌의 도움으로 그의 나무는 수확기에 체리 22톤을 생산한다. 그는 이 빨간 수확물을 협동조합의 지원조차 없이 온전히 혼자 힘으로 판매한다. 그의 과수원을 가까이에서 관찰한다면, 쐐기풀을 비롯한 온갖 잡초가 과수원 경계에서 자라는 모습을 볼 수 있을 것이다. 죽은 나뭇가지들도 떨어진 자리에 그대로 놓인 채 딱정벌레와 다른 생물들에게 보금자리를 제공한다. '유기농' 농부의 고전적인 묘사와 딱 맞아떨어지지는 않지만, 농장에는 그가 자연의 상호 관계를 이해한다는 증거가 많다. 매우 활동적인 머리뿔가위벌을 수분에 활용하는 방법은 인기를 끌어서 일본의 농부들 또한 이 부지런한 곤충의 도움에 점점 더 많이 의존하고 있다. 그러나 급속히 퍼진 진드기로 인해 꿀벌 개체 수가 크게 감소하면서 도움이 시급한 상황이다. 그런가 하면, 중국을 비롯한 인근 지역에서는 많은 곤충이 사라져 과일나무의 수분을 일일이 사람이 직접 해야 한다.

체리나무가 제때 수분되지 못하는 것은 일본에서 단순한 식문화적 재앙을 넘어설 것이다. 작고 섬세한 벚꽃, 일본말로 '*사쿠라sakura*'는 일본 문화의 가장 중요한 상징 중 하나이며 벚꽃 축제는 일본 사람들에게 한 해의 하이라이트다. 꽃이 단 며칠간만 피기 때문에 즐거움을 누릴 수 있는 기간은 짧지만 같은 이유로 훨씬 소중하다. 친구나 가족, 동료들과 둘러앉아 벚꽃이 흐드러지게 핀 경관을 즐기는 '*하나미*hanami'가 인기다. 개화 시기는 지역에 따라 다른데, 빠르게는 남쪽 아열대 섬 오키나와에서 1월에 꽃이 피기 시작해 다음 달이 되면 북쪽으로 옮겨 간다.

인간만이 체리나무의 감미로운 열매에 매혹되는 것은 아니다. 작고 빛나는 붉은 구슬은 모든 새에게 강렬한 유혹이다. 어떤 정원사들에게 이 날개 달린 손님은 유해 동물에 불과하지만, 어떤 이들은 이 깃털 달린 친구들이 흥겹게 지저귀고 노니는 모습을 체리와 함께 즐긴다. 영국의 작가 조지프 애디슨Joseph Addison, 1672~1719[5]은 1712년 잡지 〈스펙테이터The Spectator〉에 기고한 글에서 이러한 경험이 가져다준 기쁨을 생생하게 묘사했다.

> 나에겐 남들과 매우 다른 점이 하나 있다. 이웃들 또한 엉뚱하게 여기는 점이기도 하다. 내 정원은 전국의 모든 새를 불러들이고 봄과 그늘, 고독과 안락한 은신처를 제공한다. 나는 봄에 정원의 새 둥지를 파괴하거나 새들이 일상적으로 머무는 과일 사이 공간에서 그들을 몰아내려 애쓰지 않는다. 검은 새들로 가득한 정원이 내게는 체리보다 소중하다. 그리고 그들의 노래에 대한 합당한 대가로 과일을 내어 준다. 이리하여 나는 각 계절에 완벽히 어울리는 음악을 늘 들을 수 있게 되었다. 나는 내 산책로를 폴짝폴짝 뛰어다니는 어치나 개똥지빠귀를 보거나 내가 지나다니는 골목과 몇몇 작은 공터 건너편에서 먹이를 사냥하는 녀석들을 보는 큰 기쁨을 누린다.

---

5 영국의 수필가이자 시인, 정치가.

Le Pont St Louis

11

동서양의 오렌지 찬가

이탈리아는 오랫동안 시트러스 숲의 대명사였다. 이 나라는 어떻게 이런 위치를 확립했을까? 레몬나무는 일찍이 페르시아에서 재배되었는데, 전설에 따르면 알렉산더 대왕이 기원전 300년경 레몬나무를 가지고 돌아왔다고 한다. 100년 후 그리스 정착민들은 레몬나무를 팔레스타인으로 가져갔다. 이 나무는 곧 이탈리아에서도 자라기 시작했지만, 얼마 안 가 침략자들에 의해 레몬 과수원이 파괴되었고 코르시카, 사르데냐, 시칠리아 같은 주요 섬에서만 살아남았다. 이후 아랍인들이 올리브나무, (이슬람교 경전인 코란에서 술을 금지함에도) 양조용 포도나무와 함께 레몬나무와 오렌지나무를 이베리아반도 남쪽에 있는 안달루시아로 가지고 감으로써 멀리 퍼져 나가게 되었다.

왼쪽 지중해의 한 전원 풍경, 1895년경.

그대는 아는가, 레몬나무가 자라는 땅을,
어두운 나뭇잎 그늘 속 빛나는 황금빛 오렌지,
부드러운 바람이 순수한 푸른 하늘에서 불어온다,
은매화 말없이 서 있고 월계수는 드높은가?
그대는 잘 아는가?
내가 떠났던 바로 그곳
그곳으로 그대와 함께, 오, 내 사랑하는 사람아!

독일의 시인 요한 볼프강 폰 괴테Johann Wolfgang von Goethe, 1749~1832[1]가 전설적인 이탈리아 여행 이후 이 유명한 구절을 썼다고 전해지지만, 사실 그는 그보다 3년 전에 바이마르독일의 한 이탈리아 마을에서 이 구절을 쓴 것이 분명하다. 인근 벨베데레 궁Belvedere Palace은 밀폐된 안뜰과 누각 두 채, 바로크 양식으로 지은 시트러스나무 온실을 자랑한다. 향기로운 레몬나무와 오렌지나무는 여름이면 밖으로 옮길 수 있도록 화분에 심긴 채 온실에서 자랐다.

이탈리아의 광활한 숲과 비교하기는 어렵지만, 시트러스 품종은 유럽 여러 지역, 특히 왕궁을 비롯한 귀족 거주지에서 정성 어린 손길을 받으며 자랐다. 이 나무들은 곁에서 많은 시간을 보내는 행운을 누리는 사람들을 백일몽으로 이끌었다. 장 자크 루소JEAN-JACQUES ROUSSEAU, 1712~1778[2]는 파리 북쪽에서 50킬로미터 정도 떨어진 몽모랑시Montmorency의 작은 성에 머물며 꽤 보람차게 지낸 좋은 기억을 떠올렸다.

---

1 독일의 시인이자 소설가, 극작가. 독일 고전주의의 대표 작가로 자기 체험을 바탕으로 한 고백과 참회의 작품을 썼다. 희곡 〈파우스트〉, 소설 〈젊은 베르테르의 슬픔〉 등이 있다.
2 프랑스의 작가이자 사상가. 낭만주의의 기초를 마련했으며 자연으로 돌아갈 것을 역설했다. 〈인간 불평등 기원론〉, 〈사회 계약론〉 등을 썼다.

오른쪽 이탈리아의 저명한 자연주의자 울리세 알드로반디Ulisse Aldrovandi, 16세기 이탈리아의 박물학자. 1568년 세계 최초의 식물원을 조성해 초대 원장을 맡았다. 후세에 약방문의 기초가 된 저서 〈볼로냐 처방전 요약〉을 썼다., 1522~1605가 관찰한 서로 다른 모양의 레몬들.

온갖 새들이 노래하고 오렌지꽃 향기가 풍기는 숲 한가운데에서, 감미로운 고독에 깊이 잠겨 황홀경에서 벗어나지 못한 채 나는 〈에밀Émile, ou De l'éducation〉 5권에 색채를 입혔다. 내가 머물렀던 그곳이 선사한 생생한 영감에 빚을 진 셈이다.

물론 앞서 언급한 라 캥티니의 개요서 〈오렌지 정원사Jardinier Orangiste〉는 오렌지 재배에 대해 전문적으로 기술한다. 이 원예의 대가는 오렌지나무를 다음과 같이 찬미한다.

정원 어디를 둘러봐도 이러한 기쁨을 이토록 오랫동안 선사하는 나무나 풀은 없다. 사랑스러운 푸른 잎, 우아하기 이를 데 없

> 는 형태, 화사하게 피는 꽃의 향기, 다시 말해 그 아름다움과 특질과 열매의 생명력 등 자신의 추종자들을 기쁘게 할 수 있고, 기쁘게 해야만 하는 것들을 선사하는 이 오렌지나무 없이는 한 해의 단 하루도 지나가지 않는다. 오렌지나무를 나보다 더 즐길 수 있는 사람은 없다는 사실을 나는 인정한다.

72쪽 분량의 이 책자는 정확한 설명으로 가득하다. 예를 들어 수관은 "신선한 버섯이나 두개모의 꼭대기"와 비슷하게 생겨야 하고, 그 속은 "뒤죽박죽이거나 무질서하지 않게" 꽉 차 있어야 한다. 나아가 "오렌지나무의 완전한 아름다움"에 이르기 위해서는 "모든 악취와 먼지, 진딧물이나 개미 같은 곤충이 끼지 않아야" 한다. 그렇다면 오렌지나무는 정확히 어떤 방식으로 심어야 할까?

> 오렌지나무를 두 줄로 세울 수 있을 만큼 온실이 넓어 취향과 대칭에 따라 여러 형태로 심었다면 그 사이로 자유롭게 다닐 수 있는 오솔길을 내어 나무의 아름다움을 즐기며 걸을 수 있도록 해야 한다.

라 캥티니의 사색은 18세기에 쓰인 거의 모든 프랑스 원예 서적의 청사진이었다.

꽃이 피면서 동시에 열매를 맺는 레몬나무는 다른 지역에서 들어왔음에도 지중해 지역의 상징이 되었다. 괴테는 자신이 그토록 찬미한 레몬나무를 누가 이탈리아로 가져왔는지 생각해 본 적이 있을까? 아마도 그는 아랍인들이 지중해 지역으로 가져온 비축품에 레몬나무가 포

왼쪽 독일 원예 잡지에 실린 시트러스, 19세기 초.

함돼 있었다는 사실을 잘 알았을 것이다. 바그다드 출신 무역상, 이븐 호칼Ibn Hawqal[3]의 기록에 따르면 10세기 이탈리아의 팔레르모Palermo 근처에는 메소포타미아에서와 마찬가지로 관개 시설을 갖춘 운하와 많은 정원이 존재했다. 당시 그곳에서는 이미 오렌지나무와 레몬나무가 자라고 있었다.

오늘날 잘 알려졌듯, 시트러스는 이탈리아에서 동쪽으로 멀리 떨어진 곳에서 등장했다. 중국 시인, 두보杜甫, 712~770의 1,200년 전 기록이 한 증거다. "어느 가을날, 숲속 누각, 향기로운 오렌지나무 천 그루……." 또한 그는 소위 말하는 '오렌지 송가'에서 오렌지나무가 나라 밖으로 유출되는 일 없이 고향에서만 자라야 한다고 말한다. 물론 분명 누군가 이 규칙을 어겼고, 오늘날 오렌지는 세계 곳곳의 열대와 아열대 지역에서 자라고 있다.

이탈리아의 시트러스 재배에 관한 멋진 책인 〈레몬이 자라는 땅The Land Where Lemons Grow〉에서, 헬레나 애틀리는 달콤한 오렌지가 유럽에 언제 처음 들어왔는지 정확히 알아내는 것이 왜 어려운지 설명한다. 우리의 미각은 주관적이며, 문제의 시기에는 과일의 산도와 당도를 측정하는 것이 불가능했다. 하지만 뱃사람들이 16세기 중반쯤 중국에서 포르투갈로 달콤한 오렌지를 가져왔다는 데에는 의견이 일치한다. 그때까지 유럽인들은 오렌지가 쓴 줄만 알았을 것이다.

훗날 '과수원예학pomology'으로 알려지는 학문인 과일 연구 분야에서 저명한 최초의 책자가 중국에서 나온 것은 우연이 아니다. 그 책을 쓴

3 10세기 아랍 작가이자 지리학자. 943년에서 969년 사이에 여행을 떠나 〈지구의 얼굴〉이라는 저서를 남겼다.

오른쪽 '춘야연도리원春夜宴桃李園, Spring Evening Banquet at the Peach and Pear Blossom Garden', 냉매冷枚, Leng Mei, 18세기 중국의 궁정 화가. 중국, 1700년경.

한언직韓彦直, 1131~?[4]은 저장浙江 지역 도시인 원저우溫州의 지사였다. 그의 저서 〈귤록橘录〉1178에는 오늘날 학자들이 만다린mandarin이라고 부르는 니산Ni-shan 오렌지 씨를 뿌리고 접목하는 방법에 관한 값진 조언이 실려 있다. 이 정보 중 일부는 읽는 데 만족하는 것이 좋다. 예를 들어 어떤 관점에서 한언직은 오렌지를 수확하는 사람이 그날 와인을 마시고 작업하면 오렌지가 금세 망가졌다고 주장하는 식이다. 그러나 오렌지가 어떻게 활용되었는지에 대한 그의 설명은 꽤 명확하다. 그는 옷에 뿌리는 오렌지 방향제, 요리에 첨가하는 오렌지 향, 꿀에 절인 오렌지에 대해 묘사했다. 방향유와 더불어 껍질 또한 상인들에게 귀하게 여겨졌고 다양한 의약품에 사용되었다. 어떤 품종의 꽃은 가루로 가공되었는데, 태우면 오렌지 향이 났다. 이 향기가 워낙 강렬해서 냄새만으로 실제로 오렌지나무 아래 앉아 있는 것 같은 환상을 만들어 냈다는 당대의 기록들이 있다. 오렌지는 고대 중국에서 매우 중요했기 때문에 나라에서 장관을 임명해 오렌지를 적절히 공급하고 보장하는 책임을 맡겼다.

정원의 풍요를 주제로 한 그림과 서예가 몇 세기가 지난 후에도 많이 남아 있는데, 이 중 몇몇 작품은 정교한 묘사로 상상 속 풍경을 보여준다. 하지만 그 모든 연구에도 과수원을 명시적으로 묘사한 작품은 거의 발견하지 못했다. 게다가 과일나무가 등장하더라도 무슨 나무인지 알아볼 수 없었다.

이러한 도전의 한 예를 중국 전통 정원의 황금기인 1600년경에서 찾아볼 수 있다. 양쯔강揚子江 하류의 남쪽 지역에는 한때 크고 작은 정원 수백 개가 있었다. 이 중 지원祗園, 즉 '안식의 정원'은 우진武进 시내를 둘러

4 중국 송나라의 식물학자. 오렌지나무 분류에 관한 책을 썼다.

싼 벽 북쪽에 위치해 있었다. 1627년에 화가 장굉張宏, 1577~1668[5]은 이 정원의 지형적 특징을 잘 살린 풍경 연작을 발표했다. 이 기념비적 그림 스무 점 가운데 열네 번째 작품에는 '배 구름 집House of the Pear Cloud'이 그려져 있다. 우아한 히프 지붕을 올린 이 커다란 누각의 테라스에서는 호수를 내려다보며 달을 감상할 수 있다.

놀랍게도 이 누각은 배나무가 아니라 꽃이 활짝 핀 자두나무로 둘러싸여 있으며 모두 700그루였다고 전해진다. 또 다른 그림에는 목련나무와 측백나무를 비롯한 다른 식물들과 어우러진 오렌지나무가 등장한다. 그림만으로는 그 많은 수종을 분명하게 구분할 수 없지만 정원의 주인 오량이 이를 설명해 준다. 장굉의 그림을 보면서 우리는 객을 편히 쉬도록 초대하는 '안식의 정원'을 가로지르며 흩날리는 온갖 꽃의 달콤하고 섬세한 향기를 생생히 떠올릴 수 있다.

중국 감귤 문화의 흔적을 좇는 일은 아직 끝나지 않았다. 명나라 말기의 서화가 호정언胡正言, 1584?~1674?의 〈십죽재화보十竹齋畫譜〉[6]에는 과일 목판화가 수록되어 있다. 특히 주목할 작품이 '부처의 손' 혹은 '부처의 손가락'이라고 알려진 레몬 품종, *불수귤Citrus medica var. Sarcodactylus*이다. 손가락처럼 생긴 과육들이 매우 불규칙하게 얽혀 자라는데 향이 아주 좋아 극동 지역에서 오랫동안 인기가 있었다. 시트러스의 기원에 대한 또 다른 단서를 찾을 수 있을까? 17세기 인도의 통치자였던 무굴 제국의 황제 자한기르Jahāngīr, 1569~1627[7]의 회고록을 보면 그는 벵골산 카운라kauṇlā 오렌지 수입에 매우 열광적이었다.

---

5 중국 명나라 말기에서 청나라 초기의 문인화가. 산수화를 특기로 한다.

6 십죽재 호정언의 목판 화보로 8책으로 구성되어 있다. 고금의 작품을 수록한 복제 서화집으로, 중국 색쇄 판화의 형태를 잘 보여 준다.

7 인도 무굴 제국의 4대 황제. 무굴 문화의 꽃을 피웠다.

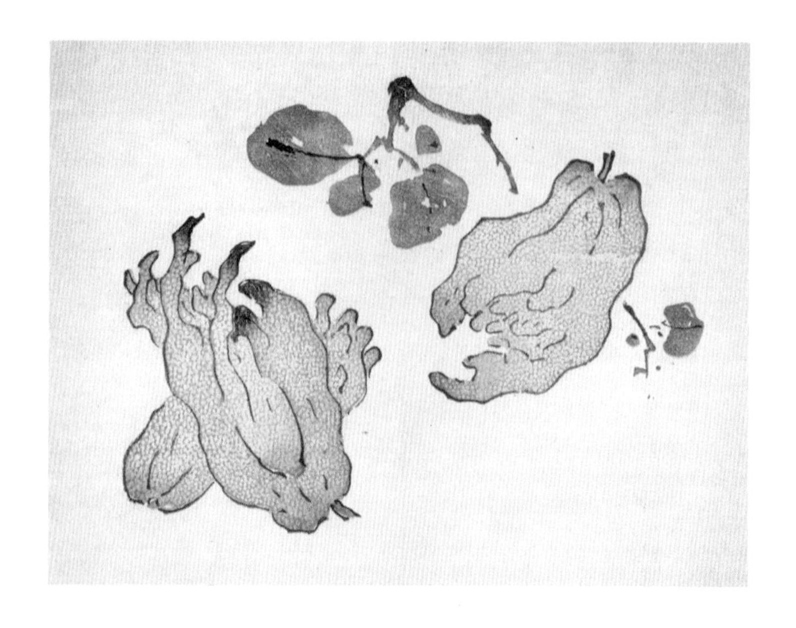

> 그곳은 1,000코스kos[8]나 떨어져 있지만 오렌지는 대부분 꽤 신선한 채로 도착했다. 우리를 기분 좋게 해 주는 매우 섬세한 과일이므로 사람들은 발로 뛰어다니면서 개개인에게 필요한 만큼 손에서 손으로 전달한다. 알라께 감사드리고자 하나 이를 족히 전할 표현이 없다.

지금까지 야생에서 자라는 오렌지나무는 발견되지 않았다. 한 가지 가설은 오렌지가 만다린*Citrus reticulata*과 포멜로*Citrus maxima*를 교차 교배한 결과라는 것이다. 어떠한 경우든 많은 사람들이 오렌지의 기원을

8 기원전 4년부터 사용한 고대 인도 대륙의 거리 단위로 1코스는 대략 3킬로미터이나 측정법에 따라 오차가 있다.

위 〈십죽재화보〉에 수록된 불수귤 혹은 부처의 손Buddha's Hand, fingered citron, 중국, 1633년경.

밝혀 줄 수수께끼를 풀지 못해 진땀을 흘렸다. 식물학자 이매뉴얼 보나비아Emanuel Bonavia, 1829~1908[9]의 경험은 그들이 직면한 어려움을 어느 정도 설명해 준다. 보나비아는 소위 말하는 순타라suntara 오렌지에 대해 더 연구하기 위해 인도 델리의 한 과수원을 방문했다. 그러나 도착 후 그는 자신의 발견에 실망했다. '과수원'에 속한다는 오렌지나무들이 실제로는 숲속 나무 사이에 흩어져 자라고 있었던 것이다. 과일 농부들은 오렌지나무가 그늘을 좋아해 키 큰 나무 아래에서 특히 잘 자란다고 주장함으로써 이러한 상황을 해명했다. 보나비아는 단념하지 않고 연구를 계속했다. 그는 저서 〈인도와 실론에서 재배하는 오렌지와 레몬The Cultivated Oranges and Lemons etc. of India and Ceylon〉1888에서 이렇게 썼다. "나는 이 순타라 오렌지의 기원과 이름의 어원을 찾기 위해 모든 수단을 동원했다."

비록 이 과일이 어디서 유래했는지 보나비아에게 명쾌하게 답해 주는 사람은 없었지만, 이 주제에 대해서는 어떤 공감대가 형성되어 있었다. 그는 "토종 농산물이 아니라는 점에 모두가 동의한다. 라마Rama[10]의 장군 하누만Hanuman[11]이 랑카Lanka, 오늘날의 스리랑카인 실론 -옮긴이에서 돌아올 때 가져왔다는 전설이 있다. 어떤 사람들은 오렌지 씨앗이 아삼Assam으로부터 왔다고 말한다."라고 보고했다. 그러나 훗날 그는 기원에 관한 또 다른 설을 소개했다. 많은 연구자들이 오렌지가 원래는 중국 혹은 당시 '코친차이나Cochin-China'라고 불리던 지역에서 왔다고 믿는다는 것이다. 코친차이나는 오늘날 베트남 남부와 캄보디아 동부를 아우르는 지역이다. 한 가지는 확실하다. 오렌지는 아주 오랜 기간 남아시아

9 몰타 출신 외과 의사로 자연사, 경제식물학 및 원예 연구에 관한 책을 썼다.
10 인도 신화에 나오는 비슈누의 일곱 번째 화신. 인도 대서사시 〈라마야나〉의 주인공이다.
11 인도 신화에 나오는 원숭이 신. 충성심과 용기의 상징이다.

와 동남아시아에 널리 퍼져 있었다.

그로부터 한 세기 반 가까이 지난 오늘날, 우리는 이 퍼즐의 조각을 조금 더 발견했다. 미국과 스페인 과학자들이 시트러스의 잠재적 출생지의 범위를 좁혔다. 이를 위해 연구자들은 차이니스 만다린Chinese mandarin에서부터 신맛이 나는 세비야 오렌지Seville orange까지 50가지가 넘는 품종의 유전자를 분석하고 심지어 시트러스의 족보를 준비했다. 이 중에서 특히 중요한 품종은 시트론, 만다린, 포멜로다. 또 기원지는 히말라야산맥 남동쪽과 동쪽 기슭, 즉 겨울이 온화하고 햇빛이 강렬하며 상대적으로 비가 덜 내리는 지역으로 좁혀졌다. 습도가 매우 높은 열대성 기후는 시트러스를 여러 질병에 더 취약하게 만들기 때문에 더 남쪽 어느 곳이든 제외할 수 있다. 게다가 시트러스 품종은 대부분 서리를 견디지 못한다.

고대 중국의 예술가나 수집가와 마찬가지로 이탈리아의 예술가와 수집가들은 때때로 불규칙하고 환상적인 시트러스의 모양에 매료되었다. 막강한 메디치가Medici family[12] 사람들이 특히 시트러스를 좋아했다. 1665년 1월에 과학자이자 시인인 프란체스코 레디Francesco Redi, 1626~1697[13]는 레오폴도 데 메디치Leopoldo de' Medic, 1617~1675[14] 추기경에게 보고서를 보냈다.

12 1434년 이래 피렌체를 독재적 권력으로 지배하면서 문인과 예술가를 보호해 르네상스의 중심지가 되게 했다.

13 이탈리아의 의사이자 박물학자. 파리 발생에 관한 실험을 통해 생물의 자연 발생설을 부정했다.

14 이탈리아의 추기경이자 학자, 예술 후원자. 투스카니 대공 페르디난도 2세 데 메디치의 형제였다.

오른쪽 시트러스가 지배하는 상상 속 풍경, 독일 식물학자, 요한 크리스토프 폴카머.

Limon della Costa grosso.

오늘 예하의 매혹적인 숲에서 자라는 시트러스나무를 관찰하면서 새로운 것을 발견했습니다. 예전에 볼 수 없던 새롭고 신기한 품종이기에 정원사 중 한 명으로 하여금 이 기이한 열매를 몇 개 따 예하께 보내 드리도록 했습니다.

토스카나의 대공이자 메디치 가문의 일원이던 코시모 3세Cosimo III, 1642~1723도 피렌체 근처 카스텔로 마을에 비슷한 시트러스 숲을 소유하고 있었다. 그는 피렌체의 화가 바르톨로메오 빔비Bartolomeo Bimbi, 1648~1729[15]를 고용해 수확물들을 각자 네 가지 다른 시점에서 그리도록 했다. 오렌지, 시트론, 레몬, 베르가모트*Citrus bergamia*와 라임이 나뭇가지와 덤불에 폭발하듯 열려 있는 그림이었다.

16세기 초기, 부유하고 유명한 중부 유럽 사람들은 시트러스 재배 열풍에 휩쓸렸다. 이탈리아에서 그러했듯이 시트러스 정원은 명망의 표식이었다. 독일 남쪽 뮌헨 인근의 아우크스부르크에 푸거가Fugger family[16] 소유의 정원이 있었다. 푸거가는 엄청나게 부유한 상인 집안이었다. 1531년 무렵 이 정원에는 이탈리아에서 자라는 모든 시트러스가 있었다고 전해진다.

가르다호Lake Garda[17] 주변에서 흔히 볼 수 있었던 나무들의 임시 피난처를 건설하던 관습은 왕궁과 그 훨씬 북쪽의 웅장한 집들 사이로 퍼져 나갔다. 이 단순한 목재 구조물은 이끼와 똥으로 단열하고 난로로 데

---

15 피렌체의 정물화 화가로 코시모 3세의 후원을 받았다. 후원자들을 위해 주로 그들의 동식물 컬렉션을 그려 주었다.

16 상업 도시 아우크스부르크를 거점으로 근대 초기에 번영했던 대상인 집안. 교황청 재정에 관여하고 속죄부 판매에 종사해 종교 개혁에 휘말렸으며 16세기 이후 쇠퇴했다.

17 이탈리아 북부 알프스산 기슭에 있는 호수. 이탈리아에서 가장 큰 빙하호로 주변에 올리브, 오렌지, 포도 나무가 우거져 경치가 아름답기로 유명하다.

왼쪽 가르다호 근처 과수원에서 레몬을 수확하는 모습, 이탈리아, 20세기 초.

웠으며 봄에는 쉽게 철거할 수 있었다. 17세기 말까지는 오렌지나무 온실로 활용하는 영구적인 건물은 존재하지 않았다.

시트러스가 수많은 사람의 상상력을 사로잡는 동안, 요한 크리스토프 폴카머Johann Christoph Volkamer, 1644~1720[18]는 남다른 집착으로 명성을 얻었다. 폴카머는 의학자이자 식물학자 집안에서 태어났다. 1708년에 출간한 그의 저서 〈뉘른베르크 헤스페리데스Nürnbergische Hesperides〉는 시트러스 백과사전이나 마찬가지인데, 그 제목은 헤라클레스의 대모험 중 한 에피소드에서 따온 것이다. 이 영웅은 헤스페리데스Hesperides로 불리는 세 님프 아글라이아Aglaia, 아레투사Arethusa, 헤스페르투사Hesperthusa[19]가 지키는 전설 속 신들의 황금 사과를 훔친다. 그의 마법에 걸린 독자들에게 이 책에 등장하는 과일은 그리스 신화 속 황금 사과로 보였을 것이다. 그리고 '헤스페리데스'는 뉘른베르크 주변 지역에서 발전한 풍요로운 정원 문화를 대변하는 표어가 되었다. 폴카머의 정원은 남부 독일에서 손꼽히는 훌륭한 정원 중 하나였다.

〈뉘른베르크 헤스페리데스〉에는 동판 삽화가 100점 넘게 수록되어 있다. 정원 전경, 혹은 건물을 배경으로 그 위나 앞에서 떠다니는 거대한 시트론과 레몬, 베르가모트, 라임, 쓴맛이 나는 평범한 오렌지가 등장한다는 점이 독특하다. 뉘렌베르크 근처 고스텐호프Gostenhof에 있는 자신의 정원에서 폴카머는 과일나무를 위해 건물을 설계하고 건축했는데 당시로서는 상당히 발전된 형태였다. 남쪽 출구가 열려 있었고 따뜻한 달에는 지붕을 철거할 수 있었다. 이 건물은 겨울에는 방문객들이 꽃과 과일을 바라보고 향기를 맡으며 즐길 수 있는 '향기의 방'으로 연

---

18 독일의 상인이자 제조업자, 식물학자.

19 그리스 신화에 나오는 여신들. 헤라가 제우스와 결혼할 때 가이아에게 선물로 받은 황금 사과나무를 지킨다고 한다.

결되었다. 북부 유럽의 기후 환경에서 지중해에 대한 환상을 완벽에 가깝게 구현한 장소였다. 흔히 폴카머는 이탈리아에서 자연을 즐겼다고 알려졌지만, 그곳에서 그의 명성은 시트러스 숲과는 아무런 관련이 없었다. 그 대신 그는 누에와 뽕나무 숲을 소유했고 이웃에는 비단 공장도 있었다.

시트러스나무가 우거진 정원에 대한 꿈은 멀리 북부 지방에 사는 사람들의 상상력도 붙잡았다. 1730년, 스코틀랜드 시인 제임스 톰슨James Thomson, 1700~1748[20]은 그의 시집 〈사계절The Seasons〉에서 과원이 주는 기쁨을 찬미하는 시를 썼다.

> 나를 품어 주오, 포모나여, 그대의 시트론 숲에,
> 레몬과 코를 쏘는 라임이 있는 곳으로,
> 녹음을 뚫고 빛나는 짙은 오렌지 빛,
> 그들의 찬란한 아름다움이 뒤섞이네. 나를 눕혀 주오,
> 우거진 타마린드*Tamarindus indica* 아래, 하늘거리고 있네
> 산들바람을 따라, 그것은 열을 식히는 과일

바이마르에서 시트러스가 선사하는 기쁨을 노래한 후, 괴테는 달콤한 향기를 풍기는 레몬 숲을 가르다호 근방에서 처음으로 만났다. 13세기부터 시트러스나무가 자라던 전통 있는 지역이었다. 괴테는 〈이탈리아 기행Italienische Reise〉에서 1786년 9월의 그 경험을 서술했다.

20 18세기 영국의 시인. 고향의 자연과 사계절을 소재로 한 시를 주로 썼으며 낭만주의의 선구자다.

> 우리는 리모네를 지났다. 언덕 비탈의 계단식 정원에는 레몬나무가 깔끔하면서도 울창하게 심겨 있었다. 정원마다 네모나고 하얀 기둥이 서로 조금씩 거리를 둔 채 열을 지어 서 있었고 계단식 경사로는 가팔랐다. 기둥들 위로 튼튼한 막대기를 놓아 겨울이면 나무를 덮어 보호해 주고 있었다.

두 달 후 그는 로마 근처에 당도했고, 겨울임에도 이 나무들은 여전히 그에게 기쁨을 주었다.

> 이곳에서 당신은 겨울을 느끼지 못한다. 저 멀리 북쪽 산 위를 덮은 눈만 볼 수 있을 뿐이다. 레몬나무가 정원 벽을 따라 심겨 있다. 머지않아 레몬나무 위로 덮개를 씌울 테지만, 오렌지나무는 그대로 남겨 둘 것이다. 이 나무들은 우리나라에서처럼 화분에 심기거나 잘리는 일이 절대 없다. 형제들과 함께 이 땅에 자유롭고 여유롭게 나란히 서 있다. 이런 나무를 바라보는 것보다 더 활기를 주는 일은 없을 것이다. 겨우 몇 페니에 오렌지를 실컷 먹을 수 있다. 지금도 아주 맛이 좋은데, 3월에는 더 맛있어질 것이다.

소렌토 남쪽으로 반도는 카프리와 고대 폼페이 유적으로부터 멀지 않은 나폴리만에서 돌출해 있다. 그곳에 머물면 낭만이 넘치는 전형적인 이탈리아 남부를 온전히 느낄 수 있다. 레몬나무와 오렌지나무가 우거진 숲 풍경은 그림 같다. 고대의 돌담으로 둘러싸인 가파른 경사면, 햇볕이 잘 드는 테라스에서 때로는 밤나무 지지대에 기대어 자라는 이 나무들은 거의 1년 내내 꽃을 피운다.

수십 년 혹은 수세기 동안 이 나무를 보며 영감을 받은 많은 방문객 중에는 철학자 니체Friedrich Nietzsche, 1844~1900도 있다. 그가 나무 사이를 즐거이 거닐며 나무 그늘과 어두운 잎 사이를 뚫고 나오는 하얀 꽃망울에 눈길을 주는 동안 그의 생각은 높이 날아올랐다. 당시 서른세 살이던 니체는 1876년 10월 26일부터 1877년 5월 초까지 빌라 루비나치Villa Rubinacci의 손님으로 머물렀다.

겨울을 함께 보내자는 말비다 폰 마이젠부크Malwida von Meysenbug, 1816~1903[21]의 제안에 니체는 그곳을 방문했다. 당시는 그가 심한 편두통 때문에 바젤 대학교 교수직을 1년 동안 내려놓은 때로 건강을 회복하는 것이 시급했다. 주치의 파울 레와 제자 중 한 명인 알베르트 브레너가 그와 동행했다. 1층에 있는 그의 방에서 이 젊은 철학자는 정원을 곧바로 바라볼 수 있었다. 마이젠부크는 딸에게 보낸 편지에서 올리브나무와 오렌지나무가 정원에서 함께 자라 숲과 같은 인상을 주는 모습을 묘사했다. 니체가 밖에서 모험을 할 때면, 나무들이 뜨거운 햇빛과 이에 촉발되는 고통스러운 두통으로부터 지켜주는 안식처가 되어 주었다. 그곳에 머무는 동안 그가 쓴 특히 흥미롭고 자세한 한 기록에 따르면 어떤 한 나무가 그에게 매우 중요한 역할을 했음을 알 수 있다. 그 나무 아래 서 있을 때마다 니체는 이른바 아이디어를 떠올렸고, 이 때문에 그 나무는 '생각의 나무'로 불리게 되었다.

빌라 루비나치에 머무는 몇 달 동안 니체는 중요한 작품인 〈인간적인 너무나 인간적인Menschliches, Allzumenschliches〉을 썼다. 글을 쓰는 동안 자신을 에워싸고 있었던 레몬나무, 오렌지나무, 올리브나무에 대한 언급은 없지만, "자연은 우리에 대한 어떠한 편견도 없기 때문에 우리는 자

---

21 노벨 문학상 후보로 지명된 최초의 여성. 독일 작가로 니체와 바그너, 롤랑의 친구였다.

연과 함께하는 것을 그토록 좋아한다."는 깨달음이 담겨 있다. 니체는 소렌토에서 또 어떤 경험을 했을까? 이 지역 특산품 중 하나이자 설탕처럼 달콤하고 노란 빛깔을 띤 레몬주, 리몬첼로limoncello를 맛보지는 않았을까?

이렇게 많은 작가들이 레몬나무와 오렌지나무에서 영감을 받았다는 사실은 우연이 아닐 것이다. 꽃의 황홀한 향기는 확실히 매력적이다. 그 힘의 증거는 프랑스 작가, 기 드 모파상Guy de Maupassant, 1850~1893 [22]을 통해서도 알 수 있다. 그는 모나코Monaco의 도시를 감도는 오렌지꽃 향기를 맡기 위해 프랑스 남부 지방을 여행했다.

> 친구여, 꽃 핀 오렌지나무 숲에서 잠든 적이 있는가? 기쁨과 함께 들이마시는 공기는 향수의 진수라네. 어떤 진미처럼 맛있고 강하고 달콤한 이 냄새는 우리 존재와 어우러져 우리를 흠뻑 적시고 취하게 하며 졸리는 꿈결 같은 무기력으로 빠져들게 하지. 이 향기는 마약상이 아니라 요정의 손으로 마련한 아편인 것만 같다네.

---

22 프랑스를 대표하는 사실주의 작가. 〈여자의 일생〉, 〈벨 아미〉 등을 썼다.

위 스페인의 오렌지와 레몬 광고, 1929년.

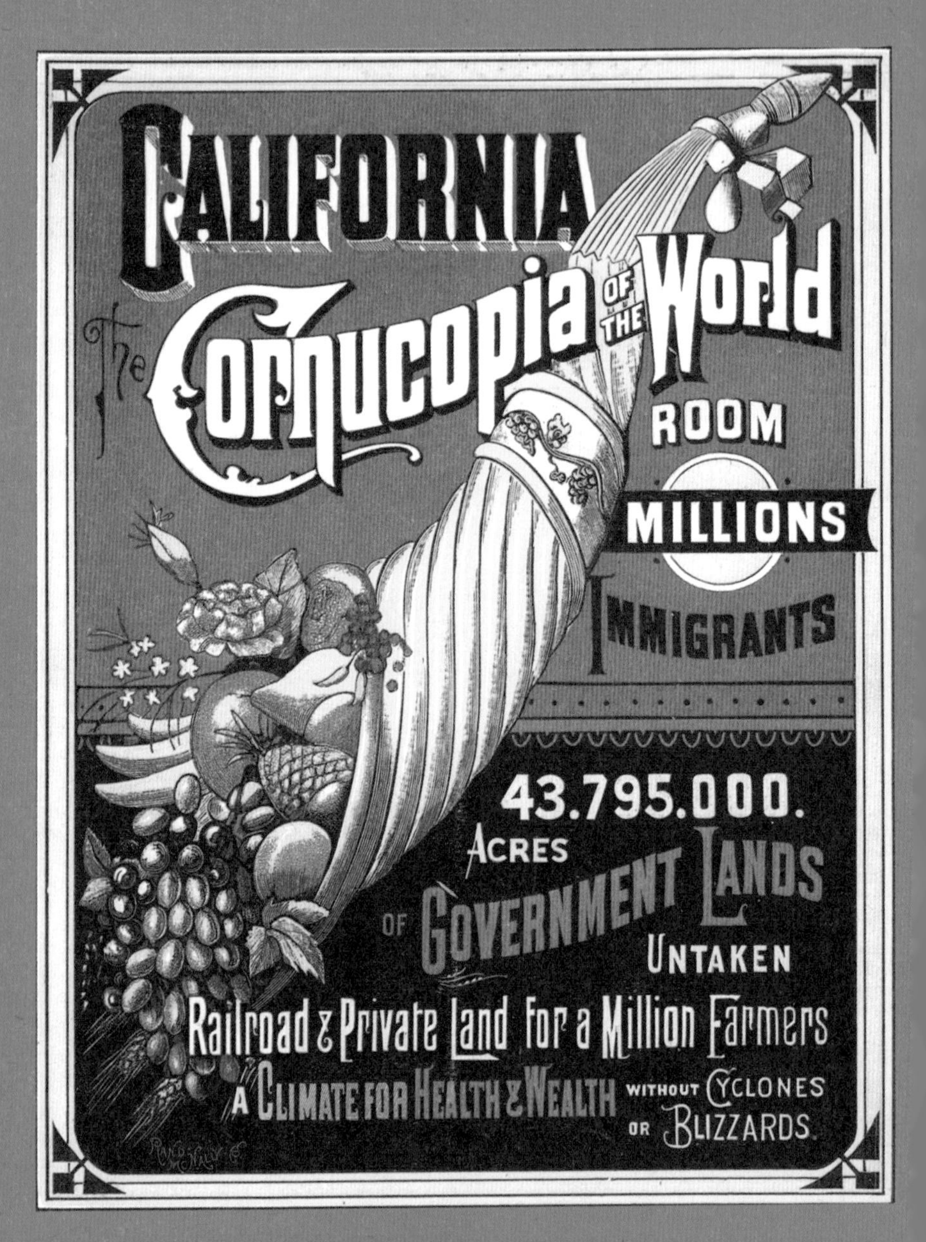

CALIFORNIA
The Cornucopia of the World
ROOM
MILLIONS
IMMIGRANTS
43.795.000.
ACRES
OF GOVERNMENT LANDS
UNTAKEN
Railroad & Private Land for a Million Farmers
A CLIMATE FOR HEALTH & WEALTH
WITHOUT CYCLONES
OR BLIZZARDS.

12

애플파이처럼 미국적인

북아메리카의 과수원 개발은 많은 면에서 유럽과 다른 길을 걸었다. 먼저, 대륙의 광활한 숲에서 비교적 최근까지 야생 과일이 풍부하게 났다. 야생 과일과 베리류, 견과류는 많은 원주민의 식단에서 중심 요소였다. 그에 대해 간접적으로 언급한 기록을 루이아르망, 바롱 드 라옹탕Louis-Armand, Baron de Lahontan, 1666~1716이 쓴 〈북아메리카로의 새로운 항해Nouveaux Voyages dans l'Amerique Septentrionale〉1703[1]에서 찾을 수 있다. 그는 17세기 말에 오늘날의 캐나다와 미국 일부 지역을 여행한 프랑스인

---

1 캐나다에서 프랑스군으로 복무해 여러 지역을 여행한 후 유럽으로 돌아와 여행기를 썼다. 아메리카 원주민 문화를 긍정적이고 합리적으로 묘사한 것이 특징이다.

왼쪽 과일의 천국, 캘리포니아에 정착하라고 사람들을 유혹하는 포스터, 19세기 말.

이었다. 이 책에서 그는 휴런족Huron[2]이 오늘날의 미시간주 어퍼 반도 지역에서 야생 포도, 자두, 체리, 크랜베리, 딸기, 블랙베리, 라즈베리, 블루베리를 채집했으며, 심지어 메이플 시럽으로 크래브애플을 보존하기도 했다고 설명한다.

영국인들이 농사 기술과 함께 처음 정착한 북아메리카 동부 해안 지역에서는 식민지 시대부터 과일 문화가 발달해 있었다. 1629년 존 스미스John Smith, 1580~1631[3] 선장은 제임스타운에서 자라는 사과와 복숭아, 살구, 무화과 나무에 대해 언급했다. 버지니아주 초대 총독 윌리엄 버클리William Berkeley, 1605~1677[4]는 자신의 택지 그린스프링Green Spring에서 과일나무 1,500여 그루를 길렀다고 한다. 그리고 1656년 〈리아와 레이철 혹은 과일 자매, 버지니아와 메리랜드Leah and Rachel; or, The Two Fruitfull Sisters, Virginia and Mary-Land〉에서 버지니아 거주민 존 해먼드John Hammond[5]는 이렇게 썼다.

> 그 나라에는 멋진 과수원이 가득하고, 과일은 일반적으로 이곳에서 나는 과일보다 좀 더 달콤하고 맛있다. 예컨대 복숭아나 털모과가 그러하다. 털모과는 생으로 맛있게 먹을 수 있다. 복숭아는 특히 많이 다른데, 우리가 최고로 치는 사과 크래브애플을 뛰어넘는 맛이다. 두 열매 모두 즐겨 마실 수 있는 훌륭한 음료로 가공된다. 포도는 야생에서 무한히 자라고, 호두와 스몰

---

2 세인트로런스강을 따라 살았던 북미 원주민. 이로쿼이어를 사용하며 오늘날 약 4,000명이 남아 있는 것으로 추정된다.

3 영국의 군인이자 선원, 작가. 현재 미국 버지니아주에 북미 최초의 영국 식민지 제임스타운을 건설했다. 원주민 부족 추장의 딸 포카혼타스와 짧게나마 교류했다고 전해진다.

4 버지니아 식민지 총독이자 캐롤라이나 식민지 영주 중 한 명. 원주민 친화 정책을 펼쳤다.

5 정직한 묘사가 드물던 시기에 버지니아와 메릴랜드를 사실대로 묘사하려고 시도했다. 20년 이상 거주한 경험을 기반으로 명료하고 균형 잡힌 견해에 따라 신세계를 기회의 땅으로 평가했다.

넛, 미국밤나무 같은 견과류와 훌륭한 과일인 자두, 베리류가 풍부하다. 이들은 영국에서는 자라지도, 알려지지도 않았다.

또 다른 정보는 엑토르 생 존 드 크레브쾨르Hector St. John de Crèvecoeur, 1735~1813[6]의 글에서 찾을 수 있다. 그는 노르망디에서 태어나 몇 년 동안 캐나다에서 지도 제작자로 일했으며, 영국군과도 맞서 싸웠다. 훗날 그는 자신의 이름을 영어식인 존 헥터 세인트 존John Hector St. John으로 바꾸고 아내와 함께 뉴욕 오렌지카운티에 정착했는데 그곳에

6 귀화한 프랑스계 미국인 작가. 식민지 미국에서의 삶과 미국 사회의 출현을 다룬 작품을 주로 썼다.

위 오늘날의 셰넌도어 국립공원Shenandoah National Park에 있는 리 고속도로Lee Highway의 사과와 사과 주스apple cider를 파는 노점, 버지니아주, 1935년.

는 수많은 과일나무가 자라고 있었다. 그의 저서 〈18세기 미국 스케치: 미국 농부로부터 온 편지Sketches of Eighteenth Century America: More Letters from an American Farmer〉는 그 시대 사과 산업에 대한 상세한 설명과 매력적인 정보를 제공하며, 이 책에 길게 인용할 만한 가치가 있다. 한 가지 예를 들자면 그는 "5에이커 넓이의 새로운 사과 과수원을 일구어 가을에 나무 358그루를 심었다."라고 했다. 그 많은 과일로 그는 무엇을 했을까? "사과주를 만들기 위해서가 아닙니다, 신께 맹세코!" 드 크레브쾨르는 주장했다. (비록 금주 운동은 먼 훗날의 일이지만) 아마도 그는 항상 술을 마시고 싶어 한다는 사람들의 억측을 피하고 싶었을 것이다. 사실 그 사과들은 주로 돼지에게 돌아갔다.

위 셰넌도어 국립공원에서 사과를 말리기 위해 펼치고 있는 니컬슨 홀로, 버지니아주, 1935년.

복숭아를 다 먹은 돼지들을 곧바로 과수원으로 몰아넣는다. 복숭아와 마찬가지로 사과 역시 돼지에게 좋은 영향을 끼친다. 돼지들이 어린나무에 몸을 비벼 흔드는 솜씨는 놀라울 따름이다. 돼지들은 사과를 더 많이 얻기 위해 종종 두 발로 서서 길게 뻗은 나뭇가지를 붙든다.

수확 후에는 할 일이 아주 많았다. 특히 과일 건조를 준비하는 시기에는 이웃들과 호의적인 관계를 유지하는 것이 필수적이었다.

저녁이면 이웃집 부인들을 우리 집으로 초대했다. 부인들에게는 각자 사과 바구니가 하나씩 주어졌다. 부인들은 껍질을 벗기고 네 쪽으로 잘라 심을 파낸 사과를 바구니에 담는다. 목표한 작업을 끝내면 차와 맛있는 저녁밥뿐 아니라 가능한 한 최고의 것들로 그들을 대접한다. 이날 저녁을 떠들썩하고 유쾌하게 보내는 데 노래가 절대 빠져서는 안 된다. 우리가 들고 있는 잔에는 서인도 제도에서 온 부드러운 펀치나 풍미 좋은 유럽 와인이 들어 있지는 않지만, 우리의 사과주는 우리를 만족시킬 정도의 소박한 즐거움을 선사한다.

다음 날 이들 모두는 사과를 말리기 위한 목조 건물 건축 공사에 나섰다.

이렇게 비계를 세운 후 그 위에 사과를 얇게 펼쳐 둔다. 곧 이웃의 온갖 꿀벌과 말벌, 파리가 사과를 뒤덮고 빨아 먹을 것이다. 그러면 사과가 빨리 건조된다. 그다음엔 사과를 뒤집는다. 밤이

면 담요로 덮고 비가 올 것 같으면 집 안에 넣어 놓는다. 이 작업은 사과가 완전히 마를 때까지 반복된다.

드 크레브쾨르는 나중에 이 과일을 어떻게 활용하는지도 밝힌다. 밤새 따뜻한 물에 담그면 말린 사과는 원래 크기만큼 부풀어 오른다.

파이나 만두를 만들 때 사과가 신선한지 아닌지 맛으로 확인하기는 어렵다. 나는 우리 농장에서 생산하는 것 중에 이보다 더 맛 좋은 것은 없다고 생각한다. 아내와 나는 반년 동안 저녁으로 애플파이와 우유를 먹는다. 말리기 더 까다로운 말린 복숭아와 자두는 명절이나 휴가철 혹은 다 함께 보내는 마을 축제 같은 때를 위해 보관해 둔다.

그는 또한 사과를 고농축 술로 증류하는 방법도 언급한다. 또 다른 특산품으로는 사과 버터가 있는데 "특히 아이들이 많은 집이나 겨울철에 가장 훌륭한 식품"이다.

사과 버터를 만들기 위해, 가장 풍미가 뛰어나고 질 좋은 사과의 껍질을 벗기고 끓인 후 달콤한 사과 주스를 상당량 섞는다. 이 액체는 증발하면서 양이 많이 줄어든다. 털모과와 오렌지 껍질을 적절한 비율로 첨가한 후 흙 항아리에 담아 두면 긴 겨울 동안 매우 맛이 좋아져 사람들로부터 높은 평가를 받는다. 이렇게 하면 설탕을 절약할 수 있고, 나보다 목적의식이 더 뚜렷한 살림꾼 아내에게 해법도 안겨 주는 셈이다. 이렇듯 우리의 사업은 자연이 선사하는 것을 우리 같은 사람들에게 보다 적합한

왼쪽 '가을의 미국 농가', 커리어 앤드 아이브스Currier and Ives, 1835년 너새니얼 커리어가 창립한 석판 인쇄 회사로 미국의 역사, 생활, 풍속, 습관을 담은 판화를 제작했다., 1868~1869년.

음식으로 전환할 수 있도록 가르쳐 왔다.

18세기와 19세기 정원의 흔적은 비록 대부분 사라졌지만 그 시대 광고를 보면 당시 과일나무가 얼마나 인기 있었는지 짐작할 수 있다. 여기서 윌리엄 프린스William Prince라는 재배 업자를 주목할 만하다. 그는 미국에서는 처음으로 본격적인 상업용 묘목장을 운영한 인물이기도 하다. 롱아일랜드에 위치한 이 묘목장은 32헥타르에 달했다. 1771년, 그는 신문 두 면에 걸쳐 과일나무를 비롯한 식물 180종의 판매 목록을 실었다. 대부분 유럽에서 수입한 것들이었다. 미국의 이 옛 묘목장은 사업이라 일컬어질 만큼 점점 더 방대한 카탈로그를 출간하며 19세기 후반까지 지속되었다. 예를 들어 1841년 판 카탈로그에는 1,250종에 이르는 과일이 수록되었다. 프린스 가족은 묘목장을 운영하며 관련 저서도 많이 출간했다. 〈과수원예학 매뉴얼 혹은 과일에 대한 논문: 과수원과 정원에서 특히 가치 있는 품종에 대한 훌륭한 설명 수록The Pomological Manual; Or, a Treatise on Fruits: Containing Descriptions of a Great Number of the Most Valuable Varieties for the Orchard and Garden〉1831 같은 책들이다.

과일 농사의 열렬한 지지자 중에는 심지어 미국 대통령들도 있었다. 1760년 조지 워싱턴George Washington, 1732~1799[7]은 버지니아에 있는 사유지 마운트버넌Mount Vernon에 과일 묘목 수천 그루를 심었다. 그는 과일 농사 활동을 일기로 남겼는데, 다양한 나무 품종을 접목하는 것 같은 작업도 기록해 놓았다. 수확물은 직접 먹거나 보존하거나 사과주로 가공했다. 이 주제에 대해 1762년 3월 24일에 작성한 첫 항목을 보면 그가 얼마나 상세히 기록했는지 알 수 있다.

7 미국의 초대 대통령이자 건국의 아버지.

민트나무 대목 줄기에 체리나무 한 그루에서 얻은 접가지 다섯 개를 접목.

콜로. 메이슨Colo. Mason 산 커스터드 애플Bullock's heart 품종 세 개 중 하나는 문 오른쪽 벽 아래에 심었다. 다른 두 개 역시 벽 아래에 심었는데, 주변으로는 코네이션 체리Cornation Cherrys 다섯 그루가 심겨 있고 맞은편에는 자두나무가 자란다 (커스터드 애플은 Annona reticulata라는 약간 달콤한 과일로 서인도 제도에서 전해진 것으로 보인다).

1785년 워싱턴은 마운트버넌의 정원을 재정비했다. 과일나무는 일정한 양식을 갖추고 있던 위쪽 정원에서 옮겨 왔고, 꽃과 채소를 심을 공간을 더 마련했다. 그는 또한 제니퍼 소령Major Jenifer에게서 사과나무 215그루를 받았다. 사과와 다른 전형적인 과일나무, 즉 배, 체리, 복숭아, 살구 같은 나무들은 또 다른 정원이나 농장 주변 사유지에 심었다. 이 나무들 중 일부는 담장 틀에 자리 잡혀 자라도록 정원사들이 공들여 가꾸었는데, 정원을 가꾼 이들 대부분이 노예였다는 점을 기억해야 한다.

토머스 제퍼슨 대통령은 워싱턴 못지않게 과일 농사에 열정적이었다. 서로 다른 과일나무 170종이 그의 유명한 버지니아 사유지 몬티셀로Monticello와 또 다른 사유지에서 자랐다. 휴스 크래브애플Hewe's Crab Apple, 에소푸스 스피천버그Esopus Spitzenburg, 록스버리 러싯Roxbury Russet 등 지역을 대표하는 사과 품종을 주로 선택했다. 그러나 그가 가장 좋아한 사과는 털리아페로Taliaferro로 "지상 최고의 사과주, (중략) 다른 그 어떤 것보다 부드러운 샴페인에 가깝다."라고 주장했다. 슬프게도 이제는

이 사과주가 얼마나 훌륭했을지 상상만 할 수 있을 뿐이다. 털리아페로는 다른 역사 속 품종과 마찬가지로 사라졌다. 어쨌든 제퍼슨은 열매가 맺힐 때면 진정한 애국자의 면모를 보이며 유럽인들에게 "우리의 뉴턴 피핀Newton Pippin과 견줄 만한 사과가 없다."라고 주장했다. 그 유명한 앨버말 피핀Albemarle Pippin 품종의 옛 이름이다. 제퍼슨은 누가 봐도 노예였던 정원사들에게 접목 작업을 맡겼다. 놀랍게도 씨앗에서부터 싹을 틔우는 것보다 접목이 낫다고 믿은 것이다.

제퍼슨의 열정도 유럽 과일 품종들이 버지니아주의 따뜻하고 습한 기후를 감당하기 힘들다는 사실은 어찌할 수 없었다. 배, 자두, 아몬드, 살구 나무는 병충해와 질병에 시달렸다. 그럼에도 제퍼슨은 많은 성공을 누렸다. 그는 펜실베이니아주에서 재배한 배 품종 세컬Seckel을 두고 "프

위 과수원을 떠나는 복숭아 상자들, 델타카운티, 콜로라도주, 1940년.

랑스를 떠난 이후 맛본 어떤 배도 능가하며, 그곳에서 본 어떤 배와도 동등하다."라고 찬사를 바쳤다. 마르세유 무화과Marseilles fig 역시 "내가 본 것 중 최고의 무화과다."라고 평했다.

1848년 미국과수원예학회The American Pomological Society가 설립되었을 때 그들이 직면한 과제 중 하나는 과일을 파는, 때때로 어수선한 사업 체계에 질서를 부여하는 것이었다. 당시 질 낮은 품종과 묘목, 과일을 잘못된 이름으로 공급하거나 쉽게 다른 이름을 붙여 '새로운' 품종인 양 홍보하는 일이 비일비재했다. 시장에는 모조 원예품이 넘쳐서 산업 전반에 악영향을 끼쳤다. 이에 대응해 학회 위원회는 다양한 과일 종에 붙은 여러 이름과 동의어를 정리하는 카탈로그 작업을 시작했다.

물론 글만으로는 과일 겉모습의 미묘한 차이를 포착할 수 없다. 믿을 수 있는 신원 확인을 위해서는 사진이 필요하다. 매사추세츠주에서 과일을 재배했던 찰스 M. 허비Charles M. Hovey, 1810~1887는 예술가 윌리엄 샤프William Sharp에게 사과, 배, 자두, 복숭아, 체리의 일러스트를 의뢰했다. 이 그림들은 허비가 협회 이름으로 출간한 저서 〈미국의 과일들The Fruits of America〉1848~1856, 전 2권에 실렸다. 이후 이 프로젝트에 예술가 몇몇이 더 참여했다. 주목할 공헌자 중 한 명인 조지프 프레스텔Joseph Prestele은 미국으로 이민 오기 전 뮌헨 왕립 식물원The Royal Botanical Garden in Munich에서 삽화가로 활동했다. 1930년 그 책이 출간되던 마지막 해에 작가 65명이 수채화 7,700점을 선보였다.

그로버 클리블랜드Grover Cleveland, 1837~1908[8]가 대통령이던 시절 미국 농무부 장관이자 네브래스카주 주지사였던 줄리어스 스털링 모

8 미국의 제22, 24대 대통령. 남북 전쟁 초기 민주당 대통령으로 베네수엘라 국경 분쟁에서 먼로주의를 원용해 영국에 대해 강경책을 펼쳤다.

턴Julius Sterling Morton, 1832~1902[9]은 정치가일 뿐 아니라 열정 넘치는 정원사였다. 아내와 함께 네브래스카시로 이사한 그는 65헥타르에 이르는 농장을 사서 그 지역에서 어떤 작물이 잘 자랄 수 있는지 실험하기 시작했다. 모턴 가족에겐 최고의 사과, 복숭아, 자두가 열리는 과일나무 2,000그루가 있었다. 1872년 모턴은 과수 농사를 서부 확장의 핵심 요소로 삼자는 설득력 있는 주장을 펼쳤다.

> 좋은 과수원은 새 터전을 '동쪽의 옛집'과 좀 더 비슷하게 만들어 준다는 점에서 위안을 준다. (중략) 과수원은 교양과 품위를 퍼뜨리는 선교사다. 함께 어우러져 살아가는 사람들을 더 사려

---

9 네브래스카 신문 편집인이기도 했으며 1872년에 식목일을 제정했다.

위 워싱턴의 멋진 사과 과수원들은 오랫동안 미국 전역에 사과를 공급했다. 크래그 D. 길버트는 1950년대 초반에 과수원 레이블을 만들 때 마운트 셕산Mount Shuksan 품종 사과를 활용했다. 셕산산은 그가 워싱턴 노스캐스케이즈 국립공원North Cascades National Park에서 가장 즐겨 등반하던 산이었다.

깊고 더 나은 사람으로 만든다. 만약 모든 농부가 과수원을 일구고 화원을 만들고 식물을 재배하고 다 함께 작은 나무 숲을 가꾼다면, 네브래스카는 정신적으로나 도덕적으로나 최고의 농경 주가 될 것이고, 미국 최대의 생산 공동체가 될 것이다. (중략) 만약 나에게 힘이 있다면 나는 네브래스카주의 모든 자가 소유자로 하여금 과일나무를 심고 재배하도록 만들 것이다.

위 냉장고가 등장하기 전 과일은 종종 통조림으로 만들어졌다. 보트너 부인의 지하실, 니사하이츠, 말루어카운티, 오리건주, 1939년.

모턴이 이 연설을 한 바로 그날, 때마침 나무를 안건으로 한 굉장히 중요한 회의가 열렸다. 4월 10일을 식목일로 지정하기로 결정한 회의였다. 이 공휴일은 이제 전통으로 확립되었으며 정확한 날짜는 나무의 성장기에 따라 지역마다 다르다. 네브래스카를 포함한 대평원Great Plains[10]에서는 다른 지역에 비해 과일나무를 더욱 중요하게 여겼다. 이 지역에는 실질적으로 숲이라고 할 것이 없었기 때문이다. 백인 정착민들이 도착하기 전에 네브래스카 지역의 3퍼센트에서만 나무를 볼 수 있었고, 그마저도 대부분 강가에 자라고 있었다. 1890년까지 그들은 나무 수백만 그루를 심었고, 여러 지역의 풍경을 완전히 바꾸어 놓았다. 농경지에서는 특히 나무가 강풍을 막아 주어 유용했다.

과일나무를 향한 이러한 열정이 눈에 띄는 한 가지 이유는 19세기 중반에 이를 잠깐 멈추게 한 중요한 사건이 있었기 때문이다. 금주 운동이 본격화되면서 농부들은 차츰차츰 사과 과수원을 방치했다. 그러나 사람들이 술을 끊었기 때문에 발효 사과주 수요가 감소한 것은 아니었다. 이 무렵 독일 이민자들이 크게 증가하며 맥주 양조가 늘었기 때문이다. 결국, 많은 미국인들이 맥주를 더 좋아했던 것이다.

그럼에도 미국에서 사과 재배는 맹위를 떨치며 돌아왔다. 분명 모턴 때문만은 아니다. 20세기 초, 미국 농무부는 사과명명법에 따라 1만 7,000종 이상의 사과 품종 목록을 만들었다. 결정적인 변화 하나가 이 일을 가능하게 이끌었다. 사과는 점점 더 건강한 간식으로 여겨졌지만 발효 사과주나 애플잭 같은 사과 브랜디를 만드는 데 쓰이던 초기 사과 품종은 거의 제 역할을 하지 못했다. 이러한 사과 재배의 변화는 1920년

10 북아메리카 중서부에 있는 평원. 로키산맥 동쪽에 펼쳐져 있으며 대부분이 방목지다. 석탄, 석유, 천연가스의 매장량도 많다.

금주법 제정과 함께 금주 운동이 최고조에 달한 이후에도 지속되었다. 이때부터 사과 농부 대부분은 알코올이 없는 '달콤한 사과주'를 생산하기 시작했는데, 이는 본질적으로 여과하지 않은 사과 주스였다.

랠프 월도 에머슨Ralph Waldo Emerson, 1803~1882[11]은 재배하는 사과가 미국 고유의 것이 아니라는 사실을 분명히 알고 있었다. 하지만 그는 "사과는 우리 미국의 과일입니다. (중략) 우리 삶에 아름다움을 더해 주고 사회적 교류를 돕는 이 과일이 없었다면 우리는 보다 외롭고 고립되며 지지를 얻지 못했을 것입니다."라고 주장했다. 그렇다면 애플파이는 어떠한가? 〈톰 아저씨의 오두막Uncle Tom's Cabin〉의 작가로 잘 알려진 해리엇 비처 스토Harriet Beecher Stowe, 1811~1896[12] 또한 1869년, 이 특별하고 궁극적인 미국 음식에 대해 이렇게 썼다. "영국의 전통인 파이는 미국 땅에 뿌리내린 즉시 걷잡을 수 없이 뻗어 나가 매우 다양한 속과 종으로 폭발적으로 번식했다." 애플파이는 16세기부터 미국에 존재했지만 '애플파이처럼 미국적인'이라는 표현은 1860년에 처음 기록되었다.

북미에서 사과가 널리 퍼지는 일에 대해서라면 누구보다 확실히 두각을 드러내는 인물이 한 명 있다. 매사추세츠주 롱메도Longmeadow 출신 존 채프먼John Chapman, 1774~1845[13]이다. 1797년 스물세 살이던 해 그는 씨앗을 가득 담은 배낭을 메고 길을 떠났다고 한다. 전설에 따르면 조니 애플시드Johnny Appleseed라고도 알려진 그는 언제나 커피 자루를 입고 맨발로 다니며 속 빈 나무줄기에서 잠을 잤다. 계속 서쪽으로 향하는 여정은 그를 국경 너머로 데려갔다. 그곳에서 그는 씨앗을 심고 2~3년 후에

11 미국 사상가이자 시인. 청교도주의와 독일 이상주의를 고취해 미국 사상계에 영향을 끼쳤다. 주요 저서로 〈자연론〉 등이 있다.

12 미국의 소설가. 기독교적 인도주의 입장에서 흑인 노예의 참상을 그렸다.

13 각지에 사과 씨를 뿌리고 다녔다는 미국 서부 개척 시대의 전설적인 인물.

는 정착민들에게 묘목을 판 후 또 이동했다. 당시 오하이오 컴퍼니Ohio Company of Associates 같은 토지 회사가 사과나무 50그루와 복숭아나무 20그루 이상을 3년 동안 심는 정착민들에게 토지 영구 소유권을 인정해 주었다. 이러한 정책 덕분에 그의 노력은 결실을 맺을 수 있었다.

채프먼은 사과 사업으로 바쁘지 않을 때면 정기적으로 스웨덴의 신학자이자 신비주의자 에마누엘 스베덴보리Emanuel Swedenborg, 1688~1772[14]의 책을 소리 내어 읽었다. 스베덴보리는 천사나 영혼과 대화한다고 주장했을 뿐 아니라, 모든 물질적인 것에는 영적 세계의 요소가 나타나므로 인위적으로 조작해서는 안 된다고 믿었다. 그 결과 채프먼 또한 제퍼슨과 마찬가지로 접목에 반대하는 입장을 취했다. 이러한 조치는 신의 위대한 계획에 간섭하는 행위라고 믿었기 때문이다.

> 그런 식으로 사과를 개량할 수도 있겠지만 그것은 오직 인간이 하는 방법일 뿐이다. 그런 식으로 나무를 자르는 것은 사악한 일이다. 좋은 씨앗을 골라 좋은 땅에 심는 것이야말로 올바른 방법이며, 오직 하느님만이 더 좋은 사과를 만들 수 있다.

그러나 기억해야 할 것은 금주법이 시행되기 전이던 그 무렵에는 사과가 주로 돼지 사료와 발효 사과주를 만드는 데 쓰였기 때문에 아무도 오늘날만큼 맛있는 사과를 먹을 수 있다는 생각은 하지 못했다는 사실이다.

조니 애플시드의 신화에 대한 어느 정도의 회의론은 정당해 보인다. 그에 관한 많은 이야기들이 묘사하는 대로 그는 과연 순교자였을까?

---

14 스웨덴의 철학자이자 과학자, 신비주의자. 심령술에 전념해 독특한 신비주의 사상을 펼쳤다.

정말 그 모든 사과나무를 씨앗에서부터 재배했을까? 그리고 그의 사과를 구매한 정착민들은 실제로 그의 지시를 그대로 따르고 실행했을까?

이후 미국 전역에 큰 변화가 일었다. 로스앤젤레스와 리버사이드 사이에 위치한 캘리포니아 남부 지역을 중심으로 오렌지 경작이 시작된 것이다. 이는 사과에 비해 확실한 사업이었다. 최초의 오렌지 품종 네이블*Citrus x sinensis*은 1873년에 재배되었는데, 브라질에서 들여온 묘목이었다. 이후 수십 년에 걸쳐 오렌지나무는 수백만 그루로 불어났다. 1880년대 초까지 많은 포도원이 오렌지 숲과 함께 존재했지만 결국 병충해의 희생양이 되었다. 오렌지나무는 이세리아깍지벌레cottony cushion scale[15]로 인한 병에 걸리기 쉬웠는데, 이는 호주에서 데려온 무당벌레의 일종인 베달리아무당벌레vedalia beetle의 도움으로 퇴치했다. 로스앤젤레스까지 확장된 산타페 철도 덕분에 1886년에 볼프스킬Wolfskill 과수원은 캘리포니아 오렌지를 동쪽으로 보낼 수 있었다. '건강을 위한 오렌지, 부를 위한 캘리포니아'라는 슬로건으로 캘리포니아주의 대표 작물뿐 아니라 주 자체 역시 홍보되었다. 과일 운반에 사용하는 상자는 밝고 목가적인 이미지의 라벨로 장식했다.

효과적인 관개는 중심 과제였다. 수요자들 사이에 분쟁이 일어나기 전에 샌개브리엘San Gabriel 산맥의 빙하가 녹은 물을 운하를 통해 흘려보내야 했기 때문이다. 이 문제를 해결한 핵심 인물이 조지 채피George Chaffey, 1848~1932다. 그는 온타리오주 킹스턴에서 온 캐나다인 기술자였다. 1862년 그의 형제 윌리엄은 훗날 온타리오 업랜드의 터전인 땅을 샀다. 협동조합 뮤추얼 워터 컴퍼니Mutual Water Company의 도움으로 채피는

15 이세리아과 벌레의 일종. 미국 캘리포니아주 시트러스 재배 지역에서 흔히 볼 수 있는 해충으로 오스트레일리아가 원산이다.

샌안토니오San Antonio 협곡에서 흘러내려 오는 물에 대한 동등한 권리를 정착민들에게 제공했다. 이 물은 시멘트 파이프를 통해 각 지역으로 흘러들어 갔다. 이 혁신적인 시스템은 남부 캘리포니아의 사회 기반 시설에 대한 채피의 많은 기여 중 하나일 뿐이었다.

1887년에 이르자 다섯 배나 오른 땅값과 판매 경로에 대한 통제력 상실 같은 다양한 요인이 캘리포니아 시트러스 재배 농가를 엄청나게 압박하며 궁지로 몰아넣었다. 그러나 그들이 20세기 초에 협동조합으로 힘을 합치자 산업은 곧 다시 성장하기 시작했다. 이 무렵 오렌지 재배 농부들은 나무가 번성하기 위해서는 바람을 막아주어야 한다는 사실을 알았다. 이를 위해 유칼립투스를 심기도 했다. 유칼립투스는 매우 빨리 자라서 단 2~3년 만에 성장해 섬세하게 자라는 오렌지나무를 따라잡았다. 나무는 약 7미터 간격을 두고 일렬로 심었다. 농장 직원은 중국인, 필리핀인, 일본인, 멕시코인 노동자들이 주를 이루었다. 북아메리카에 서식하는 잭래빗jackrabbit 토끼로부터 보호하기 위해 줄기에는 옥수숫대를 둘렀으며 서리가 위협하면 숲 가장자리에 큰불을 놓았다. 그러면 짙은 연기 구름 때문에 차가운 공기가 나무에 다가가지 못했다.

캘리포니아의 태양이 빛나는 색색의 라벨이 붙은 과일 상자와 그 안에 담긴 과일은 점점 더 많은 사람들에게 관광객으로서 혹은 새로운 거주민으로서 '태평양 주'에 가도록 호기심을 불어넣었다. 엔터테인먼트 사업 역시 그곳에서 발판을 찾았을 무렵, 남부 캘리포니아의 운명은 봉인되었다. 땅값은 두 배로 치솟았고, 많은 과일 숲은 버려졌다. 오렌지 농부들은 센트럴밸리Central valley에 새로운 집을 마련했다. 한편으로는 캘리포니아와 플로리다 모두 자몽grapefruit으로 유명해졌다. 시트러스와 다소 어울리지 않는 이 이름은 아마도 아주 오래전 사라진 포도송이와 비슷한 열매까지 한참 거슬러 올라간 결과로 추정된다.

오른쪽 위 캘리포니아 남부 지역에서 오렌지를 수확하는 모습, 20세기 초.
오른쪽 아래 오렌지 과수원 너머 눈 덮인 산맥, 캘리포니아, 20세기 초.

물론 캘리포니아가 미국 서부 해안에서 유일한 과일 재배 명소는 아니다. 워싱턴주는 이웃한 캐나다의 브리티시컬럼비아주와 마찬가지로 사과로 유명하다. 이 거대 산업의 시작은 소소했다. 1847년 퀘이커교Quaker[16] 신자이자 노예 제도 폐지론자이던 헨더슨 루엘링Henderson Luelling, 1809~1878[17]과 그의 사위 윌리엄 미크William Meek는 사과나무 묘목으로 가득한 마차를 타고 아이오와주를 출발했다. 그들은 오리건과 캘리포니아를 여행하며 사과 과수원을 일구고, 이후에는 워싱턴 북부로 향했다. 훗날 동부와 서부 해안을 완전히 잇는 철로가 연결되자 워싱턴

16 개신교의 한 종파로 17세기 중엽 당시 기독교의 의식화와 신학화에 반대해 영국에서 일어났으며 미국에서 성행했다. 인디언과의 우호 관계, 전쟁 반대, 노예 제도 폐지 등을 외쳤다.

17 미국의 원예학자. 오클랜드, 캘리포니아의 초기 정착민으로 태평양 연안에 다양한 과일을 소개했다.

위 자몽이 오렌지보다 크긴 하지만 이렇게나 크다고? 플로리다, 1909년.

은 지구에서 가장 큰 사과 생산 지역으로 발전했다. 사과 과수원으로 둘러싸인 도시, 웨나치 사람들은 자신들이 사는 도시를 '세계의 사과 수도The Apple Capital of the World'라고 부른다.

기차를 이용해 수확물을 재빨리 시장에 내놓는 능력은 다른 과일을 재배하는 과수원에도 큰 도움이 되었다. 그 혜택을 입은 과일 중 하나는 식민지 시대부터 미국에서 재배한 무른 복숭아였다. 1997년 소설 〈미국의 목가American Pastoral〉에서 필립 로스Philip Roth, 1933~2018[18]는 주인공이 뉴저지주와 뉴욕시를 새로 잇는 철로를 회상하는 모습을 묘사해 열매 전파자의 역할을 한 기차를 기념한다.

> 기차가 헌터든카운티 과수원의 복숭아를 실어 나르기 위해 화이트하우스역에서 모리스타운역까지 달리곤 했다. 오로지 복숭아 운반을 위해 놓은 30마일에 이르는 선로였다. 당시 대도시 부유층이 복숭아에 푹 빠져 있었기 때문에 모리스타운에서 뉴욕까지 복숭아를 날랐다. 복숭아 열풍, 참으로 대단하지 않았나? 날씨가 좋은 날에는 복숭아를 실은 기차 차량 70대가 헌터든카운티 과수원에서 출발했다. 병충해가 모두 쓸어가 버리기 전 그곳에는 복숭아나무 200만 그루가 있었다.

그러나 우리는 특정 지역에 특정 작물이 집중되는 것이 상대적으로 새로운 현상이라는 점 또한 기억해야 한다. 얼마 전까지만 해도 농장을 운영하는 사람이라면 누구나 과수원 또한 소유하고 있었다. 인구가 도시로 몰리기 전에는 거의 모두에게 농장이 있었다. 뉴잉글랜

18 유대계 미국 작가. 현대 영미 문학의 전설이자 작가들의 작가로 평가받는다. 코맥 매카시, 토머스 핀천, 돈 드릴로와 함께 미국 현대문학의 4대 작가로 선정되기도 했다.

드New England[19]에는 이러한 전통적인 과수원 몇 개가 여전히 존재하며 방문해 볼 수도 있다. 코네티컷주 미들필드에 있는 라이먼 과수원이 한 예다. 이 과수원의 뿌리는 1741년으로 거슬러 올라가는데, 당시엔 복숭아가 주요 작물이었다. 메인주 블루힐의 회중교회Congregational Church[20] 초대 목사이던 조너선 피셔Jonathan Fisher, 1768~1847(그는 이 책무를 1794년부터 1837년까지 맡아 했다)의 집 근처에는 피셔가 직접 심은 것으로 보이는 200년 된 배나무 주위에 과수원 하나가 유산으로 남아 있다. 그리고 1650년에 청교도Puritan[21] 선교사 존 엘리엇John Eliot과 매사추세츠주 네이틱의 소규모 정착민 집단이 설립한 룩아웃 농장Lookout Farm은 지금 나무 6만여 그루가 자라는 농장이 되었다. 배, 복숭아, 자두와 함께 사과나무 11종이 그곳에서 자란다. 과수원들이 대체로 그렇듯이 이 농장에서도 방문객이 직접 과일을 딸 수 있다. 1920년대에 뉴햄프셔의 한 농부가 고안한 "당신의 열매를 직접 고르세요."라는 방식을 따른 것이다. 이는 곧장 유행을 탔고 오늘날까지 여러 나라에서 인기가 높다.

또 다른 이야기도 있다. 19세기 후반에 미국으로 이주한 이탈리아인들은 아티초크 씨앗과 함께 잘라 낸 포도 덩굴과 무화과나무를 가지고 왔다. 무화과나무는 심지어 피츠버그나 클리블랜드처럼 아무도 뿌리내리지 못할 거라고 여긴 지역의 주택 뒷마당에서 우후죽순으로 자랐다. 그리고 사람들은 이 나무들이 겨울에도 살아남을 수 있도록 정성껏 돌보았다. 이탈리아 사람들은 그토록 갈망하던 과일로 조국과 감정

19 메인, 뉴햄프셔, 버몬트, 매사추세츠, 로드아일랜드, 코네티컷의 6개 주를 포함하는 미국 북동부 지역.

20 개신교의 한 파로 17세기 영국에서 각 교회의 독립과 자치를 내걸고 국교회로부터 분리, 독립했다.

21 16세기 후반 영국 국교회에 대한 반감으로 생긴 개신교의 한 교파. 모든 쾌락을 죄악시하고 사치와 성직자의 권위를 배격했으며 철저한 금욕주의를 추구했다.

적으로 교류할 수 있었다. 무화과나무는 실로 광범위하게 퍼져 그 존재로 이탈리아인, 즉 이탈리아계 미국인이 사는 곳을 알 수 있을 정도였다. 이 나무들이 오늘날까지 이토록 많이 살아남았다는 것은 놀라운 일이다. 매년 열리는 과일에는 새들이 접근하지 못하도록 낡은 양파 망을 씌워 둔다. 이탈리아 정원 프로젝트는 이탈리아계 미국 정원과 그 관리자들의 살아 있는 기록으로, 나무들을 심은 정확한 위치와 그 재배법 등을 10년이 넘도록 기록하고 있다. 이러한 관심은 이탈리아인의 후예인 미국인들이 자신들의 문화유산을 전승하는 데 도움이 된다.

13

숲처럼 과일 기르기

열대 지방의 숲은 잘 익은 살진 열매로 가득하지만 한 가지 주의해야 할 점이 있다. 이런 열매를 수확해 최대한 이익을 얻기 위해서는 식물들을 잘 보살피고 질병과 곤충으로부터 보호해야 한다는 점이다. 이 지역에서 나무를 기르는 것은 아마도 온화한 기후 지역에서도 비슷했을 것이다. 숲이나 정글에서 특히 마음에 드는 과일을 발견한 사람들은 나무를 파내 집 근처로 가져와 심었다. 선택된 나무 또한 이 옮겨 심기로 혜택을 받았는데, 생존 경쟁에서 조금 자유로워졌고, 나아가 마을의 공동 폐기물 비료를 얻었다.

산업화된 서구에서 살아가는 많은 사람들은 열대 우림을 훼손하지 않고 있는 그대로 보존해야 한다는 낭만적인 이상을 품고 있다. 하지

왼쪽 빵나무 열매가 열리는 남아시아 정글, 19세기.

만 인간은 수천 년까지는 아니더라도 수백 년 동안 이 숲과 함께 살면서 숲을 변화시켜 왔다. 뉴욕 식물원New York Botanical Garden 식물학 큐레이터인 찰스 M. 피터스Charles M. Peters는 수십 년 동안 세계 곳곳의 열대 우림에서 연구를 지속해 왔다. 그는 저서 〈야생 관리Managing the Wild〉를 통해 우리에게 생각해 볼 기회를 준다. "많은 경우 인간의 활동은 실제로 열대 우림에서 다양하게 증가해 왔다. 이 활동이란 새 거주지를 만들고 선별적으로 제초하며 새로운 종을 유입하는 것이다."

과거로 돌아가 보자. 중앙아메리카에 인간이 정착해 농경을 시작한 것은 8,000년 전 일로 비옥한 초승달 지대보다 늦은 시기였다. 남아메리카 열대 지방에 이 전환점이 오기까지는 4,000년이 더 걸렸다. 이 지역 사람들이 처음 재배한 작물은 옥수수였다. 이 옥수수는 여름에는 습지였다가 겨울에는 건조해지는 멕시코 서부의 강을 낀 계곡에서 자랐다. 태곳적부터 과일 품종이 풍부했지만 (인도에서 처음 재배한) 고대 망고를 비롯해 (파푸아뉴기니에서 재배 활동이 이루어졌다는 명백한 첫 번째 증거인) 바나나와 그 외 다른 품종들은 현대 종과 완벽하게 일치하지 않았다. 훨씬 작고 씨가 많았으며 대부분이 지금과 맛이 조금 달랐다. 또 다른 과일 중 가장 흔한 종으로는 파인애플, 파파야, 패션프루트 혹은 마라쿠자maracujá, 스타애플 혹은 카이미토caimito, 구아버, 복숭아야자*Bactris gasipaes*, 아사이, 코코아가 있다.

열대 지방에 과일이 풍부하긴 했지만, '과수원'이라는 개념은 세계 일부 지역에서 일찌감치 한계에 도달한다. 유럽과 중동의 (혹은 이곳에서 비롯한) 농경 전통과 달랐기 때문이다.

중앙아메리카에 도착했을 때 정복자들[1]은 아즈텍 문명Aztec[2]의 유명한 왕실 정원을 보고 놀랐다. 언덕 위 샘과 동굴 근처에 자리 잡은 이 정원은 관상용과 약용으로 쓰이는 식물로 가득했고, 수많은 일꾼들이 이것들을 돌보고 있었다. 현대 연구자들은 신화가 스며든 아즈텍 사람들의 일반적인 세계관과 더불어 정원의 상징적인 의미 중 많은 부분을 밝혀 냈다. 삶의 많은 측면과 마찬가지로 식물은 신과 관련되었거나 심지어 신과 유사한 기능을 했다. 기다란 잎이 새의 깃털을 닮은 *케트살미스키틀Quetzalmizquitl, Parkinsonia aculeata*이라는 가시 관목이 한 예다. 이 식물은 아즈텍 문명의 가장 중요한 신 중 하나인, 깃털 날개가 달린 뱀신 케트살코아틀Quetzalcoatl과 연관 있다. 이 정원에 있는 많은 식물을 샤먼이 사용했으며, 일반적인 식용 식물은 찾아볼 수 없었다. 하층민들은 이러한 작물을 통치자에게 공물로 바쳤다. 16세기에 스페인의 성직자이자 학자, 프란시스코 세르반테스 데 살라사르Francisco Cervantes de Salazar, 1514?~1575[3]는 저서 〈누에바에스파냐 연대기Crónica de la Nueva España〉에서 "몬테수마Montezuma[4]가 휴양하러 간 정원"을 묘사했다.

> 몬테수마는 자신을 기쁘게 하거나 다른 이익을 위해 식물을 키우는 것은 왕이 할 일이 아니라며 자신의 화원에서 어떠한 채소나 과일을 재배하는 것도 허락하지 않았다. 채소밭과 과수원은

---

1 원저에서는 conquistadores라는 단어를 썼다. 이는 특히 16세기에 멕시코나 페루를 정복한 스페인 사람들을 가리킨다.

2 1520년 스페인이 침공하기 직전까지 멕시코 아나우악고원에 발달한 아스테카 왕국의 인디오 문명. 독특한 우주관에 입각한 인신 공희의 관습, 그림 문자, 거석 건조물, 역법 따위가 특징이다.

3 왕립 교황청 멕시코 대학교의 학장이자 문필가.

4 고대 멕시코 제9대 아스테카 황제인 몬테수마 2세를 가리키는 듯하다. 코르테스 등이 침입했을 때 그들을 신의 자손이라 여겨 저항하지 않고 붙잡혀 살해당했다.

노예와 상인을 위한 것이라고 그는 말했다. 자신의 소유이긴 했지만 멀리 떨어져 있어 그는 그곳을 거의 방문하지 않았다.

그러나 다른 지역에서, 관상용이나 자급자족을 위한 식물을 함께 재배한 것으로 보이는 정원이 존재했다는 실마리를 발견하기도 했다. 스페인의 정복자, 에르난 코르테스Hernán Cortés, 1485~1547[5]가 카를 5세Charles v, 1500~1558[6]에게 보낸 보고서 '멕시코에서 온 편지Cartas de Relación, 1519'에 실린 오악스테펙Oaxtepec의 식물원 묘사를 통해 그 정원이 어땠는지 짐작해 볼 수 있다.

한 번도 본 적 없는 가장 훌륭하고 쾌적하며 커다란 과수원이었다. 둘레는 2리그league[7]에 이르렀고, 한쪽 끝에서 다른 쪽 끝을 잇는 높은 둑이 있었으며 아주 예쁜 개울이 흘렀다. (중략) 그곳에는 숙소와 누각, 상쾌한 정원, 셀 수 없이 많은 다양한 과일나무와 무성한 허브와 향기로운 꽃이 있었다. 이 과수원의 웅장하고 정교하기 그지없는 아름다움에 감탄이 절로 나왔다.

5 유카탄반도에서 멕시코를 공격해 1521년에 아스테카 왕국을 정복하고 누에바에스파냐 식민지를 건설해 총독이 되었다.
6 신성 로마 제국의 황제, 스페인의 왕, 오스트리아의 대공. 신대륙을 포함한 스페인과 독일에 이르는 광대한 영토의 왕국을 이루었으나 프랑스와 분쟁을 거듭했다. 카롤루스 1세라고도 한다.
7 옛 거리의 단위로 1리그는 약 3마일에 해당한다.

오른쪽 중앙아메리카와 남아메리카에서 이전에 한 번도 본 적 없는 많은 동식물과 마주친 유럽의 탐험가들, 1858년.

오악스테펙에서는 다산과 번식, 춤, 노래를 상징하는 신들을 숭배했다.

적어도 기원전 2600년 이래로 중앙아메리카에 살았던 마야족Maya[8]처럼 정글에서 살던 사람들이 정착지 주변에서 과일나무를 재배하는 것은 아주 간단한 일이었다. 특히 마음에 드는 과일을 발견하면 그 나무를 파내어 집 가까이 심으면 그만이었다. 마야인들은 브레드넛*Brosimum alicastrum*이나 마야넛나무*Brosimum alicastrum* 씨앗으로 토르티야용 밀가루를 만들었다. 올스파이스*Pimenta dioica*나무 열매는 향신료로 썼고, 고무나무의 수지로는 놀이용 공을 만들었다. 케이폭나무*Ceiba pentandra*는 신성하게 여겼으며 세계의 구조를 상징했다. 이 나무의 뿌리가 신들이 왕관을 쓰고 앉아 있는 저 아래 저승까지 닿는다고 믿었던 것이다. 이러한 나무들은 오늘날에도 과테말라 북쪽 고대 도시 티칼의 유적에서 발견된다. 끝이 보이지 않는 가뭄에 직면한 티칼 주민들은 900년경 이 지역을 버리고 떠났다. 우리가 지금까지 알던 '과일'이 이 모든 식물의 열매에 완벽하게 적용되지는 않지만, 우리는 여전히 반복되는 질문 중 하나를 던질 수 있다. 이 나무들은 야생에서 자랐을까, 정원에서 재배되었을까?

아마존 오지에는 오늘날에도 그 지역 사람들이 먹는 과일이 열리는 야자나무가 12종 넘게 자라고 있다. 1870년대에 브라질을 여행한 미국 박물학자, 허버트 스미스는 이 나무를 인상적으로 묘사했다.

---

8 중앙아메리카의 원주민 집단. 기원 전후부터 상형 문자, 고유한 예술, 과학, 복잡한 정치 체계를 이루고 마야 문명으로 불리는 고도의 독자적 문명을 이룩했으나 16세기 이후 유럽인의 진출로 쇠퇴했다.

숲은 빽빽하고 어둡다. 화려한 잎으로 뒤덮인 100피트 높이 벽처럼 물에서 곧장 솟아오른 이 숲은 뚫을 수 없을 것만 같다. 수천 그루 야자나무들이 빽빽이 우거져 사방에서 가지를 뻗고 있다. 이곳 야자나무는 압도적이다. 우리 지구의 다른 어디에서도 그들의 영광이 이보다 더 빛나지는 않을 것이다.

다윈과 동시대에 진화론을 연구하던 앨프리드 러셀 월리스Alfred Russel Wallace, 1823~1913[9]는 심지어 이 연구에 책 한 권을 전부 할애했다. 〈아마존의 야자나무와 그 사용Palm Trees of the Amazon and Their Uses〉이라는 아주 적절한 제목의 책이다. 그는 수많은 야자 품종의 그림을 꼼꼼하게 수록하고, 식물 각 부위를 어떻게 활용할 수 있는지 설명했으며, 식용

9 영국의 박물학자이자 진화론자. 동물 지리구의 경계선을 주장하며 다윈과 동시에 자연 선택설에 관한 논문을 발표했다. 저서로 〈말레이 제도〉, 〈다위니즘〉 등이 있다.

위 독일의 백과사전에 수록된 열대 과일 삽화, 1896년.

이 불가능한 것까지 포함해 열매의 색과 맛을 묘사했다.

초기 정착민들은 거대한 양의 물이 얼음덩어리에 갇혀 있어 오늘날보다 해수면이 낮았던 2만 년 전에 이 지역에 이르렀을 것이다. 물은 약 5,000년 전 브라질 해안에서 처음으로 오늘날과 같은 높이에 도달했고, 해안가든 강가든 물에서 가까운 지대는 시간이 지나면서 완전히 잠겼다. 사람들은 살던 지역을 떠나며 집 근처에 심었던 견과류와 과일나무를 남겨 두었다. 어떤 의미에서는 이러한 재배가 초기 정착지에 대한 일종의 '지문'을 지속적으로 남긴다. 이 지문은 *테라 프레타 드 인디오* *terra preta de índio*, 인디언의 검은 흙이라는 뜻 -옮긴이, 다른 말로 아마존의 암흑 지구Amazonian dark earth라고 불리는 형태로 존재하는데, 상대적으로 비옥하지 않은 토양에 영양분을 주입하기 위해 식물성 탄소를 사용한 결과다. 과학자들은 야자나무 종인 아사이açaí, *Euterpe olearacea*와 투쿠망두파라tucumã-do-Pará, *Astrocaryum vulgare*, 모리체야자moriche palm, *Mauritia flexuosa*[10]를 믿을 만한 지표로 삼아 식별했다. 이 나무들의 열매에는 매력적인 다이아몬드 무늬가 있다. 또 다른 야자나무들은 불에 잘 견디는 특성으로 화전 농업에 적합하다고 알려져 있다.

미국의 지리학자, 나이절 스미스Nigel Smith는 "아마존의 많은 지역들이 '자연 그대로'일 수 있지만 실제로는 오래된 재생림이거나 숲이라는 모체 안에 자리 잡은 과수원이 그려 내는 모자이크"라고 설명한다. 최근의 고고학적 조사에 따르면 4,000년 전 아마존 사람들은 대나무 숲을 태워 야자나무, 시더cedar, 브라질넛나무 등의 생장을 촉진했다. 그리고 이 모두가 지속 가능한 관행으로 여겨졌다. 다른 연구에 따르면 아마존 토착민들은 바나나를 2,000년 동안이나 재배했다고

---

10 우리나라에서 이테야자라고 알려진 나무로 보인다.

한다.

안데스 중부 지역에서도 콜럼버스Columbus, 1451~1506 이전부터 존재한 많은 식물과 과일, 특히 모체 문명Moche civilization[11]의 도자기 같은 증거를 찾아볼 수 있다. 연구자들은 이 지역 주민들이 후추, 옥수수, 땅콩, 감자, 호박, 고구마를 재배했다고 확신한다. 관개 시설의 존재는 농업이 고도로 발전했음을 시사한다. 괭이나 굴착 막대기digging stick 같은 도구들도 발견되었다. 또한 사람들은 아보카도, 구아버, 파파야, 파인애플을 비롯한 야생 과일을 채집했을지 모른다.

원주민이 살아온 방식은 오늘날 엄청난 압박을 받고 있다. 토착 부족민은 전통적으로 자주 이동하는 정글 속 길을 따라 모자이크처럼 구성된 작은 정원이나 나무 섬들을 유지해 왔다. 이는 여행이나 사냥을 할 때 식량의 공급원이기도 했다. 정글과 열대 초원 사이 경계가 불분명한 지역에 사는 원주민 집단이 농작물을 경작할 의도가 없는 수렵 채집인이었다는 생각은 최근 수십 년에 걸쳐 사라졌다.

17세기의 브라질은 특이한 원예 실험이 진행되는 현장이었다. 네덜란드 군 원수이자 총독이던 요한 마우리츠Johan Maurits, 1604~1679[12]는 안토니우바스Antonio Vaz라는 섬에 거대한 열대 정원을 일구었는데, 지구의 자연 역사를 담아 내기 위한 시도였다. 이 정원은 1630년 네덜란드의 점령 이후 '이상적인 도시'로 건설한 마우리츠스타트Mauritsstad 옆에 위치해 있었다. 그 형태 또한 식민지 개척자들의 눈에는 길들지 않고 혼란스러우며 무질서한 식생 지역에 기하학적 질서를 부여하려는 시도이기도

11 기원후 1세기경 페루 북쪽 해안에서 출현한 문화. 발현 시기에 따라 1~5기로 나누기도 한다.
12 존 모리스John Maurice라고도 하며 나사우지겐Nassau-Siegen의 왕자였다.

했다. 코코넛야자를 비롯해 다른 지역에서 가져온 몇몇 식물이 가로수로 심겨 정원 풍경을 압도했다. 1560년에 브라질 북동부에서 처음으로 가져온 코코넛야자나무는 새로운 터전에 금세 적응했다. 네덜란드의 인문학자, 카스파르 바를레우스Caspar Barlaeus, 1584~1648[13]는 다 자란 나무를 정원에 옮겨 심는 이 기념비적인 노력을 다음과 같이 묘사했다.

> 백작은 3~4마일 떨어진 곳에서부터 그 나무들을 사륜마차로 가져오라고 명령했다. 영리하게도 나무를 뿌리째 뽑아 강을 가로지르는 부교 위쪽 섬으로 옮겼다. 단순한 노동이 아니라 창의

13 네덜란드의 수학자이자 신학자. 르네상스 인문주의자이자 시인, 역사가이기도 하다.

위 오늘날 볼 수 있는 스리랑카의 전통 게와타.

> 적인 방식이었다. 비교적 친숙한 토양이 이 새로운 식물을 받아들였다. 나무는 나이에 비해 생식 기능이 좋아 모두의 예상과 달리 이식 첫해에 경탄할 만한 기세로 곧바로 엄청난 양의 열매를 맺었다. 수령이 70~80세는 족히 되는 나무들이었기 때문에 '고목은 옮겨 심어서는 안 된다.'라는 고대 속담에 대한 믿음이 줄어들었다.

여러 과수원에서 석류나무와 포도나무를 재배하는 한편, 시트러스나무를 심은 네모난 형태의 과수원을 조성한 지역도 있었다. 이곳에서는 많은 토착 식물들도 자랐다. 또 하나 인상적인 것은 '바나나라고 불리는 나무의 정원'이었다. 포르투갈 사람들은 최근 기니Guinea에서 남아메리카로 '인도의 무화과나무'로 알려진 바나나를 가져왔다. 작고 흔한 이 열매는 플랜테인plantain[14]으로, 서인도 제도에서는 오늘날까지 '무화과'라고 부른다. 마우리츠는 유럽 연구자들을 초청해 정원을 조사하도록 했다. 그들이 마주쳤을지 모르는 것들에 대해 인상적인 기록을 몇 가지 더 남겼다.

> 코코넛 플랜테이션 농장 너머에는 오렌지나무 252그루를 위한 공간이 마련되어 있었다. 이에 더해 600그루가 이미 우아하게 이웃해 울타리 역할을 했으며 색과 맛과 향으로 기쁨을 더하는 열매를 맺었다.

관개 운하가 그 지역을 교차하며 흐르고 가금류 우리와 양어지養魚

14 채소처럼 요리해 먹는 바나나 비슷한 열매. 색깔과 향기가 다양하고, 단맛이 난다.

池가 드문드문 있었다. 야생 멧돼지와 수많은 토끼를 비롯한 온갖 동물이 그곳에 있었는데 상상하기는 어렵지만, 분명 이 모든 이질적인 요소가 전체적으로 조화를 이루고 있었다. 우리의 옛 친구 바를레우스를 믿어보자면, 그 정원은 1년 내내 놀라울 정도로 매력을 뽐내는 지상 낙원이 분명했다.

> 짙은 녹음 속에서 열매가 익어 가고 1년 내내 꽃이 피었다. 한 그루의 나무가 어린 시절, 청소년기, 정력이 넘치는 시기 등 다양한 시절을 동시에 살아내고 있었다. 이것이야말로 이 나무들의 본질인 것이다.

위 프랑스 프란체스코회 사제, 앙드레 테베André Thevet가 그린 오늘날의 리우데자네이루 인근 지역 과일나무 플랜테이션 활동 스케치, 브라질, 1557년.

이 지구 위 브라질 반대편에는 예전에 실론으로 알려졌던 스리랑카가 있다. 한때 열대 우림으로 뒤덮여 있던 이 섬나라에는 열대 지방의 과일나무에 유용하게 접근할 수 있는 대단히 흥미로운 예가 오늘날까지 남아 있다. 그곳에서 가장 흔한 농경 방식은 *게와타*Gewatta로, 여러 과일나무와 허브, 채소를 재배하는 정원을 이른다. 과학자들은 지난 수십 년 동안 이 정원의 생태를 보다 가까이에서 관찰하는 것에서부터 연구를 시작했다. 게와타 전문가 중 오스트리아의 여성 생물학자, 카린 호헤거Karin Hochegger가 있다. 그가 〈숲처럼 농사짓기Farming Like the Forest〉라는 연구 서적을 출간한 1998년에 게와타는 실론섬 면적의 8분의 1 이상을 차지하고 있었다.

호헤거 박사는 이 책에서 158개의 정원을 자세히 살펴본다. 그는 서로 다른 나무 206그루의 품종을 확인했다. 각 정원은 평균 5,250제곱미터이며 이곳에서 50여 가지 이상의 서로 다른 식물을 재배하고 있었다. 온갖 새와 몸집이 작은 포유동물, 나비를 포함한 곤충들이 그곳을 삶의 터전으로 삼았다. 식물들 사이로 작은 오솔길이 굽이치고 중심 건물과 그곳에서 조금 멀리 떨어진 곳에 우물 하나가 있는 것이 일반적이었다. 수질을 정화해 준다고 알려진 양치식물이 벽을 타고 자라고 있었다.

울타리가 없기 때문에 방문객은 어디서 한 집안의 땅이 끝나고, 어디서 다른 집안의 땅이 시작되는지 알기가 어려웠다. 그릴리시디아 세피움*Gliricidia sepium*이라고 불리는 키 작은 나무를 타고 오르는 후추 덩굴*Piper nigrum*이나 과일나무처럼 귀한 작물이 열리는 식물은 일반적으로 집 근처에서 자랐는데, 결과적으로 이 나무들은 다른 산울타리 덤불보다 소유의 경계를 나타내는 데 그다지 중요한 역할을 하지는 않았다.

게와타는 특히 섬 내륙 오래된 왕족 도시 캔디Kandy[15] 주변에 전형적으로 나타나며 일반적으로 해발 90~275미터 사이에 위치한다. 1881년 11월에 섬에 도착해 4개월간 체류한 독일의 진화론자, 에른스트 헤켈Ernst Haeckel, 1834~1919[16]은 게와타를 보고 깊은 인상을 받았다.

> 실론의 높지도 낮지도 않은 언덕에서 볼 수 있는 아름다운 풍경은 정원과 숲 사이, 문화와 자연 사이 어딘가에 있다는 점에서 인상적이다. 이 중 어떤 정원은 때때로 황홀한 숲속이나

---

15 스리랑카 중부의 도시로 유명한 불교 사원이 있다.

16 독일의 생물학자이자 철학자. 개체 발생은 계통 발생을 반복한다는 생물 발생 법칙을 제창했다.

여러 등산객들 위로 크게 웃자란 멋진 나무들 사이에 있는 것처럼 느끼게 한다. 그러나 우거진 빵나무*Artocarpus altilis*나 아이들이 놀고 있는 작은 오두막 한 채가 우리에게 실론의 정원에 있다는 사실을 일깨운다. 자연과 문화의 독특한 조화가 숲 같은 정원의 인간적 요소에서 드러난다.

옛날에는 집들이 오늘날의 풍경처럼 널리 퍼져 있지 않았다. 과거에는 야생 동물의 공격이 큰 위협이었기 때문에, 사람들은 스스로를 보호하기 위해 가까이 모여 살았다. 게와타에서 온갖 나무가 자라는 현상 또한 시간이 흐르며 주인의 필요에 따라 재배하는 종이나 식민지 개척

위 독일의 자연학자, 에른스트 헤켈이 보고 그린 실론은 지구상에 마지막으로 남은 많은 알려지지 않은 식물의 고향이었으며 지금도 그러하다. 1882년.

자와 무역업자들이 도입한 새로운 종 모두에 영향을 받으며 진화했다. 호헤거가 볼 때 게와타는 시작부터 끊임없이 변화하고 있었다.

> 2,000년 이상 이어진 농업 활동 덕분에 수많은 유용한 교목과 관목, 허브가 선택되었고 인간의 거주지 인근에서 재배될 수 있었다. 우리는 초기 정착민과 농부들이 숲에서 과일과 견과류, 나뭇진을 채집했을 것이라 추측할 수 있다. 사실 식물 대부분은 부엌 쓰레기통에 버려진 씨앗에서 저절로 발아했을지도 모른다. 만약 어떤 새로운 식물이 오두막 근처에서 싹을 틔운다면 그들은 어떤 나무로 자랄지 궁금해하며 지켜보았을 것이다. 이웃들은 서로 필요한 종을 교환했고, 무역상은 새로운 품종을 가져왔다. 오늘날 게와타에서 발견되는 엄청나게 다양하고 유용한 품종들은 시행착오를 거치며 천천히 진화했다.

게와타에서 볼 수 있는 대표적인 식물 중 하나가 잭프루트나무*Artocarpus heterophyllus*다. 이 나무의 열매에는 콩같이 생긴 씨앗들이 있는데 익으면 코를 쏘는 냄새를 내뿜지만 먹을 수는 있다. 녹말 함량이 높아 쌀 대신 쓸 수도 있다. 잭프루트나무는 재배하는 데 상당히 넓은 공간이 필요하며, 키가 큰 코코넛야자나무와 더불어 정원 '윗 공간'을 차지한다. 코코넛은 익는 데 12~14개월이 걸리지만 다 자란 나무는 1년에 50~80개의 열매를 맺는다. 그 아래로는 망고나무가 자라는데, 인도 아대륙이 원산지인 망고는 씨앗을 심어 재배할 수 있는 나무이기도 하다. 망고에는 다양한 품종이 있는데 열매는 녹색, 노란색, 빨간색이고 모양도 제각각 다르다. 오렌지나무와 레몬나무는 열매를 먹을 수 있을 뿐 아니라 곤충을 쫓는다 해서 인기가 높다.

게와타에서는 또한 구아버, 아보카도, 빵나무, 비낭야자*Areca catechu*, 바나나, 파파야 같은 나무가 자라는 것이 특징이다. 사실 허브와 유사한 파파야는 16세기에 포르투갈, 네덜란드, 영국이 이 섬에 들여온 종 중 하나다. 약간 타원형에 향기가 나는 벵골 퀸스Bengal quince나 벨bael, *Aegle marmelos* 나무 열매[17]는 망치나 마체테로 불리는 정글 칼로 가르기 전에 약 11개월 동안 숙성해야 한다. 망고나 바나나 향이 살짝 나는 이 날씬한 과일은 마멀레이드나 녹은 아이스크림을 떠올리게 하는 맛이 난다. 이 열매는 음료로 가공되기도 한다.

겉보기에는 교목, 관목, 덩굴 식물, 초본 식물[18]이 한데 엉켜 혼란스러워 보이지만 사실 게와타의 식물들은 각자 자기 자리에서 목적을 달성하는 공생 체계를 이루고 있다. 계절에 상관없이 번성하는 이러한 정원을 가꾸는 사람에게 필요한 것은 어떤 일이 일어나든지 받아들이겠다는 태도다. '자라게 두거'나 '어차피 일어날 일이니까' 하는 것이 기본 자세다. 다시 말해 야생을 길들이려 하거나 '잡초'로 지정된 특정 식물과 고군분투할 것이 아니라, 전체의 각 부분은 나름대로 이유가 있어 그곳에 존재한다는 확신을 품고 내버려 두는 것이다. 게와타 대부분이 방치되지만 놀랍게도 수확량은 아주 많다. 특히 식용뿐 아니라 장작과 조미료 같은 추가 생산품을 염두에 두면 더욱 많아진다. 잎과 뿌리, 씨앗 등 게와타에서 자라는 식물의 여러 부위는 대개 아유르베다āyur-veda[19] 에서 활용된다. 게와타에 대해 생각할 때면 내 친구이자 스리랑카에 있는 페라데니야 대학교University of Peradeniya 사회학과 교수인 아베이라스네 라스나야케Abeyrathne

17 흔히 벵골 퀸스라고 부른다.

18 지상부가 연하고 물기가 많아 목질을 이루지 않는 식물을 통틀어 이르는 말.

19 인도의 전승 의학. 아유르는 '장수', 베다는 '지식'이라는 뜻으로 생명 과학을 의미한다. 약 3,000년 전 발상해 기원전 500년 무렵 합리 경험 의학으로 완성되었다.

Rathnayake의 말이 떠오른다. 그의 시각에 따르면, 음식이 곧 보약이다.

사람들이 게와타에서 많은 시간을 보낼 거라고 예상할지 모르지만, 그곳에서 다른 사람과 마주치는 일은 그리 흔하지 않다. 사람들은 오로지 과일이나 허브 혹은 장작을 가지러 그곳에 간다. 때로는 깨끗이 닦아 놓은 길 위에 꽃이나 잎을 늘어 놓고 말리기도 한다. 가축은 보기 어려운데, 농부 대부분이 불교 신자이며 고기나 동물성 식품 섭취를 기피하기 때문이다.

그런가 하면, 영국 군의관이자 유명한 화학자, 험프리 데이비 경Sir Humphry Davy의 형제인 존 데이비John Davy는 게와타를 '과수원'은커녕 '정원'이라고 부르는 것조차 주저했다. 1821년에 발간한 책 〈실론 내부와 그 거주민에 대한 기술An Account of the Interior of Ceylon and of Its Inhabitants〉에서 그는 다음과 같이 적었다.

> 실론 사람들에게는 정원을 가꾸는 기술이라고 할 만한 것이 거의 없다. 그들은 집 주변에 여러 종류의 야자나무와 과일나무를 심고, 사원 주변에는 꽃이 피는 관목을 심으며 때로는 밭에 얌yam 같은 채소를 조금씩 재배하기도 한다. 얌은 실론의 밭에서 나는 고구마나 양파와 비슷한 작물이다. 하지만 이 나라 어느 지역에도 우리가 생각하는 정원은 없다.

언뜻 보아서는 스리랑카 사람들이 야생 정원에서 시간을 보낼 때 어떤 생각에 사로잡혔는지 추측하기 쉽지 않다. 이 섬에서 자란 작가 마이클 온다치Michael Ondaatje, 1943~[20]는 자서전에서 '어릴 때 실제로 살았던'

---

20 캐나다 소설가로 스리랑카 콜롬보에서 출생했다. 1996년, 영화로 제작되어 전 세계에 널리 알려진 〈잉글리쉬 페이션트〉로 1992년에 부커상을 받았다.

망고스틴나무와 부엌 옆에서 자라던 키툴*Caryota urens*을 회상한다.

> (그 나무에는) 긴털족제비가 좋아하던 작고 노란 베리가 주렁주렁 달려 있었다. 그 녀석은 일주일에 한 번은 나무 위로 올라가 베리를 먹으며 아침을 보냈고, 취한 채 내려와서는 꽃을 쥐어뜯으며 잔디밭에서 비틀거리거나 집 안으로 들어와 식기와 냅킨이 든 찬장을 헤집었다.

이렇게 여러 종의 식물이 뒤섞여 있는 동남아시아 정원은 주변 숲의 환경과 매우 유사하다. 숲이 점차 사라지면서 정원은 지역 종들의 피난처가 되어 가고 있다. 게와타를 '과거에 어떤 일이 벌어졌는지' 알려 주는 공간으로 보는 시선은 유혹적이다. 그러나 또 다른, 좀 더 진보적인 방법이 있다. 농업과 과일 재배의 환경적 발자취를 최소화하는 것이 21세기에 추구해야 할 가치이자 목적이라면 게와타보다 더 시의적절한 접근은 떠올리기 어렵다.

스리랑카 동쪽으로 비행기로 네 시간 거리인 메콩삼각주Mekong Delta[21]에 베트남의 섬 터이선Thới Sơn이 있다. 배를 타고 들어가야 하는 이 섬의 푸르른 과수원은 풍요롭기 이를 데 없는 과일 천국으로 유명한 관광지이기도 하다. 1년 내내 과일이 자라는 터이선섬에서는 파파야, 오렌지, 잭프루트, 망고, 두리안, 바나나, 파인애플, 코코넛은 물론이고 심지어 사과와 자두까지 찾아볼 수 있다. 목격자에 따르면 이곳의 물고기들은 과일을 먹는 식단에 적응하기까지 했다고 한다.

---

21 인도차이나반도 메콩강 하류에 있는 삼각주로 베트남 남부와 캄보디아 일대. 세계적인 쌀 생산지다.

열대 지방의 과일 농사에 대해 더 자세히 살펴보면 자바섬에서 신기한 모습을 하나 볼 수 있다. 돼지꼬리마카크*Macacus nemestrinus*라는 작은 원숭이들이 막대기로 코코넛을 따는 장면이다. 〈보르네오섬의 한 자연주의자A Naturalist in Borneo〉1916에서 로버트 W. C. 셸퍼드Robert W. C. Shelford는 이 기발한 작업에 대해 묘사했는데, 언뜻 이집트에서 살펴본 과일 따는 원숭이들이 연상된다.

> 허리에 끈을 매어 코코넛야자나무로 데려가면 원숭이들은 재빨리 나무를 타고 올라가 열매 하나를 잡아 들어 보인다. 그 열매가 수확할 만큼 잘 익었다고 판단한 주인은 원숭이를 향해 소리친다. 그러면 원숭이들은 꼭지가 부러질 때까지 코코넛을 빙빙 돌려 딴 후 땅에 떨어뜨린다. 만약 코코넛이 덜 익었다면 주인은 줄을 잡아당기고, 원숭이는 다른 코코넛을 잡는다. 나는 브록Brok, 이 지역에서 마카크를 부르는 이름이 매우 효율적으로 열매를 수확하는 모습을 보았다. 줄을 사용하지 않는 경우라도 원숭이는 주인의 음색과 억양에 따라 움직였다.

이 주제에 대해 이야기하는 김에 잠시 코코넛과 코코넛이 자라는 야자나무에 대해 생각해 보자. 코코넛 껍질은 소금물에도 매우 강하고, 물에 뜨기 때문에 바다에 띄우면 파도를 이용해 쉽게 운반할 수 있다. 그렇기 때문에 코코넛을 태평양의 어느 해안에서 처음 재배했는지 결론짓는 것은 불가능하다. 단순히 그 기원이 아메리카인지 아닌지조차 한 세기 동안 과학자들 사이에서 뜨거운 논쟁거리였다. 연구자들은 이제, 코코넛이 (푸에르토리코로 처음 가져온) 스페인, (브라질로 가져온) 포르투갈과 함께 신세계에 왔고, 동남아시아가 원산지라고 믿는다. 비누를 만들 때 쓰는 코코넛 오일에 대한 어마어마한 수요와 야자나무 플랜테이션 농장, 즉 넓은 의미의 '과수원'은 150년 전에 처음 나타났다.

78455
Crab. (wild
J. Walter Bassye
Bowling Green.
Mo.

M. Strange.
11 - 10 - 14
12 - 15 - 14

14

과수원예학의 신사들

16세기에 식물학의 선구자들은 식물을 과와 종으로 분류하기 시작함으로써 식물을 기록하고 연구하며 이에 정통하고자 노력하는 토대를 마련했다. 우리에게 다행스럽게도, 그들은 이 초목과 열매의 수많은 '초상화'를 그린 당대 예술가들과 긴밀하게 작업했다. 이 이미지들은 식물삽화의 정점을 보여주며, 점점 높아지는 정밀성과 아름다운 형태는 많은 나라에서 영감을 받은 식물 분류에 대한 열정을 느끼게 한다.

과수원예학, 즉 과일을 기르는 것을 연구하는 과학은 19세기 초에 학문의 하나로 규정되었고, 이 사실은 과일에 대한 완전히 새로운 사고방식을 낳았다. 이 새롭고 체계적인 연구에는 흥미로운 소급 효과도 있었다. '과수원예학자'라는 용어는 등장하자마자 과거의 여러 사람들에게도

왼쪽 우리가 사랑하는 재배 과일의 조상 크래브애플, 20세기 초.

적용되는 것처럼 보였다. 과수원예학계의 긴 계통은 테오프라스토스부터 리처드 해리스Richard Harris(16세기에 영국 최초의 상업 종묘장을 설립했다)를 거쳐 토머스 앤드루 나이트Thomas Andrew Knight, 1759~1838 (런던원예협회 회장을 지냈다)와 그 이후까지 이어졌다. 나이트는 모든 품종의 과일나무에는 정해진 수명이 있으며 그 끝에 다다르면 썩어 죽는다는 당시의 대중적 이론을 지지했다. 이 생각은 상당히 잘못되었지만, 한편으로는 블랙이글Black Eagle, 엘턴Elton, 워털루Waterloo 품종을 포함하는 새로운 체리를 비롯해 사과, 배, 자두 그리고 당시 최신 과학 기술에 따라 미래까지 과일 공급을 보장하는 다른 종의 재배에 영감을 주었다. 〈포모나 헤레포

위 수확기의 한 정원, 독일, 19세기 말.

르덴시스Pomona Herefordensis〉는 나이트의 대표 저서로 1811년 출간되었다.

그때부터 과수원예학은 식물학의 하위 분야로 확고히 자리를 잡았다. 18세기 말과 19세기 초에 제멋대로 알려진 여러 과일 품종에 질서를 부여하려는 사람들 대부분은 전문 과학자가 아니라 성직자, 의사, 약사, 교사였다. 그들은 품종을 수집하고 그림을 그리도록 했으며 그들의 발견을 비교했다. 곧 색상 구분이 가능한 석판 인쇄술 덕분에 상대적으로 적은 돈으로 과일 그림을 복제할 수 있게 되었다. 이 새로운 기술의 혜택을 받은 작품 중 하나가 〈포모나 브리태니커; 혹은 이 나라에서 재배되는 가장 호평받는 과일 컬렉션Pomona Britannica; or, A Collection of the Most Esteemed Fruits at Present Cultivated in This Country〉이다. 초안 작가이자 판화가인 조지 브룩쇼George Brookshaw, 1751~1823가 1812년에 출간했다. 브룩쇼의 책에는 당시 영국의 과수원에서 생산한 15가지 과일의 256가지 품종이 인상적인 전면 삽화로 수록되었는데, 그림들이 워낙 사실적이어서 오늘날까지도 사람들의 입에 군침이 돌게 한다. 런던의 정기 간행물 〈원예Journal of Horticulture〉의 편집자 로버트 호그Robert Hogg, 1818~1897를 포함한 많은 다른 작가들에 의해 이후 수십 년 동안 과일을 다룬 주요 작품이 탄생했다. 그의 책 〈과일 설명서The Fruit Manual〉1860는 여러 번 재판되었다. 같은 시기에 영국원예협회The British Pomological Society가 다음과 같은 목표로 설립되었다.

> 특히 새로운 과일 품종 생산에 주목하도록 하기 위해 영연방의 과일 문화 앙양을 촉진한다. 그 가치를 연구하고 보고하며 영국, 유럽 대륙, 아메리카 대륙의 과실을 분류하기 위해 노력한다.

애초에 과일 품종의 세계는 왜 이렇게 거미줄처럼 뒤엉켜 있었을까? 중세 이후로 과수 재배자들은 접붙이기 기술에 대해 알고 있었지만, 그 규칙을 항상 따르지는 않았다. 그 대신 새로운 나무가 필요하면 가끔씩 무작위로 싹이 난 사과, 배, 체리, 자두 묘목을 보살폈을 뿐이다. 이렇게 자란 식물이 마음에 들면 접목이 필요할 때 접가지로 사용했다. 다른 여러 지역에서도 이러한 과정이 발생했다고 가정한다면, 광범위한 과일 품종이 한 장소에서 다른 장소로 어떻게 이동해 번식할 수 있었는지도 상상할 수 있을 것이다. 이러한 지역 품종 대부분은 단 한 번도 과수원예학 개론서에서 다루어지지 않았다.

프랑스와 독일은 과수원예학의 선구자다. 북미에서는 19세기 중반까지 과일 품종에 대해 집중적으로 연구하지 않았다. 아주 오랜 시간에 걸쳐, 어느 정도는 우연히 품종들이 탄생했다. 표적 과일 재배, 즉 의도적으로 암꽃의 암술머리에 수꽃의 꽃가루를 바르는 행위는 20세기 이전에는 성행하지 않았다.

과일 품종 연구는 때로 환상적인 방법으로 발전했다. 독일 니더작센주에 살았던 성직자이자 과수원예학자, 요한 게오르크 콘라트 오베르디크Johann Georg Conrad Oberdieck, 1794~1880는 접목을 통해 300가지 품종의 사과를 생산하는 나무를 만들었다고 주장했다. 식물학계의 이 프랑켄슈타인은 이 밖에 다른 과일나무 4,000그루도 수집했다고 자랑했는데, 누가 봐도 극단적인 사람이었던 것이 분명하다. 이 중 한 사과 품종에는 그의 이름이 붙었다. 오베르디크스 레닛Oberdieck's Rennet이다.

영국 제도에서는 오베르디크처럼 한 식물에 여러 과일을 맺게 하려는 욕구의 변덕스러운 결과가 '족보'로 알려져 있다. 이렇듯 과수원예학 분야에서 그럴듯하지만 전혀 실용적이지 않은 실험과 관련 있는 인물 중에 레너드 매스컬Leonard Mascall, ?~1589이라는 사람이 있다. 캔터베

오른쪽 화이트 하노버White Hanover, 화이트 마르세일스White Marseiles sic, 브라운 네이플스Brown Naples 혹은 브라운 이탤리언Brown Italian, 퍼플 이스키아Purple Ischia, 그린 이스키아Green Ischia, 브런즈윅Brunswick 등 다양한 무화과들, 1812년.

리 대주교를 위해 필경사로 일했던 그는 1575년, '나무 한 그루에 여러 과수 품종을 접목'하고 싶어 하는 사람들에게 어떤 조언을 주었다. 매스컬은 그의 말에 귀 기울이는 사람들에게 "사과나무 한 그루를 접목해 많은 품종의 사과를 맺게 할 수 있을 것이다. 가지마다 서로 다른 열매를 맺게 할 수 있을 것이다. 개중에는 배 같은 과일도 있을 것이다."라고 확신했다. 한편 이렇게 경고하기도 했다. "그러나 가능하면 가까이에서 지켜보아라, 접가지들이 싹을 틔우는 것을. 그러지 않으면 열매 하나가 제멋대로 자라서 다른 열매에 그림자를 드리울 것이다."

독일에서 사과 스파클링 와인을 처음 개발한 사람으로 역사에 기록된 카를 자무엘 호이슬러Carl Samuel Häusler, 1787~1853는 과수원을 체계화하는 방법에 관한 매우 분명한 생각이 있었다. 다양한 과일나무 품종에 대한 의견도 명확했다. 종이 다른 과일나무들을 "하나씩 번갈아 가까이 심거나 심지어 이것저것 섞어 심어서는" 절대로 안 된다는 생각이었다. 그의 추론에 따르면 나무는 "사람과 같다. 가족은 가장 큰 사랑을 주고 번성할 장소를 제공한다. 그러므로 한 구역은 사과나무로만, 다른 구역은 다른 나무로만 채워야 한다." 호이슬러가 자신의 주장을 뒷받침할 만한 어떠한 실제적인 근거도 제공하지 않은 것은 놀랍지 않다. 그는 과일나무의 수관을 인공적인 모양으로 자르는 프랑스의 관습에 혐오감을 드러내기도 했다. 프랑스에서 가발이 대유행한다는 사실을 들어 그는 이렇게 개탄했다.

> 나무들도 반드시 가발을 써야 한다는 사실은 놀랍지 않다. 수세기에 걸쳐 우리는 그 모습에 워낙 익숙해져서 이제는 반드시 그래야 한다고 믿게 되었다. 경험을 통해 분명히 단점을 보았음에도 우리는 오늘날까지 그 틀에 갇혀 있다.

과수원예학 분야에서 왕성하게 이루어진 또 하나의 연구는 흔히 생기는 나무의 질병을 치료할 방법을 찾는 일이었다. 토머스 스킵 디엇 버크널Thomas Skip Dyot Bucknall은 자신의 저서 〈과수 재배자, 혹은 철저한 가지치기와 약물 치료 시스템, 과수학 확립을 위하여The Orchardist, or, A System of Close Pruning and Medication, for Establishing the Science of Orcharding〉London, 1797에서 승홍昇汞[1]을 방부제와 곰팡이 억제제로, 진gin을 살균제와 용제로, 피치pitch[2]를 상처 봉합과 소독제로 사용할 것을 권했다. 미국철학협회American Philosophical Society가 복숭아나무의 동고병胴枯病[3] 치료제를 찾기 위해 60달러의 상금을 걸자 버크널은 즉시 대서양 너머로 자신의 책 한 권을 보내며 "만약 이 원칙이 미국 과일 문화를 개선한다면 나도 행복할 것이다."라며 만족스러워했다. 한편 윌리엄 솔즈베리William Salisbury는 1816년에 출간한 자신의 저서 〈일반 과수 재배자와 과수원 소유주에게 전하는 단서Hints Addressed to Proprietors of Orchards, and to Growers of Fruit in General〉에서 몇 가지 조언을 했다. 이는 산업 폐기물 재활용의 초기 사례로도 볼 수 있다.

> 제당 공장, 비누 공장 등에서 나온 폐기물, 황소의 피와 털, 물개 가죽 부스러기, 골분, 차량 윤활유 찌꺼기 같은 것에서 유용한 거름을 많이 얻을 수 있다.

특히 주목할 20세기 과일 농부 중 한 명은 분명 코르비니안 아이그너Korbinian Aigner, 1885~1966다. 바이에른 사제였던 그는 사역과 신도를 충

1 이염화 수은. 수은에 염소를 닿게 해 만드는 결정으로 소독제, 촉매로 쓴다.
2 석유나 석탄에서 얻는 검고 끈적한 물질로 방수재로 주로 쓴다.
3 나무의 줄기 또는 가지에 갈색이나 검은색 작은 돌기가 생기는 병이다.

사과 육종가이자 바이에른 사제이며
강제 수용소 생존자인 코르비니안 아이그너.

실히 섬겼지만, 그 외에는 과일, 특히 사과를 연구하고 심는 데 모든 관심을 쏟았다. 그는 과일 농사를 "농업의 시"로 여겼다.

아이그너는 나치 당국의 눈엣가시였다. 나치에 반대하는 바이에른 인민당Bayerische Volkspartei, BVP을 정치적으로 지지할 만큼 원칙적 보수주의자였던 그는 지텐바흐에 있는 자신의 교회 강단을 비롯해 다른 교회 강단에서 종종 파시즘의 위험성을 경고했다. 그는 나치 깃발을 게양하라는 명령에 따르지 않는 등 다양한 방법으로 나치에 저항했고 점점 더 권력자들의 눈 밖에 났다. 1939년에 극적인 변화가 찾아왔다. 신자들에게 신뢰받는 지도자이던 아이그너가 인근 학교 종교 수업에서 나치에 비판적인 발언을 했다가 교사에게 비난받은 것이다. 결국 그는 체포되었고, 일련의 감옥과 강제 수용소를 거치는 여정이 시작되었다.

오른쪽 동료 신학도들과 함께 포즈를 취한 코르비니안 아이그너. 앞줄 오른쪽에서 두 번째. 1910년경.

정부를 비판한 성직자 집단은 1941년 다하우Dachau[4]의 강제 수용소로 이송되었다. 이 중에는 아이그너도 있었다. 그는 약용 식물 연구소의 강제 노역에 배정되었다. 그곳에서 그는 믿기 어려운 위업을 달성했다. 예전에 모은 사과 종자들을 몰래 재배한 것이다. 아이그너는 새로운 변종에 KZ-1부터 KZ-4라는 이름을 붙였다. 발견 장소에서 따 붙인 이름으로, KZ는 Konzentrationslager, 즉 '강제 수용소'의 약자다. 바로 먹어도 맛있고 가공하기에도 썩 훌륭한 KZ-3를 그는 가장 마음에 들어 했다. 조력자 한 명이 KZ-3 묘목 묶음을 수용소 밖으로 밀반출했고, 이후 KZ-3는 '코르비니안Korbinian'으로 불렸다. 나치 친위대가 수용소를 떠나자 포로 1만 명은 남쪽을 향해 끔찍한 행군을 해야 했다. 오스트리아 외츠탈Ötztal의 요새 알펜페스퉁Alpenfestung으로 추정되는 목적지까

4 독일 뮌헨 부근의 도시로 1933년부터 1945년까지 나치의 강제 포로 수용소가 있었다.

위 '코르비니안 사과'로도 알려진 KZ-3는 그가 제2차 세계 대전 당시 다하우 강제 수용소에 수감되었을 때 재배한 네 가지 사과 품종 중 하나다.

지 행진하는 도중에 많은 사람이 사망했다. 그러나 아이그너는 운이 좋았다. 탈출에 성공한 그는 수도원에 숨은 덕분에 목숨을 구할 수 있었다. 과수원과 정원 가꾸기에 대한 그의 열정은 생애 마지막까지 지속되었고, 많은 영예를 얻었다. 그는 포로수용소에서 보낸 시간에 대해서는 거의 이야기하지 않은 것으로 보인다. 오늘날 아이그너의 업적은 무척 많이 알려져 있다. 당시 연구하던 많은 배와 사과를 판지에 컬러로 매일매일 그렸기 때문이다. 그는 이 많은 그림을 참고 자료로 활용해, 큰 틀에서 벗어나지 않으면서 서로 다른 사과 품종을 정확하게 구분할 수 있었다.

측면도는 첫 번째 결정적인 기준점을 제공한다. 과일이 납작한지 동그란지 동글납작한지, 구형인지 반구형인지 원뿔 모양인지, 원뿔 모양이라면 길쭉한지 끝이 잘렸는지, 원통형인지 달걀형인지 종 모양인지, 털모과 형태인지 혹은 베르가모트 오렌지 같은 독특한 형태인지 등을 구분할 수 있다. 다음 단계는 남아 있는 꽃받침 부위의 꽃눈 형성 흔적이 어떻게 파여 있는지 살펴보는 것이다. 마지막으로 중요한 것은 귀중한 단서를 제공하는 줄기와 그 주변 구멍이다. 그러나 다른 요인이 각 과일의 생김새에 영향을 미치면 문제가 복잡해진다. 같은 품종이라 하더라도 표준 크기 나무에서 맺는 열매는 인위적으로 담에 기대어 자라도록 한 나무에서 맺는 열매와 다소 차이를 보인다. 고도와 토양 또한 저마다 역할을 한다. 물론 같은 나무에서 자란 사과 두 개 혹은 배 두 개도 완벽하게 똑같지 않다. 더욱이 한 주 한 주 익어 갈 때마다 모습이 바뀐다.

제2차 세계 대전 후 아이그너는 '사과 목사'로서 전설적인 지위를 얻었다. 그의 삽화가 세계에서 가장 포괄적인 사과와 배 삽화 컬렉션 중 하나가 되리라는 것은 아이그너 자신도 전혀 예상치 못했을 것이다. 그의 그림 1,000여 장은 오늘날 밀 맥주로 잘 알려진 바이에른주의 도시 바이엔슈테판Weihenstephan에 위치한 과수 원예 기관에 남아 있다. 전문가들은 지금도 그 그림들을 과일을 분류하는 데 꼭 있어야 하는 귀중한 자료로 여긴다. 아이그너에 관해 전해지는 또 다른 이야기는 그가 생애 마지막, 포로수용소에서 입었던 누더기 코트와 함께 묻혔다는 사실이다. 단맛과 신맛의 균형이 잘 잡혔다고 알려진 코르비니안 사과는 오늘날에도 여전히 재배되고 있다.

아이그너가 이토록 성공했음에도 새로운 사과 품종은 어느 정도 회의론에 부딪혀 왔다. 오늘날 볼 수 있는 사과 중 일부는 특별히 흥미로운 맛을 내기보다는 오래가고 보기에 좋게 개량되었다고 해도 무방할 것이다. 그러나 완벽한 모양 못지않게 다양한 풍미를 맛보는 기회를 놓쳐서는 안 될 것이다. 만약 우리에게 각자의 정원이 있다면 과일이 완전히 익자마자 바로 수확할 수 있을 것이다. 이렇게 수확한 열매는 엄청난 풍미를 지닌다. 비록 반점과 벌레 먹은 구멍이 '흠잡을 데 없는 완벽함'이라는 우리 꿈을 방해하더라도 말이다.

과일에 관한 한 헨리 데이비드 소로는 전문가와 과학자에 대해 회의적이었다. 그는 "나는 과수원예학의 신사들이 엄선한 목록을 전혀 신뢰하지 않는다."라고 썼다. 신사들이 좋아하는 정성스럽게 재배한 과일에 대한 그의 판단이 가혹하다는 점도 놀랍지 않다. "그런 과일을 먹는 데에는 그다지 열의가 없다. 한 대 얻어맞는 것 같은 진정으로 인상적인 맛이 없다." 정반대로 우아하지 못한 과일은 그에게 시적인 영감을 한껏 불어넣었다. 그는 로마의 과일과 과수원의 여신을 떠올리며 "내가 길에서 따는 황홀한 사과 몇 알은 포모나가 선사하는 그 모든 부의 향기를 떠올리게 한다."라고 썼다.

계절마다 열정적으로 하이킹을 하는 소로는 재배 과일의 한계 영역에서 자라는 야생적이고 야성적이며 "접붙이지 않은 사과나무가 있는 옛 과수원"을 지나는 길을 알고 있었다. 그는 전성기를 한참 넘긴 사과나무라 하더라도 그 맛과 향기가 풍기는 섬세한 차이에 아주 익숙했다. 한겨울이면 그는 여기저기에서 잊힌 채 매달린 열매를 발견했는데 그에겐 충분히 가치 있어 보였다.

> 우선 서리에 사과가 돌처럼 단단하게 얼도록 내버려 두자. 그러면 어느 따뜻한 겨울날이나 비가 내리는 날 녹은 사과는 매달린 가지 주변 공기를 통해 천국으로부터 빌려 온 풍미를 내뿜을 것이다.

소로는 사람들 대부분이 대수롭지 않게 여기는 징후를 모두 읽을 수 있었다. 그에게 야생 사과나무는 야생의 아이와 같았다. 보통 아이가 아니라 "아마도 변장한 왕자님" 말이다. "야생 과일의 진가를 알아보려면 사납고 야성적인 취향이 필요하다."라는 그의 선언에서 유추컨대, 그가 진정 어떤 점을 좋아했는지 알기는 어렵지 않다. 소로는 야생 과일을 나무에서 따서 바로 먹으라고 권했다.

> 종종 풍미가 무척 강한 야생 과일을 따러 갈 때면 과수 재배자들이 이런 나무에서 접가지를 얻어 가지는 않는지 궁금해진다. 나는 주머니를 가득 채워 집으로 돌아오는 데 실패한 적이 없다. 그러나 내 방 책상에서 과일 하나를 꺼내 맛볼 때면 그 맛이 예상을 벗어나 조잡하다는 사실을, 다람쥐가 이빨을 곤두세우고 어치가 비명을 지를 정도로 시다는 사실을 깨닫는다.

15

예술가들이 사랑한 풍경

와서 해가 지는 것을 바라보고 과수원 녹음 사이로 비치는 황혼 속을 걷게 하소서.

-라이너 마리아 릴케Rainer Maria Rilke, 〈사과 과수원The Apple Orchard〉에서

꽃과 마찬가지로 과일 또한 완전히 새로운 방식으로 우리 상상에 영향을 끼칠 만큼 놀랍도록 다양한 색깔과 모양을 보여 준다. 밀라노의 화가, 주세페 아르침볼도Giuseppe Arcimboldo, 1526~1593[1]는 이러한 과일의

1 16세기 르네상스 시대의 이탈리아 화가. 동식물로 얼굴을 묘사한 초상화를 그리는 등 아주 독특한 화풍을 추구했다.

왼쪽 '사과꽃Apple Blossoms', 라파엘 전파pre-Raphaelite, 19세기 중엽 영국에서 일어난 예술 운동. 헌트, 로세티 등이 그룹을 결성해 라파엘로 이전의 르네상스 예술에서 배우는 사실적이고 소박한 화풍을 지향했다. 존 에버렛 밀레이John Everett Millais, 1829~1896 라파엘 전파의 결성에 참여했으나 나중에 이 파를 떠나 초상화가로 인기를 얻었다. 작품에 '오필리아' 등이 있다. 영국, 1858년.

특질을 기반으로 실험적인 예술을 선보였다. 단순히 얼굴을 그리는 데에 만족하지 않고, 과일이나 식물을 이용해 기상천외한 초상화를 탄생시켰다. 이러한 '과일 얼굴'이 매력적인지에 대해서는 의견이 분분할 수 있지만 그 아이디어만은 분명 독특하다.

앞서 중국의 웅장한 정원과 〈십죽재화보〉 속 귤나무 그림에 대해 언급했다. 실제로 과일을 그리는 관습은 중국에서 특히 정점에 달했고, 고유의 예술 형태로 발전했다. 살구와 복숭아, 자두는 중국의 전형적인 과일인데, 서구 관찰자들은 적어도 그 묘사를 근거로는 구분하기 어려울 수 있다. 이 나무들 중 몇몇 종은 모든 복숭아나무, 자두나무와 관련이 있기 때문이다. 한 영국 박물학자가 이 주제에 대해 지침을 제시하기도 했다. 곤충 연구가로도 이름난 토머스 머펫Thomas Muffet, 1553~1604[2]은 "살구는 복숭아 코트 속에 숨은 자두다."라고 말한 적도 있다. 이 과일들이 일으킨 혼란에 직면한다면 그 누가 논쟁할 수 있겠는가?

1231년, 송백인宋伯仁은 〈매화희신보梅花喜神譜〉라는 책을 펴냈다. 이 책은 중국 자두Chinese plum 혹은 일본 살구Japanese apricot라고도 알려진 *프루너스 무메Prunus mume*를 다룬다. 100여 점의 수묵화를 통해 송백인은 꽃봉오리가 필 때부터 마지막 꽃잎이 떨어지는 순간까지, 나무에서 꽃이 발달하는 과정의 순간들을 담아냈다. 그림마다 시를 곁들여 작품의 분위기를 묘사했다. 검은 붓놀림은 섬세한 이미지를 만들어 내지 못한다. 그림의 핵심은 나무의 모든 것을 세세하게 기록하는 것이 아니라 본질을 전달하는 데 있었다.

과일을 그리는 행위 자체에 사색한다는 가치가 있지만, 무엇보다도 과일의 겉모습이 예술가에게 정서적으로 어떤 영향을 주는지 더 깊

2 영국의 박물학자이자 의사. 곤충의 분류와 생활에 대한 삽화 가이드북을 집필하기도 했다.

이 고찰하도록 이끌었을 것이다. 멈추고, 가까이에서 관찰하며, 그 과정에서 나온 결실을 순간적으로 종이에 담아내는 일은 중요했다. 만약 우리가 내면으로 시선을 돌려 우리 자신과 과수원의 상관관계를 살핀다면, 우리 상상 속에서 솟아오르는 이미지들은 어떤 예술로 발현될까? 분명 과수원예학의 신사들이 그린 정확한 삽화보다 감정적으로 충만한 무언가일 것이다. 어쩌면 빅토리아 색빌웨스트의 다음 구절과 비슷할 수도 있다.

위 '과수원에서In the Orchard', 스코틀랜드 화가, 제임스 거스리James Guthrie, 생전에 초상화가로 유명했으나 오늘날에는 스코틀랜드 사실주의 화가로 여겨진다., 1859~1930, 1885~1886년.

몇몇 식물학자들은 은매화와 석류나무가 실제로 같은 종이라고 여긴다. 식물학자가 아닌 나는 이 나무들을 페르시아에서 잠들었던 숲으로 기억할 뿐이다.

과일나무와 숲의 인상을 생생하게 담은 많은 예술 작품을 근거로 볼 때, 19세기 후반부터 20세기 초반까지가 '과수원의 황금기'였다고 해도 무리는 아닐 것이다. 대부분은 수확기의 모습을 그렸는데, 기억할 만한 예외적인 작품들도 있다. 카미유 피사로Camille Pissarro, 1830~1903[3]나 호아킨 소로야Joaquín Sorolla, 1863~1923[4] 같은 인상파 화가들에게, 여름빛과 꽃향기가 가득한 정원과 숲은 현대적 요구와 반가운 대조를 이루었다. 정원은 피난처이자 사색을 위한 장소였으며, 감각적인 인상으로 선명한 꿈에서 깨어나는 장소였다.

영국의 예술가, 마거릿 위니프리드 태런트Margaret Winifred Tarrant, 1888~1959[5]만큼 전통적인 낭만주의 과수원의 몽환적인 측면에 취한 사람도 드물다. 〈과수원 요정과 야생 과일 요정Orchard Fairies and Wild-Fruit Fairies〉 같은 그의 책에 수록된 훌륭한 삽화들은 마법과 같은 효과를 발휘해 실제로 과수원에는 셀 수 없이 많은 영혼, 반은 사람이고 반은 나비인 영혼이 가득하다고 당신을 설득하고 만다. 이 영혼들은 하늘 높이 드넓게 잔가지를 뻗은 무성한 나무 사이를 뛰어다니며 잘 익은 과일을 따는 것보다 더 큰 기쁨은 알지 못한다.

태런트의 삽화가 우리를 상상 속 세계로 유혹하는 한편, 과수원 그

3 덴마크 출생의 프랑스 화가로 코로, 모네의 영향을 받은 인상주의의 대표적인 풍경화가다.
4 프랑스 인상주의 화가들의 영향을 받은 스페인 화가. 야외에서 직접 보고 그리는 방식으로 도시와 바다를 그리며 유명해졌다.
5 영국의 삽화가이자 동화 작가.

오른쪽 남프랑스에서 빈센트 반 고흐Vincent van Gogh, 1853~1890가 그린 수많은 올리브 숲 작품 중 두 점, 1889년과 1890년.

림 또한 사회 전반에 걸쳐 진행되는 의제에 다가가면서 좀 더 구상화되어 갔다. 1893년, 시카고 만국박람회로도 알려진 컬럼비아 박람회에 전시된 한 작품이 좋은 예다. 메리 카샛Mary Cassatt, 1844~1926[6]은 우먼스 빌딩Woman's Building의 메인 전시 홀 커다란 벽에 그림을 그렸다. 불행하게도 이 작품은 불완전한 사진 한 장만 남긴 채 시간에 파괴되어 사라져 버렸다. 이 세 폭짜리 제단화의 중앙 그림에는 여러 과일을 수확하는 성인 여성과 소녀들이 등장해 '지식의 열매를 따는 젊은 여성들Young Women Plucking the Fruits of Knowledge'이라고 불렸다.

개발로 위협받는 올리브 숲의 특성과 고풍스러운 아름다움은 프랑스의 화가 피에르 오귀스트 르누아르Pierre-Auguste Renoir, 1841~1919[7]에게 아주 매력적이었다. 1907년, 그는 올리브 숲이 우거진 작은 땅을 샀다. 레콜레트Les Collettes ('작은 언덕이 있는 지역'이라는 뜻의 지명이다)는 니스에서 멀지 않은 프랑스령 리비에라에 있었다. 비바람에 씻긴 녹색 덧문이 달리고, 테라코타 널지붕을 얹은 오래된 이 농가는 그림 같은 포도밭과 오렌지나무, 그리고 올리브나무 숲으로 둘러싸여 있었다. 테라스처럼 펼쳐진 초원 위로 올리브나무 148그루가 반달 모양으로 펼쳐져 그늘을 적당히 드리웠다. 장미, 카네이션, 부겐빌레아 같은 꽃들이 만발할 만큼 빛과 공간이 충분했다. 달콤한 향기를 풍기는 라벤더도 자랐는데, 지역 전체가 라벤더로 유명해 30킬로미터나 떨어진 주 그라스Grasse[8]의 유명한 향수 공장에까지 라벤더를 공급했다. 건물 입구 근처에는 딸기 관목Arbutus

6 미국의 화가로 어린 시절을 프랑스와 독일에서 보냈다. 주로 일상생활을 서정적으로 묘사했으며 미국에 인상주의를 알리는 데 큰 역할을 했다.
7 인상파 운동에 참여했으며 밝고 화려한 원색의 대비에 의한 발랄한 감각으로 장미, 어린이 등을 즐겨 그렸다. '목욕하는 여인들', '모자' 등의 작품이 있다.
8 프랑스 남부 지중해 근처의 도시. 관광지이자 향수 제조의 중심지다.

왼쪽 과수원인 듯한 곳에 있는 연인, 피에르 오귀스트 르누아르, 1875년.

unedo과 비슷한 나무한 그루가 서 있었다. 가을에 익는 열매는 딸기와 비슷했지만, 그만큼 맛있지는 않았다. 그 나무가 레콜레트에서 놀라움을 선사하는 유일한 식물은 아니었다. 그곳에는 빨갛고 길쭉한 모양 때문에 '토마토나무'로 알려진 타마릴로Solanum betaceum도 있었다. 르누아르의 아들 장Jean 또한 그곳의 레몬과 오렌지가 열리는 나무들에 깊은 인상을 받았던 것을 기억했다.

르누아르 가족에겐 온실과 냉상冷床이 있어서 1년 내내 꽃과 채소를 기르고 모종과 묘목으로부터 싹을 틔울 수 있었다. 포도와 살구는 말리고, 레몬과 오렌지, 탄제린*Citrus tangerina*은 때때로 겨우내 나무에 그대로 두었다. 그 결과 심지어 레몬조차 약간의 단맛을 띠었다. 샹파뉴와 부르고뉴 지방 사이에 위치한 포도원에서 자란 르누아르의 아내 알린 샤리고Aline Charigot가 포도나무를 담당했다. 그곳에서 생산되는 와인의 품질은 썩 좋지도 나쁘지도 않았기에 르누아르 가족은 포도를 신선하게 먹는 것을 더 좋아했다.

르누아르의 작업실은 올리브나무들 사이에 자리 잡은, 소박한 정원이 딸린 집이었다. 물결 모양 금속 지붕을 얹고 두 방향으로 낸 큰 창문에는 면 커튼을 달아 안으로 들어오는 빛을 알맞게 조절할 수 있었다. 그가 작업하는 동안 끊이지 않는 매미의 고즈넉한 울음소리가 선율을 제공했음이 틀림없다. 그 사유지에서는 가파른 경사에서 흘러내리듯 자리 잡은 중세 마을 오드카뉴Haut-de- Cagnes가 보였다. 그 장소 전체가 무궁무진한 영감의 원천이었다.

그는 수세기에 걸쳐 폭풍과 가뭄을 이겨 내며 불규칙하게 형성된 올리브나무의 줄기에 특히 심취했던 것으로 보인다. 그는 죽은 나뭇가지는 제거하되, 그렇지 않은 것은 야생으로 자라게 내버려 두고, 나뭇가지가 선사하는 장관을 즐겼다. 용암이 굳으며 생성된 강을 닮은 이 나무들

은, 작은 꽃을 피우고 달콤한 향이 나는 알리섬이 뿌리내릴 수 있는 이상적인 장소를 제공했다. 그 나무 기둥에 그림을 그리는 것은 르누아르에게도 퍽 어려운 일이었다.

> 올리브나무는 어찌나 야생적인지. 이 나무 때문에 내가 얼마나 힘들었는지 당신은 알까. 다채로운 색깔로 칠한 나무 한 그루. 전혀 멋지지 않다. 이 작은 잎들은 어찌나 나를 진땀 흘리게 하는지! 돌풍이 불면 내 나무의 색조가 변한다. 색깔은 잎사귀 위에 존재하는 것이 아니라, 잎사귀 사이 공간에 존재한다.

겨울에는 성인 여성과 소녀들이 나무 아래에 돗자리를 펼치고 긴 막대기로 나뭇가지를 두드려 잘 익은 검은 올리브를 수확했다. 때로는

위 1907년 루이 뤼미에르Louis Lumière, 프랑스의 발명가인 뤼미에르 형제 중 한 명. 시네마토그래프와 더불어 1903년에 삼색 컬러 사진도 발명했다., 1864~1948가 찍은 첫 번째 컬러 사진 중 한 장. 한 사과 과수원에서 실험한 작품인 '파라솔을 쓴 여인Lady with Parasol'.

꽃들이 점점이 피어난 초원에 서서 모델처럼 포즈를 취하기도 했는데, 그들 뒤로는 나무들이 흐릿하게 배경으로 서 있었다. 수확한 올리브는 마을로 가져와 기름을 짰고, 르누아르는 처음으로 나온 올리브유를 따뜻한 토스트 위에 뿌리고 소금 쳐서 먹는 것을 무척 좋아해 기다리기 힘들어할 정도였다. 그는 맛만 보고 자신의 사유지에서 자란 올리브로 짠 올리브유를 구분할 수 있었다고 한다.

때때로 르누아르는 사과나 오렌지 하나를 골라 삽화처럼 그리곤 했다. 다른 인상주의 화가들도 르누아르처럼 과일의 의미심장한 특성에 관심을 보였다. 폴 세잔Paul Cézanne, 1839~1906[9]은 "나는 사과 하나로

---

9 프랑스의 화가. 처음에는 인상파에 속했으나 후에 자연의 대상을 기하학적으로 환원하는 독자적인 화풍을 개척했다.

파리를 놀라게 할 것이다."라는 유명한 말을 하기도 했다. 그리고 세잔의 사과 그림은 역사에 길이 남았다. 그의 작품 '커튼, 항아리와 과일 그릇Rideau, Cruchon et Compotier'1893~1894은 1999년 6,000만 달러 이상에 팔린 후 역사상 가장 비싼 정물화라는 타이틀을 얻었다.

그의 삶을 토대로 알 수 있듯이, 에밀리 디킨슨Emily Dickinson, 1830~1886[10]은 천부적인 시인일 뿐 아니라 식물학 분야에 해박한 지식을 쌓은 열정적인 정원사였다. 그가 가족과 함께 살았던 매사추세츠주 애머스트의 트라이앵글 거리에 위치한 주택은 지금도 남아 있는데, 이후 살던 사람들이 그 부지에 변화를 주었기에 꽃과 채소밭, 온실, 사과, 배, 자두, 체리 나무가 모두 오래전에 사라졌다. 초기의 화려한 정원을 재현하려던 고고학자들은 디킨슨이 살던 당시 정원 모습을 확인하기 위해 흙을 한 층씩 파헤치는 데 수년이나 공을 들였다. 작은 숲에는 볼드윈Baldwin, 웨스트필드 시크 노 퍼더Westfield Seek-No Further, 윈터 넬리스Winter Nelis 같은 다양하고 전통적인 사과나무와 배나무 품종이 심겨 있었다.

디킨슨의 삶은 미스터리로 가득하지만, 그가 38세에 교회 예배에 참석하는 일을 그만두었다는 것은 분명하다. 그는 이를 두고, 자신에게 과수원이 얼마나 중요한지 확실히 알려 주는 인상적인 구절을 남겼다.

어떤 사람들은 안식일이면 교회에 간다네
나는 집에 머물지

10 미국의 여성 시인. 사후 시가 발표되어 비로소 명성을 얻었으며 이미지즘에 큰 영향을 미치는 단시들을 남겼다.

왼쪽 '사과를 모으는 사람들The Apple Gatherers', 영국의 화가, 프레더릭 모건Frederick Morgan, 19세기 영국의 화가로 당대 최고의 풍속화가 중 한 사람. 천진난만한 아이들의 모습과 일상의 소박한 풍경을 그려 대중에게 폭넓게 사랑받았다., 1847~1927, 1880년.

성가대원 대신 쌀먹이새 한 마리
그리고 교회 돔 대신 과수원과 더불어

과수원의 상징성은 다른 작가들에게서도 찾아볼 수 있다. 러시아의 극작가, 안톤 체호프Anton Chekhov, 1860~1904[11]는 그의 가장 유명한 비극 중 한 작품의 무대로, 체리나무 과수원이 펼쳐진 시골 땅을 택했다. 그 작품이 바로 〈벚꽃 동산The Cherry Orchard〉1904이다. 체호프의 가상 과수원은 웅장하지만 나무들은 더 이상 열매를 맺지 못한다. 빚이 부담스러운 귀족 소유주들은 선택지를 두고 고민한다. 나무를 베어 내고 여름에 이곳을 찾는 방문객들에게 임대할 수 있는 오두막을 지으면 어떨까? 결국 그 과수원은, 러시아 사회에서 더 이상 아무런 역할을 하지 못했던 귀족 가문과 달리 슬픈 운명을 맞이한다. 체리나무가 사라진다는 것은 살아가는 길을 잃은 것을 의미한다.

과수원 소유자나 힘든 노동을 하는 일꾼에게 과수원이 주는 보상은 금전적 이득보다 훨씬 크다. 이 책 제6장에서 살펴본 17세기 인기 도서의 저자, 윌리엄 로슨은 과일나무가 유혹한 새들과 그 새들이 부르는 노래가 과일만큼이나 과수원을 즐기는 데 중요하다는 사실을 인정했다.

과수원을 빛내 주는 한 가지 중요한 은총을 놓칠 수 없다. 새끼 나이팅게일의 여린 몸에서 나오는 강하고 환희에 찬 노랫소리가 여러 음정과 곡조로 밤낮없이 당신 곁에 머물 것이다. 나이팅게일은 마음에서 우러러 숲의 열기를 사랑한다(그리고 그 안에서

11 제정 러시아의 소설가이자 극작가. 담담한 필체로 인간의 속물성을 비판하고 휴머니즘을 추구하는 단편소설을 주로 썼다.

살아간다). 나이팅게일은 당신이 나무에서 애벌레를 비롯한 온갖 벌레와 파리를 잡고 쫓는 일을 거들 것이다. 신사적인 붉은가슴울새가 나이팅게일을 돕고, 겨울에 북풍한설이 몰아칠 때면 멀리 떠날 것이다. 여름이면 바보 같은 굴뚝새도 뒤질세라 당신의 기운을 북돋기 위해 (달콤한 리코더 소리 같은) 독특한 휘파람을 불 것이다.

위 '과수원에서In the Orchard', 미국 인상주의 화가, 에드먼드 찰스 타벨Edmund Charles Tarbell, 1862~1938, 1891년.

> 검은새와 개똥지빠귀는 5월 아침이면 큰 소리로 노래해(아무래도 개똥지빠귀는 노래한다기보다 무언가를 집어삼키려는 것 같지만)귀를 아주 즐겁게 해 준다. 만약 잘 익은 체리나 베리 나무만 있다면 이 새들이 함께하기를 기다릴 필요가 없다. 남는 것을 즐길 수도 있겠지만 과일보다는 새들과 함께하기를 바란다.

훗날 미국의 시인, 존 제임스 플랫John James Platt은 19세기 도시 생활의 끊임없는 불협화음을 "여러 바퀴의 굉음, 망치의 울림, 짓밟는 발걸음, 바쁜 사람들이 내는 모든 소리와 목소리로 울리는 우리의 귓가"라고 묘사하며 "익어 가는 과일들로 물든 붉은 황금빛 과수원"과 "반쯤 취한 벌들이 떼 지어 날아다니는 사과주 양조장"이 있는 시골의 조용함과 대조를 이루도록 했다.

그 누가 늙은 과일나무 그늘에서 책을 읽으며 따뜻한 여름 오후를 보내고 싶지 않겠는가? (적어도 이것만이라도?) 많은 사람들에게 과수원은 어리고 근심 걱정 없던 시절의 기억을 불러일으킨다. 사과나무 그늘에서 놀며 잘 익은 과일을 먹고 싶어 군침을 삼키던 시절을 말이다. 항상 누군가는 유혹에 굴복해 새콤달콤한 풋사과를 한 입 베어 물었다. 여름이 저물면 열매 익는 향기가 공기 중에 가득했다.

과수원을 완벽히 평화로운 장소로 칭송해 온 많은 사람들 중 어느 누구도 버지니아 울프Virginia Woolf, 1882~1941[12]를 능가하지 못했다. 〈과수원에서In the Orchard〉라는 제목은 또 얼마나 적절한가!

---

12 영국의 작가. 조이스, 프루스트와 함께 '의식의 흐름'이라는 새로운 소설 형식을 시도했다. 〈댈러웨이 부인〉, 〈등대로〉 등을 썼다.

미란다는 과수원에서 자고 있었다. 그는 정말로 잠들었던가, 혹은 잠들지 않았던가? 그의 자주색 드레스가 사과나무 두 그루 사이로 늘어져 있었다. 그 과수원에는 사과나무 24그루가 있었는데 일부는 약간 기우뚱하게 서 있었고, 일부는 곧게 자란 줄기에서 나뭇가지를 넓게 펼치며 붉고 노란 둥근 방울들을 맺고 있었다. 사과나무 사이에는 공간이 충분했다. 하늘도 나뭇잎들과 완벽히 어우러졌다. 산들바람이 불면 나뭇가지들은 담장에 살짝 붙었다가 제자리로 돌아왔다. 할미새 한 마리가 한쪽 구석에서 다른 쪽 구석으로 비스듬히 날아갔다. 개똥지빠귀 한 마리가 깡충깡충 신중하게 뛰면서 떨어진 사과 한 알을 향해 다가갔다. 다른 담장에서 참새 한 마리가 날아와 풀을 스치며 날개를 파닥거렸다. 높이 치솟은 나무들도 이런 움직임에서 벗어나지 못했다. 과수원 전체가 담장 안에서 굳게 결속되어 있었다.

과수원은 가을이면 과일이 주렁주렁 열리고, 봄이면 꽃봉오리를 터뜨려 우리를 황홀감에 휩싸이게 한다. 이디스 시트웰Edith Sitwell, 1887~1964[13]의 두 동생 중 연상인 오스버트 시트웰Osbert Sitwell, 1892~1969[14]은 영국의 전설적인 괴짜 시인인데, 1934년 베이징에서 황제의 아들이 주최한 주목할 만한 '가든파티'를 세세하게 기억하고 있었다. 크래브애플나무의 꽃을 감상하기 위한 모임이었다. 조건은 완벽했다.

한 해는 매우 빨리 흘러갔다. 사과나무와 털모과나무, 등나무 가지들이 생명력으로 꿈틀거리며 삐걱대는 소리조차 들릴 정도

13 시의 음악성을 강조한 영국 시인. 〈거리의 노래〉, 〈장미의 찬가〉 등을 썼다.
14 풍자적인 작품을 주로 발표한 영국의 시인 겸 소설가. 〈불꽃으로부터〉, 〈영국의 재생〉 등을 썼다.

> 였다. 끈적한 꽃봉오리들이 돋아났다가 만개하며, 톡 쏘는 숨결을 내뿜는 꽃받침과 내민 혀와 솟은 포탑砲塔 같은 모습을 드러냈다.

나이 든 손님들은 도착해 인력거에서 내리자 곧 자신들이 정원에 있다는 사실을 깨달았다.

> 거대해 보이는 정원이었다. (중략) 노란 타일을 덧댄 정원 담장 안쪽으로는 오래된 사이프러스 숲이 무성했다. 길게 갈라진 듯 보이는 잎들은 마치 푸른 빛이 감도는 녹색 연기 층처럼 하늘 아래 펼쳐져 있었다. 18세기부터 있었던 수생 정원은 지금은 물이 말랐지만 야생화가 가득했다. 물에 잠겼던 이 정원에는 나이 들어 옹이 진 거친 나무줄기가 우거져 있었다. 이 고대 과일나무는 과수원 주인의 가장 큰 자랑거리였다.

손님들은 그저 경치를 감상하는 데 그치지 않고 꽃망울들을 집중적으로 관찰했다.

> 노인들은 나무를 향해 구불구불 포장된 길을 따라 힘겨운 듯 천천히 절뚝거리며 걸었다. 도착하자 작은 석단 위로 안내받았다. 마치 잔디를 뚫고 솟아올랐거나 하늘에서 떨어진 것만 같은 자연 그대로의 바위였다. 풍경에 벅차올라 그들은 그곳에 머물렀다. 머리 위로는 높이 솟은 나무가 드리우고 주변에는 사과, 배, 복숭아, 털모과, 체리 같은 온갖 나무가 서 있었다. 이 감정가들은 눈앞에 펼쳐진 최고의 꽃망울들을 볼 수 있었다. 중국

> 꽃 전통에는 전문적이지 않은 신참들도 각자 서로 다른 자리에서 경치를 바라보았다. 자리마다 특별한 풍광이 펼쳐졌고, 새로운 세계로 이끌어 주는 석단이 마련되어 있었다.

시트웰에 따르면, 자리를 잡은 후 그들은 꽃을 오래도록 바라보며 그 색깔과 향기를 지난해와 비교하면서 한 시간을 보냈고, 그런 후에야 간신히 몸을 일으켜 자신들이 차지한 장소의 전체 풍경과 나무들을 즐

위 '사과 수확Apple Harvest', 카미유 피사로, 1888년.

졌다고 한다.

그러나 고요하고 낭만적인 장소로 제공되는 동안에도, 과수원의 주요 목적은 과일을 생산하는 것이었다. 수확물을 모두 온전히 활용하는 것은 상당한 일손이 필요한 작업이었고, 과일을 수확해 가공하는 과정은 또 다른 관점에서 주의를 기울여야 하는 일이었다. 스웨덴의 화가, 칼 라르손Carl Larsson, 1853~1919[15]은 1904년의 풍성한 수확과 함께 맞닥뜨린 위기를 이렇게 회상했다. "여름 중반부터 우리는 익어 가는 애스트러캔 사과와 그라번스타인, 또 뭐라고 부르건 이 사과들이 무게 때문에 자기 가지를 부러뜨리는 일이 없도록 지지대를 받쳐 주어야 했다." 수확량이 워낙 많아서 가족들은 바나나와 대추를 간절히 원하면서도 "몇 달 동안 밤낮으로 사과로 만든 소스, 마멀레이드, 젤리를" 먹어야만 했다.

과수원을 가꾸거나 가끔 방문하는 사람들 대부분은 전통적인 의미에서 '예술가'는 아니다. 하지만 이들은 종종 나무나 과일과 강하게 이어진다. 이는 여전히 시간의 시험을 견디는 이들만의 방법일 수 있다. 비유, 이야기, 미신 등은 모두 '일상적인 예술가' 세대가 우리에게 남긴 인공적인 것들이다. 이들의 메시지는 경험적 현실을 근거로 하는지 단정할 수 없을 때도 있지만, 비록 그렇지 않다 하더라도 사람들의 상상력에 큰 영향을 끼쳤으며, 지속적으로 전해질 수 있는 기반을 형성했다. 많은 예시가 중부 유럽에서 왔고, 그 정확한 기원은 알 수 없지만 분명 몇 세기에 걸쳐 존재했다.

이러한 문화적 잔재는 과일나무가 보살핌과 존중을 받을 가치가 있는 의식적인 존재이며 고대부터 이어진 개념에 따라 정원이 곧 신의

15 스웨덴의 사실주의 화가. 평범한 가정의 소박한 모습을 그린 그림으로 유명하다.

거주지라는 믿음을 나타낸다. 사람들은 한 해 동안 자신의 삶과 함께 흘러가는 나무의 시간을 보았고, 어떤 특별한 관행이 나무의 생장과 결실에 영향을 줄 수 있다고 믿었다. 독일어권 지역에서 찾아볼 수 있는 몇 가지 예를 통해 이토록 실용적이면서도 마법적인 감각을 알게 된다.

크리스마스이브 만찬 후에는 나무 역시 '먹을' 수 있도록 음식 찌꺼기와 견과류 껍질을 가져다주는 것을 바람직하게 여겼다. 사과나무의 주인들은 공현 대축일Epiphany[16] 혹은 '크리스마스 12일 후'인 1월 6일에 해야 할 아주 구체적인 임무가 있었다. 한 입 가득 튀김을 문 채 나무에 키스하고 "나무야, 나무야, 내가 네게 입 맞추러 왔으니 이제 내 입 속 가득 자라라." 하고 말하는 것이다. 크리스마스이브나 새해 전야 혹은 설날 같은 겨울 휴일에는 나무를 짚으로 싸는 행사도 흔했다. 몇몇 연구가들은 이러한 관행이 더 이전에 행해진 곡식 제물의 흔적이라고 믿는다. 특정 휴일에 나무를 흔들거나 때리거나 두드리는 것 또한 열매를 더 잘 맺으라며 격려하는 행위였다. 열 번째로 열린 과일을 따지 않고 그냥 두거나, 나무에게 새해 인사를 하거나, 열매를 맺지 못했으니 부끄러워하라는 의미에서 뼈를 매다는 것이 정말로 생산에 어떤 영향을 줄 수 있을까?

어린나무가 첫 열매를 맺으면 수확자들은 반드시 커다란 바구니에 담아 나무에게 자신이 그해에 무엇을 기대하는지 보여 주었다. 풍성한 수확을 보장하는 또 다른 길은 특히 임신부에게 과일을 조금 나눠 주는 것이었다. 한편 동시대 팔츠Pfalz[17] 지역 사람들은 임신부가 심은 나무는 열매를 맺지 않는다고 믿었다.

16 기독교에서 동방 박사들이 아기 예수를 만나러 베들레헴을 찾은 것을 기리는 축일.
17 독일 서남부에 있던 옛 지방. 1946년에 라인란트팔츠주에 합병되었다. 팔츠 전쟁지로도 유명하다.

영국에는 '사과 몰이Apple Howling'를 포함해 영국만의 몇 가지 흥미로운 관습이 있었다. 간단히 설명하자면 아이들은 나무를 막대기로 때리고 전통적인 새해 노래인 '와세일 노래wassail song'를 변주해서 부른다. 요점은 악마를 멀리 쫓는 것이었다. 민속학자들은 이 관행의 원래 목적이 나무에서 동면하는 해충들을 겁주어서 새들이 잡아먹을 수 있도록 모는 것이라고 추측한다.

과수원은 분명히 전통, 관습, 이야기의 보고다. 이러한 과수원이 가정의 중심에 명예롭게 설 수 없다는 듯, 우리 재산의 변방으로 추방되어야 할까? 윌리엄 코빗William Cobbett, 1763~1835[18]은 〈영국 정원사The English Gardener〉1829에서 이 주제에 관해 아주 고집스럽고 열정적으로 견해를 피력했다.

> 마치 필요악인 양, 주인이 돌아볼 가치도 없다는 양, 텃밭을 저택에서 멀리 떨어진 어느 외딴곳에 둘 이유가 없다고 생각한다. 열매철에 체리, 복숭아, 살구가 잔뜩 열린 나무보다 더 아름다운 것을 어디에서 찾을 수 있을까? 특히 복숭아와 살구라면? 사람들이 벽난로 선반을 이러한 아름다운 과일들의 모조품으로 장식하는 것은 참으로 흥미롭다. 나뭇가지와 꽃봉오리, 잎사귀가 어우러진 나무에 열린 진짜에 대해서는 아무 생각이 없으면서 말이다.

이탈리아 펜나빌리Pennabilli에 있는 오르토 데이 프루티 디멘티카

18 영국의 정치가이자 저널리스트. 대표적 급진주의자로 하층 민중을 대상으로 주간지 〈폴리티컬 레지스터Political Register〉를 발행했다.

티Orto dei Frutti Dimenticati, 즉 '잊힌 과일들의 정원'에 대해 언급하지 않고 과수원에 관한 책을 썼다고 할 수 있을까? 피렌체와 산마리노 사이에 위치한 마법 같은 이 땅은 한때 성혈선교회the Missionaries of the Precious Blood[19] 소유였다. 그곳은 아펜니노 산맥에서 서식하는 사과, 배, 털모과, 체리, 메들라 같은 과일나무들이 기억에서 사라지거나 혹은 그 존재 자체가 사라지지 않도록 보존하고 있고, 무엇보다도 해시계, 비둘기장, 조각상을 비롯한 당대 예술가들의 수많은 작품을 품고 있기도 하다. 이 밖에 매우 특별한 것이 하나 더 있는데, 바로 마리아의 도자기 조각상과 테라코타 컬렉션인 '버려진 성모 마리아들의 피난처Refuge of the Abandoned Madonnas'이다. 한때 시골 십자로에서 봉헌된 성지를 빛냈던 이 성모 마리아들이 우리 시대의 과오와 인류의 외면을 피해 이 평화로운 곳으로 물러났음을 쉽게 상상할 수 있다. 과일로 가득한 이 과수원이야말로 현대의 끝자락에 머물러 있는 꿈결 같은 안식처다.

19 1815년 설립된 가톨릭 공동체.

16

그 옛날 과수원으로

과일 재배가 주로 수도승들이 외딴 수도원 정원의 나무를 정성스럽게 가꾸는 것을 의미하던 시대는 이미 지났다. 오늘날 슈퍼마켓에서 팔리는 과일 대부분은 낭만적인 숲 근처 어디에도 가 본 적이 없다. 가능한 한 오랫동안 신선한 상태를 유지하면서 맛과 크기가 일정한 과일 생산을 목표로 하는 대규모 농장에서 온다. 이런 농장은 한마디로 공장이나 마찬가지다. 심지어 익지도 않은 과일을 수확하는 경우도 많다. 20세기 중반까지 열대 지방을 제외한 지역의 사람들은 겨울철과 봄철에 신선한 과일과 채소를 넉넉하게 먹을 수 없었다는 점을 기억해야 한다. 과일의 신선함을 오래도록 유지하기 위해서는 장거리 운송과 보관에도 부패를 방지할 수 있는 질소 제어 환경이 필요했다. 이제 많은 사람들에게

왼쪽 사람의 손으로 하나하나 따는 것은 20세기 중반까지도 사과를 수확하는 가장 좋은 방법이었다.

선택의 폭이 넓어졌다. 예를 들어 북반구에서 석류는 9월까지 익지 않지만, 그곳 소비자들은 여름에도 석류를 살 수 있다. 남아메리카에서 수입해 해당 지역의 슈퍼마켓까지 날아오기 때문이다. 이러한 관행에는 물론 환경적 비용이 든다.

오늘날엔 문자 그대로 과일다운 과일만 판매하는 것도 아니다. 씨 없는 포도나 만다린을 한번 생각해 보라. 위풍당당한 수관을 뽐내며 우뚝 솟은 과일나무들 역시 사라지고 있다. 현대적인 농법과 장비는 보다 작게 자라는 품종을 염두에 두고 개발된다. 관리하기 쉽고 품질 높은 과일을 많이 원하기 때문이다.

위 사과 수확은 공동체 활동이었다. 장소 불명, 현대적 채색.

'왜소화 재배dwarfing down'라고 부를 법한 발전이다. 현대의 사과 농장을 지나다 보면 가느다란 막대기 같은 나무들이 길게 줄지어 있는 모습을 볼 수 있다. 나무마다 줄기에서 큰 가지 하나만이 곧고 짧게 뻗은 채 열매를 맺고 있다. 이러한 고강도 재배는 19세기나 20세기 과수원의 전통적인 개념과 공통점이 거의 없다. 우리는 앞에서 과거 정원사들이 과수를 담장에 기대도록 해 인위적으로 모양을 잡아 가꾸는 모습을 살펴보았다. 오늘날 과일 담장fruit wall이라는 용어는 꽤 다른 의미로 쓰인다. 나무들을 서로 가까이 심어 기계적으로 가지치기를 할 때 형성되는 좁은 산울타리를 뜻하는 것이다. 나무를 자르는 트랙터로 절약한 노동력과 밀도 높은 공간 덕분에 과일을 저렴하게 시장에 내놓을 수 있는 것이다.

이러한 방법이 과연 과일 재배 효용성의 최대치일까, 아니면 더 나아가는 것도 가능할까? 캐나다 브리티시컬럼비아주의 컬로나에 사는 앤서니 위지크Anthony Wijcik는 1960년대 중반에 놀라운 원예 혁신으로 돌풍을 불러일으켰다. 그의 딸 웬디Wendy는 50년 묵은 매킨토시McIntosh[1] 사과나무에서 돌연변이를 발견했다. 굵은 나뭇가지와 잔가지가 함께 잘 자라도록 꾸준하고 섬세하게 가지치기를 하지 않았더니 한 나뭇가지의 짧은 햇가지에서 바로 열매가 열린 것이다. 이 돌연변이로 탄생한 품종인 '컬럼너columnar' 사과를 '매킨토시 위지크'라고 부르게 되었다. 크고 검붉은 빛깔을 띠는 이 품종은 유감스럽게도 특별히 맛이 좋지는 않다.

영국 켄트주에 있는 이스트몰링 연구소East Malling Research Station

1 껍질이 초록색과 붉은색을 띠는 사과 품종으로 초가을에 수확한다. 이 품종을 처음 기른 존 매킨토시의 이름을 땄으며, 이는 애플 컴퓨터의 이름에 영감을 주기도 했다.

는 플라멩코Flamenco 혹은 발레리나Ballerina라고 알려진 관상용 사과나무 생산을 위해 이 매킨토시 위지크를 잉글리시 콕스 오렌지 피핀English Cox's Orange Pippin, 프렌치 쿠르 팡뒤 플라French Court Pendu Plat 교배종과 함께 재배했다. 이 품종은 발코니에서 기를 수 있을 만큼 작지만, 병해에 약하다. 다음 단계는 미나레트Minarette 인데, 이는 품종이 아니라 나무를 길쭉하게 자라게 하기 위해 가지를 치는 방식에 가깝다. 날씬한 컬럼너 품종 나무들은 적당한 발코니 하나를 '과수원'으로 일굴 수 있을 만큼 아주 작다.

다른 실험에는 기존 과일 교배종들이 포함된다. 이 교배종의 이름은 때때로 익숙하게 들리기도 한다. 피코툼*peacotum*은 복숭아와 살구와 자두를 교배한 것이며, 아프리살리*aprisali*는 살구와 자두의 교배종이다. 플루아트*pluots*는 거의 자두라고 볼 수 있지만, 유전적으로 말하자면 다른 요소도 포함되어 있다.

한편, 〈뉴욕 타임스New York Times〉가 발표한 것처럼 코스믹 크리스프Cosmic Crisp는 정말로 "가장 중요하고 유망한 미래 사과"일까? 그 답은 알 수 없지만, 워싱턴 주립 대학교Washington State University에서 20년 전에 처음 생산한 이 사과는 특유의 맛과 긴 유통 기한을 바탕으로 이러한 명칭을 획득했으며, 오늘날 워싱턴의 모든 과수원은 이 품종을 재배하는데 전념하고 있다. 미국 전체 사과 수확량의 3분의 2가 워싱턴주에서 생산된다. 최근 통계에 따르면 사과 열다섯 가지 품종이 이 지역 과일의 90퍼센트를 차지한다. 그중에서도 어디에서나 흔히 볼 수 있는 레드 딜리셔스Red Delicious가 1위다.

과거에는 상황이 사뭇 달랐다. 미국에서는 수세기에 걸쳐 약 1만 7,000가지 품종의 사과를 재배했지만 한때 거의 모든 지역에서 볼 수 있었던 가족 소유 과수원과 함께 1만 3,000가지 품종이 사라졌다. 영국의 작가 필립 모턴 샌드Philip Morton Shand, 1888~1960[2]는 1944년에 "그 사과를 맛본 사람들은 강렬한 기쁨의 기억에 벅차 숨을 멈추고 눈을 빛내며 경건하게 그에 대해 말했다."라고 썼다. 오늘날까지 살아남은 사과 품종인 서머싯 포메로이Somerset Pomeroy와 코트 오브 윅Court of Wick에 대한 묘사였다. 1만 7,000여 종의 사과 하나하나가 정말로 서로 구분되는 독특한 맛을 낼 수 있었을까? 아마 아닐 것이다. 하지만 말로 표현할 수 없는 풍미를 지닌 품종은 영원히 사라진 것이 분명하다. 과일을 대량 생산하는 사람들은 달콤한 사과에 집중하려 하지만 좀 더 복잡 미묘한 맛을 내는 품종을 선호하는 사람들이 다시금 늘어나고 있다. 영국의 옛 사과 품종인 얄링턴 밀Yarlington Mill과 킹스턴 블랙Kingston Black은 달콤하고 시큼털털한 맛이 흥미롭게 뒤섞인 경우다.

겉보기에 완벽하고 대량 소비에 적합한 과일을 재배할 때 우리는 무엇을 잃게 될까? 데이비드 마스 마스모토David Mas Masumoto[3]는 자신의 저서 〈복숭아를 위한 비문In Epitaph for a Peach〉에서 특별히 인기 있는 품종을 재배해야 한다는 과일 농부들의 압박감을 생생하게 묘사한다. 과수원 운영자들이 높이 평가하는 특정 품정과 상관없이 다른 품종을 길러야 했을지도 모른다. 전통적인 노란색 혹은 마스모토가 선호한 '호박 황금색'보다 새로 나온 빨간 립스틱 같은 색깔에 소비자들이 더 끌렸기 때문일 것이다.

나의 마지막 선 크레스트Sun Crest 복숭아밭은 파헤쳐질 것이다. 불도저 한 대가 들어가 땅에서 나무를 한 그루씩 뽑아 한쪽으

---

2 영국의 저널리스트이자 건축 평론가, 작가이자 기업가. 웨일스 공 찰스의 두 번째 부인 카밀라의 친할아버지이기도 하다.

3 복숭아와 포도를 유기농으로 재배하는 농부이자 저자.

> 로 치워 버릴 것이다. 나뭇가지 부러지는 소리와 나무 기둥 갈라지는 소리가 시골 마을에 메아리칠 것이다. 나의 과수원은 디젤 엔진의 힘, 그리고 이 훌륭한 맛을 내는 복숭아를 원하는 이가 없다는 사실로 인해 쉽게 스러질 것이다.
>
> 선 크레스트는 과즙이 풍부한 복숭아 가운데 마지막으로 남은 품종이다. 흐르는 시원한 물에 씻을 때면 손끝은 본능적으로 이 보물이 내뿜는 과즙을 찾는다. 기대감으로 입에는 군침이 가득 고인다. 과즙이 마구 흘러 더러워지지 않도록 싱크대로 몸을 확실히 기울인다. 과육을 한 입 베어 물면 뺨과 턱을 따라 과즙이 흘러내리고 방울져 매달린다. 진정한 한 입, 원시적인 행위, 여름이 왔음을 알리는 마법과 같은 감각이 벌이는 축하 행사다.

이런 이야기들은 유전적 다양성을 보존하기 위한 모든 노력의 중요성을 보여 준다. 영국 국립 과일 컬렉션National Fruit Collection의 역사는 다사다난하다. 한때 사라질 위기에 처하기도 했으나 오늘날까지 유지되고 있다. 이 컬렉션이 위치한 브로그데일 농장은 아찔할 정도로 많은 과일 품종의 본고장이다. 사과 2,200종, 배 550종, 체리 285종, 자두 337종, 털모과 19종, 메들라 4종, 여기에 더해 견과류(주로 개암나무 열매다) 마흔두 가지 품종이 있다. 이 컬렉션의 전문가들은 자신들의 전문성을 과일 농부들과 공유한다. 특히 영국과 미국 여러 지역에서 열리는 과일 대회에서는 덜 알려진 품종을 홍보하고, 어떤 연구 센터는 방문객들이 자기 취향을 확인할 수 있도록 시식 행사를 준비하기도 한다. 예를 들어 캘리포니아주 데이비스에 있는 국립 클론생식질 저장소National Clonal Germplasm Repository의 존 프리스John Preece는 놀랍도록 광범위한 석류와 감 샘플을 정기적으로 선별해 제공한다.

과일 품종 보존에 그치지 않고 보다 수수한 과수원에 대한 관심이 세계 여러 나라에서 되살아나고 있다. 환영할 만한 일이다. 이용 가능한 모든 토지에서 이익을 최대한 짜내는 데 집중하는 대신, 이 정원사들은 단순히 금전적인 면으로 포착할 수 없는 의미와 아름다움과 위대함에 자극받는다.

가늠해볼 수 있을 정도의 작은 과수원과 사랑에 빠지기는 쉽다. 과수원을 돌보는 사람들에게 과일은 목적을 위한 수단 그 이상이다. 대규모 과일 농장에서 일한다는 것은 명예롭고 중요하다. 무엇보다도 수십억 명에 이르는 사람들이 오늘날 먹고살아야 한다. 그러나 당연하게도 이런 시설에는 예전 세대가 일하며 경험한 마법이 결여되어 있다.

오늘날 소규모 과일 농장 농부들의 창의력에는 한계가 거의 없는 것 같다. 튀르키예의 에게해 연안 인기 휴양 도시 보드룸Bodrum 근처 오르타켄티아시Ortakentyahşi에 있는 한 과수원의 소유주 알리 질라Ali Cila는 석류나무와 올리브나무를 섞어 심어 수확량을 늘릴 수 있었다고 설명한다. 효과를 그렇게 확신한다면 누가 반박할 수 있을 것인가? 질라는 단맛과 신맛이 나는 두 가지 석류 품종을 한 나무에서 재배하는 것에서 짜릿한 흥분을 맛보기도 한다. 갈라지고 터져서 팔 수 없는 과일은 닭들에게 모이로 줘서 씨앗으로 배를 채우도록 한다. 의식적이든 아니든 그는 수천 년을 거슬러 올라가는 전통을 이어가고 있다. 사람이 먹기에는 적합하지 않은 과일을 가축이나 야생 동물에게 먹여 소모하는 것이다. 이렇게 하면 가축 우리에 갇힌 사슴은 바람에서 재빨리 사과 냄새를 맡고는 그 매혹적인 향기를 따라 근원지까지 찾아가기도 한다.

질 좋은 와인으로 잘 알려진 독일 바이에른주 북서부의 운터프랑켄Unterfranken에는 무스테아Mustea라는 무척 특이한 과수원이 있다. 이곳의 소유주 마리우스 비투르Marius Wittur는 털모과나무에 유독 공을 들인다. 지금은 사라질 위기에 처한 전통적인 재배 품종이다. 처음 이 과수원에 대해 들었을 때는 털모과나무를 그토록 다양하게 볼 수 있다는 사실에 놀랐다. 하지만 최근 몇 년 동안 이 열매는 점점 더 인기가 많아지고 있다. 아마도 사람들은 이 과일의 그다지 달지 않은 맛에 점점 더 호감을 갖게 되었거나, 메들라나 뽕나무와 더불어 이 나무들이 오늘날보다 훨씬 흔했던 시절에 향수를 느끼기 때문일 것이다. 포르투갈에서는 이 매혹적인 과일을 마르멜루marmelo라고 부르는데, 나는 그곳에서 처음으로, 마르멜라다marmelada라고 알려진 마르멜루 반죽을 잘게 썰어서 치즈와 함께 먹었다. 털모과는 대체로 생으로 먹기에는 힘들지만 튀르키예에서 자라는 짙은 노란색 품종은 사과처럼 씹어 먹을 수 있다.

이 '잃어버린 과일'을 다시 재배하려는 노력만으로도 축하할 일인데, 독일에서 진행하는 프로젝트는 알면 알수록 흥미롭다. 우선 털모과나무를 유기 농법 원리에 따라 재배한다. 가능한 한 많이 수확하기를 바라기보다는 건강한 나무를 기르는 데 집중하자는 취지다. 나무에 활력을 주는 것이 목표이며, 그에 따라 과일 품질 향상도 자연스레 기대해 볼 만하다. 이 농장에서는 인공 관개조차 사용하지 않는다. 땅에 자연스럽게 스며든 물이 과일의 크기와 생장을 결정짓는다는 믿음을 가지고 있다. 전체를 폭넓게 보살피고자 하는 취지에 따른 방침이다. 이러한 접근은 털모과의 향을 극도로 밀도 있게 응축하는 유일한 방법으로 보인다.

나무 아래에서 자라는 풀을 뽑을 필요가 없도록 가축을 방목하는 방법도 도입했다. 관목을 조절하는 이 점잖은 방법에는 생태학적 이점이 많다. 최근 몇 년 동안 새롭게 관심을 끈 양의 옛 품종 코부르거 푹스샤프Coburger Fuchsschaf, Coburg Fox는 바람직한 선택으로 보였다. 이 양들

은 기후학 관점에서 프랑켄과 유사하며 초목이 드문 고지대에서 발견되곤 했다. 코부르거 푹스샤프는 특히 어릴 때 다른 양 무리와 동떨어져 지낸다. 처음엔 황금빛 도는 노란색 털이 났다가 나중에는 적갈색을 띤다. 이 양에게는 모든 품종에서 공통적으로 보이는 장점이 있는데, 바로 '황금 발굽'이다. 시적으로 들리는 이 단어는 흙을 밟아 뭉개지 않고 땅을 가볍게 딛을 수 있게 해 주는 발굽을 의미한다. 말처럼 풀을 뿌리째 뜯어 내지 않고 잎을 야금야금 뜯어 먹는 습성도 장점 중 하나다. 과일 재배 원칙은 이 양들에게도 그대로 적용된다. 농부들은 양들을 어떻게 돌볼지 결정할 때 양털의 질과 고기 생산량보다 활기, 발굽의 발달, 행동양식에 특히 주의를 기울인다.

위 닭 모이로 남겨 둔 갈라진 석류, 보드룸, 튀르키예.

이 과수원에는 오늘날 다른 곳에서는 보기 힘든 식물과 곤충들이 살아 숨 쉬고 있다. 칭찬받아 마땅한 노력이 빚어 낸 조화다. 멸종 위기에 처했던 털모과 품종이 부활하고 고대의 양 품종이 농경 주기에 따라 자라며 번식하는 모습을 보라. 더 나은 농경의 미래로 가는 길을 알려주며 식물군과 동물군이 새로운 관계를 맺으며 공존하고 있다.

유럽 전역에서 털모과나무 서식지는 8헥타르에 이르며, 과수원 관계자에 따르면 100여 가지 품종이 '뒤죽박죽'으로 광범위한 컬렉션을 구성하는 것으로 알려져 있다. 레몬처럼 노란 이 열매는 익는 시기가 서로 다르기 때문에 9월 말부터 10월 마지막 주까지 수확할 수 있다. 그리고 리큐어liqueur[4], 주스, 시럽, 젤리, 마멀레이드, 빵뿐 아니라 다양한 와인으로도 만들어진다. 양고기를 털모과로 만든 양념에 재워 브라트부르스트bratwurst[5]로 가공하기도 한다.

영국에서도 이 방식을 지지하는 사람들을 볼 수 있다. 독일의 크리스마스트리 농장에서 처음 시도한 튼튼한 슈롭셔Shropshire 품종의 양이 영국 사과주 농장에 소개된 것이다. 이 양은 조용하고 온순한 것으로 평판이 높다. 나무 사이로 난 좁은 길에 꼼짝 않고 머물며, 배가 몹시 고프지 않은 한 나무 껍질은 입에 대지 않는다. 성능 좋은 제초기 역할을 해 풀들을 짧게 유지하면서 새로운 풀이 자랄 여지를 둔다. 가을이면 낙엽을 먹어 치워 겨우내 나무 아래 흙에서 살아남은 포자 때문에 발생하는 사과의 붉은곰팡이병을 줄여 준다. 다른 양 품종 또한 다른 여건에서 적절히 활용할 수 있다. 예를 들어 올드 잉글리시 베이비돌The Olde English Babydoll 품종은 포도 잎에는 전혀 입을 손대지 않으면서 포도밭의 잡초

4 달고 과일 향이 나기도 하는 독한 술로 보통 식후에 아주 작은 잔으로 마신다.
5 양념을 많이 한 돼지고기, 송아지 고기, 양고기와 채소로 만든 독일의 소시지.

만 골라 먹는다.

현대 과일 농사에 양을 활용하는 것은 여러 세대에 걸쳐 이어져 온 과수원과 동물의 상호 관계에 대한 한 예에 지나지 않는다. 크고 작은 동물들이 과일나무 재배나 씨와 씨앗의 확산에 얼마나 중요한 역할을 했는지 이 책에서 여러 차례 알아 보았다. 일찍이 야생마와 낙타는 과일을 먹고 멀리 이동한 후 소화되지 않았거나 단단한 씨를 몸 밖으로 내보냈다. 원숭이들은 인간의 손이 닿지 않는 곳에 달린 열매를 따서 기다리고 있는 인간의 손에 전달하기 위해 나무 높이 올라가도록 훈련받았으며, 지금도 여전히 훈련받고 있다. 벌은 꽃가루를 꽃으로 나르고, 이런 활동은 과일 수확량을 늘린다. 농부 역시 해충 퇴치를 위해 곤충을 이용하고 닭, 오리, 거위도 이 과정에서 그들만의 역할을 한다. 하지만 이 중 특히 거위는 묘목을 다치게 할 수도 있다. 과수원을 가꾸는 사람들은 어떤 가축을 활용할지 신중하게 생각해야 한다. 개들에게도 흥미로운 이점이 있다. 과학자들은 개가 감귤그린병Huanglongbing, 감귤녹화병, 황룡병 냄새를 맡을 수 있다는 사실을 발견했다. 감귤그린병은 식물에 서식하는 곤충 이가 전파하는 치명적인 박테리아성 질병이다.

오늘날의 과수 재배자들은 과거에서 방법을 찾아내 한계까지 밀어붙이는 일을 계속하고 있다. 그리고 때때로 절대로 있을 법하지 않은 장소에 과수원을 일구기도 한다. 이런 과수원 중 하나가 크라메테르호프Krameterhof 다. 이 과수원은 잘츠부르크주에서 남동쪽으로 약 160킬로미터 떨어진 오스트리아 중심부 보호 구역 계곡에 자리 잡고 있다. 해발 1,100미터에서 1,500미터 사이 지점에 들어선 이 과수원 주변의 척박한 땅 여기저기에는 가문비나무가 드문드문 자라고 있다. 교과서에 따르면 과일나무는 고도가 1,000미터가 넘는 지역에서는 자랄 수 없다. 하지만 이 과수원은 교과서가 틀렸음을 증명한다. 방문객들은 사과와

배, 그리고 잘 익은 열매를 가득 맺은 미라벨Mirabelle 품종을 비롯한 자두나무들을 보고 놀란다. 농부 제프 홀처Sepp Holzer는 심지어 서로 다른 키위나무 다섯 종류도 재배하고 있다. 믿기 어렵겠지만 1만 4,000그루의 과일나무가 이 과수원에서 자란다. 심지어 잘 익은 오렌지 몇 개가 열린 오렌지나무도 한 그루 있다.

나무에 호의적이지 않은 고지대 기후에서 홀처는 어떻게 남부 기후에서 잘 자라는 과수를 재배하고 관리할 수 있었을까? 그는 바람을 막아 주는 분지에 나무를 심는 것부터 시작했다. 그리고 태양열을 저장하기 위해 커다란 돌을 놓는데, 홀처는 이것을 '돌난로 효과masonry stove effect'라고 부른다. "이 돌들이 '땀을 흘려'서 아래에 물이 고이죠."라고 홀처는 설명한다. 이 실험적인 접근으로 그는 '농업의 선구자', '농업 반란

위 영국 남동부 켄트 지방의 한 과수원에 있는 양들.

군'이라는 칭호를 얻었다. 홀처는 이렇게 덧붙인다. "이런 촉촉한 땅이 지렁이가 살기에 이상적입니다. 지렁이는 식물의 영양 공급원이지요. 오렌지나무나 키위나무처럼 온기가 많이 필요한 식물을 이 '태양 덫'에 심습니다."

근본적인 원리는 식물과 동물, 물질적 환경이 상호 작용하는 방식을 이용하는 것이다. 홀처는 1962년 아버지에게 이 사업체를 물려받은 후, 연못을 포함한 테라스를 건설하는 등 경사진 들판의 풍경을 획기적으로 바꾸는 것으로 첫걸음을 내디뎠다. 그와 그의 아내 베로니카Veronika는 이후 줄곧 농장을 운영해 왔다. 부부는 자신들만의 매우 구체적인 철학에 따라 나무를 돌본다.

> 이 나무들은 모두 자급자족한다. 이 나무들은 가지를 칠 필요가 없다. 훈련받은 묘목 관리자로서 말하건대 가지치기를 한번 시작하면 그 나무는 평생 가지를 쳐 줘야 한다. 나무들은 가지치기에 중독되고 그에 의존한다. 이곳에서 그런 나무에게는 어떠한 기회도 없을 것이다.

홀처의 성공이 이를 증명한다. 그는 독일과 스코틀랜드에서 온 바이어에게 나무를 팔고, 매해 가을이면 과일을 수확하러 온 방문객들이 크라메테르호프를 가득 메운다. 이 과수원에서 그리 멀지 않은 곳에 티롤Tyrol 남부와 이탈리아 최북단에 걸쳐 올리브 과수원이 있다. 북아메리카 대륙이라고 생각하면 아주 가깝다고도 할 수 있을 것이다. 이 과수원에서는 다양한 올리브 품종을 재배하고 있다. 그러나 이곳의 전체적인 인상은 '올리브 과수원' 하면 일반적으로 떠오르는 머릿속 그림과 일치하지 않는다. 수백 그루의 나무는 거의 수직을 이루는 산비탈 암벽의 틈새에서 자란다. 올리브 수확은 분명 꽤 어려운 도전이다. 아이자크 강Eisack river 둑의 위치는 특별히 따뜻한 기후와 비바람이 들이치지 않는 환경을 고려해 지정되었다.

올리브가 자라는 농장인 운터간즈너Unterganzner는 해발 285미터인 볼차노Bolzano 마을 위에 자리 잡고 있다. 이 농장은 1629년부터 한 집안의 소유였다. 올리브는 1980년대에 처음 재배했는데, 과수원 주인이던 요제푸스 마이어Josephus Mayr가 나무를 심겠다는 꿈을 이룬 때였다. 이웃들은 그의 생각이 어리석다며 혀를 찼고, 마이어가 혹독한 겨울 추위에 올리브나무 수천 그루를 잃은 1986년에는 내심 자신들이 옳았다고 확신했다. 그러나 지금 마이어는 매년 올리브를 2톤씩 수확한다. 기후 변화 덕분에 이곳 올리브는 수십 년 전에 비해 열흘에서 보름 정도 빨리 익는다. 마이어는 자신이 생산한 부드럽게 흘러내리며 맛과 질감이 균형 잡힌 올리브유에 큰 자부심을 느낀다. 사실 그 무렵 올리브 과수원은 그에겐 단지 취미에 지나지 않았다. 그의 주요 사업은 농약이나 합성 비료를 쓰지 않고 전통적인 방법에 따라 포도밭을 일구는 것이었다. 그러나 그는 상록수인 올리브나무가 겨울이면 잎이 떨어지는 덩굴 식물들과 대비를 이루는 풍경을 사랑한다. 사과와 무화과, 밤을 비롯한 견과류도 이 비탈에서 자란다. 그러나 지금으로서는 그다지 놀랄 일도 아니다.

과일나무는 우리가 예상하지 못한 다른 지역에서도 자란다. 놀랍게도 노르웨이 피오르의 몇몇 둑 주변 기후는 경작에 이상적이라고 할 수 있다. 이곳에서 키운 사과는 대부분 사과주를 담그는 데 쓴다. 이 나라에서 가장 길고 깊은 피오르인 송네피오르Sognefjord가 좋은 예다. 이곳에서는 여름이면 낮이 길어지고, 독특한 식생 기간을 결정짓는 미기후인 '기후 오아시스'가 나타나 서리로부터 꽃을 보호한다. 하지만 이러한 장점 중 어떤 것도 따뜻한 멕시코 만류의 영향 없이는 과일 농사에 적합한 조건을 만들어 내지 못할 것이다. 송네피오르는 그린란드의 남쪽 끝, 유콘 준주Yukon Territory[6] 와 앵커리지Anchorage[7] 와 같은 위도상에 있다.

체리 편에서 우리는 벌이 과수원에서 어떻게 중요한 역할을 수행하는지 알아 보았다. 안달루시아의 일부 과일 재배자들은 심지어 농장에 유익한 곤충을 합류시키기 위해 한 걸음 더 나아갔다. 그들은 진딧물을 퇴치하는 교묘한 방법을 개발했다. 진딧물의 천적인 거미들을 위한 '호텔'로 나무 상자를 과일나무 옆에 설치해 두는 것이다. 이 방법으로 그들은 부분적으로 살충제 사용량을 줄일 수 있었고, 이는 곧 유익한 곤충 또한 더 많아졌다는 사실을 의미한다.

전통적인 과일 재배법을 되살리는 농부와 과수원 운영자들이 '반란군'이라면 문자 그대로 전 세계 도시의 거리로 과수원을 끌고 나가는 도시 활동가들은 뭐라고 불러야 할까? 대도시에 우거진 과일나무 숲이 자리 잡기를 꿈꾸는 이 사람들은 마치 게릴라처럼, 원래는 순수하게 미적인 목적으로 번식한 도시의 나무에 과일나무 접가지를 붙이고 다닌다. 이러한 행동은 일부 도시에서는 원칙적으로 불법이다. 떨어진 과일이 보행자에게 위험할 수 있고, 원치 않는 설치류나 곤충을 끌어들일 수도 있기 때문이다. 심지어 반달리즘vandalism[8] 으로 여겨질 수도 있다. 이들은 해를 끼치지 않도록 나무를 잘 관리해 나무가 번성하도록 돕는다는 점을 내세워 스스로를 변호한다. 과일을 이웃에게 직접 가져다주는 '테이머tamer'는 샌프란시스코, 로스앤젤레스, 필라델피아, 밴쿠버 그리

6 캐나다 서북부 지역으로 알래스카주와 국경을 마주하고 있다.
7 미국 알래스카주 남쪽 기슭의 항구 도시로 국제 항공로의 중계지다.
8 문화나 예술, 공공 기물을 파괴하려는 경향. 455년경 유럽의 민족 대이동 때 반달족이 로마를 점령해 광포한 약탈과 파괴 행위를 한 데서 유래한다.

고 북아메리카 너머 다른 도시에서 싹튼 많은 공동체나 도시 과수원에서 찾아볼 수 있다.

과수원이 자연적이고 문화적인 자산으로서 마땅한 자리를 되찾은 것을 축하해야 하는 이유는 다양하다. '예전 같은' 과수원과 과일을 향한 그리움이 널리 퍼진 것은 분명 우리 세상의 많은 부분이 조각나고 포장되어 온 사실에서 비롯한다. 자연은 뒤로 밀려나거나 완전히 파괴되었고 한때 익숙했던 모습은 사라져 버렸다. 그래서 고목이 우뚝 서 있는 과수원들은 소중한 자원으로 여겨진다. 죽은 나무도 때로는 거미나 지네 같은 곤충을 비롯한 작은 생물이 번식하는 장소로 그 자리에 남겨지기도 한다. 야생 산울타리, 나뭇가지와 돌들, 심지어 이용된 적 없는 작은 땅은 나무뿌리나 나무껍질을 망가뜨릴 수 있는 작은 설치류를 막아 줌으로써 그 유지 비용을 지불하는 여우 같은 더 큰 동물들에게 보금자리

위 뿔가위벌을 치는 벌통들.
오른쪽 길가에서 과일을 따는 모습, 19세기 말.

를 제공한다.

여기저기에서 열리는 꽃을 즐기는 전통 축제는 '좋았던 옛날'을 기억하기 위해 과수원으로 몰려드는 새로운 팬들을 찾고 있다. 먼 옛날, 이교도에서 지금의 땅에 뿌리내린 영국과 아일랜드의 축제 벨테인Beltane[9]은 과수원에서 반복되는 한 해의 순환에 대한 관심을 끌어 올리는 데 특별한 역할을 한다. 5월 초에 열리는 이 축제는 신성하게 여기는 나무의 목재로 모닥불을 지피며 시작된다. 개인에게든 공동체에든, 더 작고 더 느린 과수원이 선사하는 선물은 과거에도 현재에도 과일 그 이상이다.

9 5월 1일에 여는 고대 켈트족의 봄맞이 축제.

에필로그

새로운 시작

키 작은 과일나무 위로 대추야자나무가 우뚝 솟아 있는 오아시스는 세계 최초의 '과수원'으로 임명될 수 있었다. 이 중 몇몇은 오늘날까지 존재한다. 어떤 면에서는 근본적으로 변화했지만 한편으로는 눈에 띄게 훼손되지 않았다. 오아시스가 어디서 시작되고 어디서 끝났는지를 늘 알 수 있는 것은 아니다. 비록 현대 농업 기술의 발전이 과수원에 그 흔적을 남겼다 하더라도 그곳의 삶은 본질적으로 거의 변하지 않았다. 수로는 당연히 4,000~5,000년 전과 다른 자재로 건설하고 작업은 좀 더 효율적으로 진행한다. 오늘날 아라비아반도의 대추야자 숲을 유지하는 노동자 대부분은 인도, 방글라데시, 파키스탄에서 왔다. 그들은 낙타가 아니라 지프를 타고 사막을 건넌다. 펌프는 더 강력해서 깊은 곳에서 끌어 올린 물로 오아시스 주변 재배 지역을 극적으로 확산할 수 있

왼쪽 복숭아를 따는 모습, 그리스, 1960년경.

었다. 때로는 해안 담수 공장에서 배출된 물을 끌어오기도 했다.

대추야자는 많은 사람들에게 소중한 산물이다. 튀니지 남부 블레드엘제리드Bled el Djerid 지역 오아시스인 네프타Nefta와 토죄르Tozeur는 알제리 국경 근처에 자리 잡아 비교적 접근성이 뛰어나고 다채로운 풍경을 선사한다. 자연적인 샘이 풍부한 이 오아시스들은 북풍을 막아 준다. 대추야자뿐 아니라 올리브, 오렌지, 무화과, 살구, 포도, 복숭아 나무도 있다. 댐과 수로의 기발한 시스템을 통해 관개가 이루어진다. 전통적으로 이 댐은 깊고 길게 자른 야자나무 줄기로 건설되었다. 절단 횟수에 따라 시간 대비 댐 위로 흘러 넘어갈 물의 양이 결정된다. 스페인 남서부 지역 야자나무 오아시스인 팔메랄데엘체Palmeral de Elche에서는 오늘날 최대 2,000그루 남짓한 대추야자나무가 자라고 있다. 상상력을 조금만 발휘하면 아라비아의 정원에 있는 듯한 기분을 느낄 수도 있을 것이다. 가장 오래된 야자나무는 300살로 추정되며 많은 나무들이 40미터 높이까지 자라 있다. 팔메랄데엘체의 야자나무는 매년 대추야자 2,000톤을 생산한다.

우리가 먹는 과일이 어떻게 생겨 나며 씨앗과 잔가지와 나무줄기가 얼마나 많은 손을 거쳐 지역적으로나 시간적으로 멀리 이동했는지 생각해 보는 것은 가치 있는 일이다. 과일나무를 심는 사람들은 자신만을 생각하는 것이 아니라 미래에 투자하는 것이다. 이 점에서 과수원을 조성한다는 것은 세대를 잇는 미래 지향적 프로젝트다. 나무의 자연적인 순환을 지켜보며 시간을 초월하는 느낌을 받을 수도 있다. 나무는 주변에서 어우러져 살아가는 사람들의 삶에 아주 밀접하게 연결되어 있다. 스탠퍼드 대학교Stanford University의 낭만주의 문학 학자인 로버트 포그 해리슨Robert Pogue Harrison은 정원, 즉 여기에서는 과수원이 드러내는 높은 도덕적 노력에 관해 이렇게 썼다.

사람이 일군 정원이 시간의 흐름 속에서 존재한다. 정원사가 계획한 대로 씨가 뿌려지고 그에 맞춰 재배되며 때가 되면 열매 혹은 기대했던 만족감을 선사한다. 한편 정원사는 매일 새로운 근심에 시달린다. 어떤 이야기에서 그러했듯이, 한 정원에는 그 정원만의 발전 계획이 있다. 말하자면 정원의 이런 '음모'는 관리인을 지속적으로 압박한다. 진정한 정원사는 언제나 '한결같은 정원사'다.

나는 시골에서 멀리 떨어진 베를린 중심가에서 자랐다. 하지만 어린 시절에 봄부터 가을까지 작은 집 주변에서 자라는 과일나무에 둘러싸여 시간을 보내는 큰 행운을 누렸다. 커런트, 라즈베리, 구스베리 덤불은 내가 사랑하는 그네 근처에 있었고, 울타리 앞쪽으로는 이웃집이 있었다. 베스카 딸기 덤불도 있었다. 그 열매는 오늘날 시장에서 살 수 있는 딸기보다 훨씬 작고 뾰족했다. 덜 달지만 향은 훨씬 강했다. 이 작은 덤불들은 수확이 끝나면 뽑혀 버리는, 상업적으로 재배하는 딸기의 운명을 피할 수 있었다. 우리가 남겨 둔 덤불은 매년 새롭게 열매를 맺었다. 베리 덤불 이외에 사과, 배, 자두 나무도 여러 그루 있었다. 늦여름이면 우리 식구들은 나뭇가지에서 잘 익은 과일을 집게로 땄다. 긴 막대기 끝에 집게와 가방을 달아 놓은 일종의 작품이었다. 달콤한 과일들이 저절로 떨어지기 직전, 타이밍은 언제나 완벽했다. 나무들의 키가 컸기 때문에 우리는 불안정한 나무 사다리를 사용했다. 어린 소년이던 내게 그 사다리를 오르는 일은 항상 아찔한 모험이었다.

한번 수확한 후에는 말벌 떼에 둘러싸인 부모님이 몇 주에 걸쳐 주말 내내 과일들을 손질했다. 스팀 착즙기로 즙을 짜 호스와 깔때기를 이용해 병에 붓고 빨간 고무마개로 조심스럽게 병을 밀폐했다. 우리 집에는 매년 겨우내 즐길 수 있는 주스 컬렉션이라고 할 만한 것이 있었다. 집 뒤편에 엘더베리 덤불이 있었던 것도 기억한다. 이 덤불은 마치 톡 쏘는 듯한 달콤한 향기를 풍기며 테라스를 짙은 얼룩으로 물들였다. 우리 집 정원의 작은 정자 뒤 빽빽한 덤불에서는 포도가 열렸는데, 워낙 알이 작고 시어서 새들만 맛있게 먹었다.

이 정원을 누리던 10년 동안 우리는 새로운 식물도 심었다. 원래 있던 과일나무와 덤불들은 누가 심었는지 도무지 알아 낼 수 없었다. 분명 수십 년은 족히 되었으니 제2차 세계 대전 이후에 심었을 거라고 추측할 뿐이었다. 해마다 우리에게 그토록 충실히 과일을 공급해 준 이들의 정체를 정확히 파악할 수 있는 '과일 탐정'을 고용할 생각은 한 번도 들지 않았다. 우리는 이 소소한 미스터리를 품고 살아가는 것이 행복했다. 그 대가로 우리 식구가 다 먹지 못할 만큼 많은 과일을 수확해 사과며 배가 잔뜩 든 가방을 울타리에 매달아 놓고 지나가는 사람들에게 선물로 줄 수 있는 풍요로운 정원을 가졌기 때문이다.

이 책을 마무리하면서 나는 어떻게 초기 야생 과일이 다른 곳으로 퍼지고 정착할 수 있었는지 연구하는 놀라운 프로젝트에 대해 알게 되었다. 과학자들은 위치 추적 시스템GPS 송신기를 이용해 박쥐과의 한 종인 아프리카날여우African Species of Flying Foxes가 어떻게 대추야자와 망고 같은 과일나무의 씨앗을 퍼뜨리고 개간지에서 수목이 자라는 데 도움을 주는지 엿볼 수 있었다. 날여우에게는 철새와 같은 습성이 있다. 그들은 숲 경계를 넘어 탁 트인 풍경 속으로 날아가 75킬로미터나 떨어진 지역까지 열매를 퍼뜨릴 수 있다. 가나의 수도 아크라Accra 같은 곳에서 해 질 녘 도시 경계 너머로 과일을 찾아 나서는 날여우를 상상해 보라. 일단 배부르게 먹고 나면 씨앗들은 소화 기관에 한 시간에서 여덟 시간까지 머물러 있다가 날여우가 날아서 돌아오는 동안 어딘가로 배출된다.

이런 현상은 결코 좁은 지역에 국한되지 않는다. 이 날여우들은 대서양에 면한 코트디부아르에서부터 인도양에 면한 케냐에 걸쳐 발견된다. 독일의 조류학 연구소인 막스 플랑크 협회Max-Planck-Gesellschaft와 콘스탄츠 대학교University of Konstanz의 생물학자 디나 데크만에 따르면 이 날여우들은 과일나무의 생존에 중심적인 역할을 한다. "날여우가 퍼뜨린 식물 중에는 빨리 자라서 다른 나무 종이 뿌리 내리고 성장하는 데 적합한 환경을 창조하는 개척 종 역할을 하는 나무들도 있다."라고 그는 설명한다. 스웨덴 칼마르에 있는 린나에우스 대학교Linnaeus University의 동료 마리엘레 반 토르와 함께 일하면서 데크만 박사는 관찰 결과를 구체적인 숫자로 입증했다. 15만 2,000마리로 추정되는 아크라 지역의 날여우는 밤마다 33만 8,000개의 씨앗을 드넓은 지역에 뿌린다. 단 1년이면 가나에서만 800헥타르에 달하는 면적을, 빨리 자라 먹을 수 있는 열매를 맺는 나무로 채울 수 있다. 당신이 원하기만 한다면, 야생 과일 숲은 사람의 손길 하나 없이도 튼튼하게 자라 탐스러운 열매를 맺는다.

위 설탕자두를 먹고 있는 날아다니는 여우 종인 볏짚색과일박쥐straw-colored fruit bat, 가나.

위 과일을 따는 여성, 1900년경

감사의 말

식물을 사랑하고, 식물과 함께 일하는 사람들은 자신들이 아는 사실을 공유할 때 행복합니다. 이 책을 쓰면서 그런 아낌없는 마음에 큰 혜택을 받았습니다. 식물 전문가이자 저자의 재능을 지닌 편집자, 제인 빌링허스트에게 진심으로 감사드립니다. 이 프로젝트를 함께하는 것은 사실 그의 운명이었습니다. 이 책은 그와 함께 만든 세 번째 작품입니다. 로리 란츠 박사는 평소처럼 훌륭한 번역을 제공해 주셨습니다. 다시 말하건대 이 책에는 우리의 세 번째 파트너십이 담겨 있습니다. 발행인인 그레이스톤 북스Greystone Books 출판사 대표 로브 샌더스, 우아한 디자인을 탄생시킨 벨 위스리치, 그레이스톤 북스의 열정적인 팀 전체와 앤서니 하우드Antony Harwood Ltd의 문학 에이전트, 제임스 맥도널드 록허트에게도 감사를 전합니다.

많은 자료와 사람들이 제 연구에 큰 도움이 되었습니다. 내 친구 울리히 마이어 교수가 공들여 연구한 비공개 과학 기록, 카린 호헤거 박사의 스리랑카 전통 정원 연구, 줄리 앵거스의 초기 올리브 재배 연구, 헬무트 레이미츠 교수의 그레고리우스 인용에서 많은 영감을 받았습니다. 베를린 식물원의 방대한 도서관도 빼놓을 수 없습니다. 이 도서관 관장인 카린 외메Karin Oehme를 비롯해 기록 보관소를 여러 차례 이용할 수 있도록 허가해 준 그의 친절한 동료에게도 고마운 마음을 전합니다. 베를린에 있는 이 유명한 식물원을 방문할 기회가 있다면 도서관에도 꼭 가 보세요. 그곳에서 마법의 장소를 발견하고 영감을 얻을 것입니다. 프랑크푸르트암마인Frankfurt am Main에 있는 식물원 팔멘가르텐Palmengarten의 힐케 슈타이네케 박사는 황송하게도 원고를 읽고 모순점을 지적하며 매우 유용한 여러 제안을 해 주셨습니다. 다소 애매한 책과 출처를 찾는 과정에 동참해준 고서적 판매자 분들에게도 감사 인사를 드립니다. 베를린 쇠네베르크Schöneberg 지역에 있는 뷔허할레Bücherhalle의 우네 폴츠와 뷔허켈러Bücherkeller의 발터 푈켈은 특별히 언급하고 싶습니다.

끝으로 그동안 과일 재배 환경을 더 잘 이해할 수 있도록 도와준 책과 기사를 쓴 많은 작가분들에게 빚을 졌습니다. 40년 전 이맘때 저와 함께 네프타와 토죄르 오아시스와 아말피의 레몬 정원을 거닐었던 부모님께도 존경과 사랑의 마음을 전합니다.

이 책에 어떠한 오류라도 있다면 그것은 오로지 저의 잘못입니다.

11
8
28
36

인용 및 특정 연구 출처

프롤로그: 이 책의 씨앗들

"인간은 이주할 때……."
Henry David Thoreau, Wild Fruits, ed. Bradley Dean(New York: Norton, 2001).

이 책을 쓰는 계기가 되었던 에세이는 다음을 참조.
George Willcox, "Les fruits au Proche-Orient avant la domestication des fruitiers," in Marie-Pierre Ruas, ed., Des fruits d'ici et d'ailleurs: Regards sur l'histoire de quelques fruits consommés en Europe(Paris: Omniscience, 2016).

"식물에 관한 한……." (그리고 이어지는 인용)
Ahmad Hegazy and Jon Lovett-Doust, Plant Ecology in the Middle East(Oxford: Oxford University Press, 2016).

"가장 잘 알려진 품종의……."
Charles Darwin, On the Origin of Species(London: John Murray, 1859).

1 과수원이 있기 전

이 장에 인용된 기사들:
Alexandra DeCasien, Scott A. Williams, and James P. Higham, "Primate Brain Size Is Predicted by Diet but Not Sociality," Nature Ecology & Evolution 1, no. 5(March 2017).
Nathaniel J. Dominy et al., "How Chimpanzees Integrate Sensory Information to Select Figs," Interface Focus 6, no. 3(June 2016).
Mordechai E. Kislev, Anat Hartmann, and Ofer Bar-Yosef, "Early Domesticated Fig in the Jordan Valley," Science 312, no. 5778(July 2006).

"네 집 안방에 있는 네 아내는……."
The Bible, New International Edition, Psalm 128:3.

"올리브는 누군가 그 사실을……."
Mort Rosenblum, Olives: The Life and Lore of a Noble Fruit(Bath: Absolute Press, 1977).

2 야자나무 잎들이 바스락거리는 소리

이 장에 있는 어떤 정보들은 찾기 어려운 다음 책을 토대로 했다.
Warda H. Bircher, The Date Palm: A Friend and Companion of Man(Cairo: Modern Publishing House, 1995).

"모든 식물. 형태 중 가장 고상하고 위엄 있다……."
Alexander von Humboldt, Views of Nature: Or, Contemplations on the Sublime Phenomena of Creation(London: Henry G. Bohn, 1850).

"야자나무들은 건식 담장으로……."
Berthold Volz ed., Geographische Charakterbilder aus Asien(Leipzig: Fuess, 1887)(in translation).

3 신들의 정원

"그 여인의 이 같은 나의 씨앗,……."
Maureen Carroll, Earthly Paradises: Ancient Gardens in History and Archaeology(Los Angeles: Getty Publications, 2003).

"나는 어퍼자브강에서부터……."
(그리고 이어지는 인용)
Stephanie Dalley, "Ancient Mesopotamian Gardens and the Identification of the Hanging Gardens of Babylon Resolved," Garden History 21, no. 1(Summer 1993).

"그들은 낙원의 문처럼 보이는……."
Muhsin Mahdi, ed., The Arabian Nights(New York: Norton, 2008).

"그러나 이 정원들은 꽃이 아니라……."
Vita Sackville-West, Passenger to Teheran,(London: Hogarth Press, 1926).

"여호와 하느님이 그 사람을 이끌어……."
The Bible, New International Edition, Genesis 2:15.
(이 책에서는 한국어 판 성경 〈성경전서 개역개정판〉 (재단법인 대한성서공회) 번역을 인용)

4 나무에서 멀지 않은 곳

"포플러, 단풍나무와 더불어……."
John Selborne, "Sweet Pilgrimage: Two British Apple Growers in the Tian Shan," Steppe: A Central Asian Panorama 9(Winter 2011).

"우리는 높은 담장으로 완벽하게 둘러싸인……."
Jonas Benzion Lehrman, Earthly Paradise: Garden and Courtyard in Islam(Berkeley: University of

왼쪽 다양한 과일 품종을 수록한 프랑스 백과사전에 실린 전면 삽화, 1930년대.

California Press, 1980).

사과의 기원에 대한 종합적인 자료는 다음에서 인용.
Barrie E. Juniper and David J. Mabberley, The Story of the Apple(Portland: Timber Press, 2006).
Robert N. Spengler III, Fruit From the Sands: The Silk Road Origins of the Fruits We Eat(Berkeley: University of California Press, 2017).

5 고전의 과일들 연구
"성문 가까이 펼쳐지는 넓은 정원,……"
Homer, The Odyssey, trans. Samuel Butler(originally published in 800 BC; Butler's translation published in London: A. C. Fifield, 1900)(accessed online through Project Gutenberg).

"세 가지 본질적인 '공명'이 있다."
Margaret Helen Hilditch, Kepos: Garden Spaces in Ancient Greece: Imagination and Reality(doctoral dissertation, University of Leicester, 2015), https://pdfs.semanticscholar.org/540b/8fb60465ccd7e92a3c3feba9234f6eb4ee1.pdf

"신이 인간에게 선사한 것 중에 이보다……"
Archibald F. Barron, Vines and Vine Culture(London: Journal of Horticulture, 1883).

"많은, 어쩌면 모든 국가의 관습이 캅카스 지역에서……"
(그리고 이어지는 인용)
Herodotus, The Persian Wars, trans. A. D. Godley(originally published ca. 430 BCE ; Godley's translation published in Cambridge, Mass.: Harvard University Press, 1920).

"매우 많은 밭, 매우 다양한……"
Theophrastus, Enquiry Into Plants and On the Causes of Plants, trans. Arthur F. Hort(originally published ca. 350-287 BCE . Hort's translation published in Cambridge, Mass.: Harvard University Press, 1916).

"모든 나무가 무겁게 열매를 맺으며……"
Vergil, Georgica, trans. Theodore Chickering Williams(originally published ca. 37-29 BCE ; Williams's translation published in Cambridge, Mass.: Harvard University Press, 1915).
"겨울이 오기 전 늦가을에 배나무를……"
(그리고 이어지는 인용)
Lucius Junius Moderatus Columella, On Agriculture, trans. Harrison Boyd Ash(originally published in 1559; Ash's translation published in Cambridge, Mass.: Harvard University Press, 1941-55).

"도시를 둘러싼 많은 과일나무에서……"
Pliny the Elder, Natural History, book 17, trans. Harris Rackham(originally published ca. 77 CE; Rackham's translation published in Cambridge, Mass.: Harvard University Press, 1938-63).

"제스타티오 또는 출구 옆으로 그늘진 포도밭이……"
(그리고 이어지는 인용)
Pliny the Younger, Letters, trans. William Melmoth (Cambridge, Mass.: Harvard University Press, 1963).

"사과는 건조하고 서늘한 장소에……"
Marcus Terentius Varro, On Agriculture, originally published in 37 BCE; trans. William Davis Hooper, rev. Harrison Boyd Ash,(Hooper's translation published in Cambridge, Mass.: Harvard University Press, 1934).

"비와 안개가 잦은 기후는 끔찍하지만……"
Tacitus, The Agricola and the Germania, trans. Harold Mattingly(Harmondsworth, England: Penguin Books, 1948).

6 수도원의 과일들
생갈 수도원에 관한 정보는 다음에서 참조.
Walter Horn and Ernest Born, The Plan of St. Gall: A Study of the Architecture and Economy of, and Life in a Paradigmatic Carolingian Monastery(Berkeley and Los Angeles: University of California Press, 1979).

"스승께서는 당신의 작은 정원 울타리 안,……"
Walafrid Strabo, On the Cultivation of Gardens: A Ninth Century Gardening Book(San Francisco: Ithuriel's Spear, 2009).

"다양한 채소와 과일나무가 가득한……"
Gregory of Tours, "The Lives of the Fathers," ca. 14 CE, in Gregory of Tours, Lives and Miracles, ed. and trans. Giselle de Nie, Dumbarton Oaks Medieval Library 39(Cambridge, Mass.: Harvard University Press, 2015).

"다양한 과일나무들,……"
Stephanie Hauschild, Das Paradies auf Erden. Die Gärten der Zisterzienser(Ostfildern: Jan Thorbecke Verlag, 2007)(in translation).

파트리스 타라벨라와 함께 일군 과수원에 관한 소니아 르소의 책들은 다음을 참조.
Les jardins du prieuré Notre-Dame d'Orsan (Arles: Actes Sud, 1999)

(with Henri Gaud) Orsan: Des jardins d'inspiration monastique médiévale(Arles: Editions Gaud, 2003).

"정면에서 바라보든 다른 방향에서 바라보든……." (그리고 이어지는 인용)
Quintilian, The Institutio Oratoria of Quintilian, vol. 3, trans. Harold Edgeworth Butler(Cambridge, Mass.: Harvard University Press, 1959 -63).

"완전히 익은 향기로운 배는……." (그리고 이어지는 인용)
Ibn Butlan, The Four Seasons of the House of Cerutti(New York: Facts on File, 1984).

"1,000여 종의 꽃들이 사방에 뿌려져……."
Giovanni Boccaccio, The Decameron(New York: Norton, 2015).

"탐스러운 열매가 잔뜩 열린 가장 튼실한 나무들."
Paul A. Underwood, The Fountain of Life in Manuscripts of Gospels(Washington, DC: Dumbarton Oaks Papers, 1950).

"세상은 위대한 도서관이며……."
Ralph Austen, The Spiritual Use of an Orchard or Garden of Fruit Trees(Oxford: Printed for Thos. Robinson, 1653).

"잘 설계한 과일나무 정원은……."
Stephen Switzer, The Practical Fruit-Gardener(London: Thomas Woodward, 1724).

"지구상 모든 즐거움 중……." (그리고 이어지는 두 개의 인용)
William Lawson, A New Orchard and Garden(London: n.p., 1618).

7 태양왕을 위한 과일, 배

"자연은 이곳의 모든 과일 중에……."
Jean-Baptiste de La Quintinie, The Complete Gard'ner: Or, Directions for Cultivating and Right Ordering of Fruit-Gardens and Kitchen-Gardens(London: Andrew Bell, 1710).

"잘 익은 배나 복숭아의 향기를……."
René Dahuron, Nouveau traité de la taille des arbres fruitiers(Paris: Charles de Sercy, 1696)(in translation).

"사과나무는 모든 나무 중에서 가장 필수적이고……."
Charles Estienne and Jean Liebault, L'agriculture et maison rustique(Paris: Jacques du Puis, 1564) (in translation).

"'크리스마스 여덟 시간 전'에……."
Florent Quellier, Des fruits et des hommes: L'arboriculture fruitière en Île-de-France(vers 1600-vers 1800)(Rennes: Presses Universitaires des Rennes, 2003) (in translation).

"과일은 완전히 익었을 때 먹어야 건강에……."
de La Bretonnerie, L'école du jardin fruitier(Paris: Eugène Onfroy, 1784)(in translation).

8 북쪽으로

"목전에 닥쳐 수확한 과일에서는……."
Thomas Tusser, Five Hundred Pointes of Good Husbandrie(London: Lackington, Allen, and Co., 1812).

"그의 임무는 가능한 한 가장 적절하고 보편적인 방법으로……."
Susan Campbell, "The Genesis of Queen Victoria's Great New Kitchen Garden," Garden History 12, no. 2(Autumn 1984).

"텃밭은 우리의 것만큼 잘 정비되지 않았다."
François de La Rochefoucauld, A Frenchman's Year in Suffolk, trans. Norman Scarfe(Woodbridge: Boydell Press, 2011).

"프랑스 어느 지역에서나 볼 수 있는……."
Sandra Raphael, An Oak Spring Pomona: A Selection of the Rare Books on Fruit in the Oak Spring Garden Library(Upperville, Virginia: Oak Spring Garden Library, 1990).

해밀턴 공작 3세에 대한 정보는 다음에서 인용.
Rosalind K. Marshall, The Days of Duchess Anne(Edinburgh: Tuckwell Press, 2000).

스코틀랜드 과수원들에 대해서는 다음을 참조.
Forbes W. Robertson, "A History of Apples in Scottish Orchards," Garden History 35, no. 1(Summer 2007).

9 대중을 위한 과수원

파리 주변 숲과 과수원에 대한 정보는 다음을 참조.
Florent Quellier, Des fruits et des hommes: L'arboriculture fruitière en Île-de-France(vers 1600-vers 1800)(Rennes: Presses Universitaires des Rennes, 2003).

"자유롭게 자라는 나무의 열매는……."

(그리고 이어지는 인용)
HenriLouis Duhamel du Monceau, Traité des arbres fruitiers(Paris: Jean Desaint, 1768)(in translation).

"가능한 곳이면 어디든 과일나무 재배를……"
(그리고 이어지는 인용들)
Rupprecht Lucke, Robert Silbereisen, and Erwin Herzberger, Obstbäume in der Landschaft(Stuttgart: Ulmer, 1992)(in translation).

"길을 따라 심기에 매우 적합한 나무와……" (그리고 다른 인용들)
Johann Caspar Schiller, Die Baumzucht im Großen(Neustrelitz: Hofbuchhandlung, 1795)(in translation).

"주스, 말린 과일 혹은 브랜디로……"
(그리고 이 장에 수록된 또 다른 이름 없는 인용들)
Rupprecht Lucke et al., Obstbäume in der Landschaft(in translation).

"과장이 아니다."
Eric Robinson, "John Clare: 'Searching for Blackberries,'" The Wordsworth Circle 38, no. 4(Autumn 2007).

"외로운 소년들이 울부짖는 노래……"
(그리고 이어지는 인용)
John Clare, The Shepherd's Calendar(Oxford: Oxford University Press, 2014).

10 체리 따기

"25일에 나는 아말테아로 여행을……"
Max Hein, ed., Briefe Friedrichs des Grossen(Berlin: Reimar Hobbing, 1914)(in translation).

"많은 음유시인이 소리 높여 노래한다……"
Anna Louisa Karsch, "Lob der schwarzen Kirschen," in Auserlesene Gedichte(Berlin: George Ludewig Winter, 1764) (in translation).

"나에겐 남들과 매우 다른 점이……"
Joseph Addison, n.t., The Spectator, no. 477(September 6, 1712).

11 오므린 입술

"그대는 아는가, 레몬나무가 자라는 땅을……"
Johann Wolfgang von Goethe, Wilhelm Meister's Apprenticeship, trans. Eric A. Blackall(Princeton: Princeton University Press, 1995).

"온갖 새들이 노래하고 오렌지꽃 향기가 풍기는……"
Jean-Jacques Rousseau, The Confessions, trans. J. M. Cohen(London: Penguin, 1953).

"정원 어디를 둘러봐도 이러한 기쁨을……" (그리고 이어지는 인용들)
Jean-Baptiste de La Quintinie, The Complete Gard'ner: Or, Directions for Cultivating and Right Ordering of Fruit-Gardens and Kitchen-Gardens(London: Andrew Bell, 1710).

"어느 가을날, 숲속 누각……"
Du Fu, The Poetry of Du Fu(Berlin: De Gruyter, 2016).

"그곳은 1,000코스나 떨어져 있지만……"
Nuru-d-din Jahangir Padshah, The Tuzuk-iJahangiri: or, Memoirs of Jahangir, trans. Alexander Rogers, ed. H. Beveridge(first published ca. 1609; Rogers's translation published in Ghazipur: 1863; Beveridge's revised edition in London: Royal Asiatic Society, 1909).

"나는 이 순타라 오렌지의 기원과……"
(그리고 이어지는 인용)
Emanuel Bonavia, The Cultivated Oranges, Lemons etc. of India and Ceylon(London: W. H. Allen & Co., 1888).
"오늘 예하의 매혹적인 숲에서 자라는……"
Carsten Schirarend and Marina Heilmeyer, Die Goldenen Äpfel. Wissenswertes rund um die Zitrusfrüchte(Berlin: G + H Verlag, 1996).

"나를 품어 주오, 포모나여,……"
James Thomson, The Seasons and the Castle of Indolence(London: Pickering, 1830).

"우리는 리모네를 지났다." (그리고 이어지는 인용)
Johann Wolfgang von Goethe, Italian Journey, trans. W. H. Auden and Elizabeth Mayer(London: Penguin, 1970).

"자연은 우리에 대한 어떠한 편견도……"
Friedrich Nietzsche, Human, All Too Human(London: Penguin, 1994).

니체가 남부 이탈리아에 머물렀던 당시 서술에 관한 포괄적인 내용은 다음을 참조.
Paolo D'Iorio and Sylvia Mae Gorelick, Nietzsche's Journey to Sorrento: Genesis of the Philosophy of the Free Spirit(Chicago: The University of Chicago Press,

2016).

"친구여, 꽃 핀 오렌지나무 숲에서……."
Guy de Maupassant, "The Mountain Pool," Original Short Stories, vol. 13, trans. A. E. Henderson, Louise Charlotte Garstin Quesada, Albert Cohn McMaster, ed. David Widger, accessed through The Gutenberg Project, http://www.gutenberg.org/files/28076/28076-h/28076-h.htm.

12 애플파이처럼 미국적인

"그 나라에는 멋진 과수원이 가득하고,……."
John Hammond, Leah and Rachel; or, The Two Fruitfull Sisters, Virginia and Mary-Land(London: Mabb, 1656).

"5에이커 넓이의 새로운 사과 과수원을 일구어……." (그리고 이어지는 인용들)
Hector St. John de Crèvecoeur, Sketches of Eighteenth Century America: More Letters From an American Farmer(New Haven: Yale University Press, 1925).

"민트나무 대목 줄기에 체리나무……."
The Diaries of George Washington, vol. 1, 11 March 1748–13 November 1765, ed. Donald Jackson(Charlottesville: University Press of Virginia, 1976).

"지상 최고의 사과주……." (그리고 이어지는 인용들)
Peter J. Hatch, The Fruits and Fruit Trees of Monticello(Charlottesville: University of Virginia Press, 1998).

"좋은 과수원은 새 터전을……."
Eric Rutkow, American Canopy: Trees, Forests and the Making of a Nation(New York: Scribner, 2012).

"사과는 우리 미국의 과일입니다."
Ralph Waldo Emerson, The Journals and Miscellaneous Notebooks of Ralph Waldo Emerson: 1848–1851(Boston: Harvard University Press, 1975).

"영국의 전통인 파이는……."
Harriet Beecher Stowe, Oldtown Folks(Boston: Fields, Osgood & Co., 1869).

"그런 식으로 사과를 개량할 수도 있겠지만……."
Howard Means, Johnny Appleseed: The Man, the Myth, the American Story(New York: Simon and Schuster, 2012).

"기차가 헌터든카운티 과수원의 복숭아를……."
Philip Roth, American Pastoral(Boston: Houghton Mifflin, 1997).

여기서 언급한 시트러스 문화와 관련된 미국의 발전에 대한 많은 정보는 다음의 훌륭한 책을 참조.
Pierre Laszlo, Citrus: A History(Chicago: University of Chicago Press, 2007).

13 해방된 과수원

"많은 경우 인간의 활동은……."
Charles M. Peters, Managing the Wild: Stories of People and Plants and Tropical Forests(New Haven: Yale University Press 2018).

"몬테수마는 자신을 기쁘게 하거나……."
(그리고 이어지는 인용)
Patrizia Granziera, "Concept of the Garden in Pre-Hispanic Mexico," Garden History 29, no. 2(Winter 2001).

"숲은 빽빽하고 어둡다." (그리고 이어지는 인용)
Nigel Smith, Palms and People in the Amazon(Cham: Springer, 2015).

"백작은 3~4마일 떨어진 곳에서부터……."
(그리고 카스파르 바를레우스의 다른 인용들)
Maria Angélica da Silva and Melissa Mota Alcides, "Collecting and Framing the Wilderness: The Garden of Johan Maurits(1604~1679) in North-East Brazil," Garden History 30, no. 2(Winter 2002).

"실론의 높지도 낮지도 않은 언덕에서……."
Ernst Haeckel, A Visit to Ceylon(New York: Peter Eckler, 1883).

"2,000년 이상 이어진 농업 활동 덕분에……."
Karin Hochegger, Farming Like the Forest: Traditional Home Garden Systems in Sri Lanka(Weikersheim: Margraf Verlag, 1998).
"실론 사람들에게는 정원을 가꾸는 기술이라고 할 만한 것이……."
John Davy, An Account of the Interior of Ceylon and of Its Inhabitants(London: Longman, Hurst, Rees, Orm, and Brown, 1821).

"(그 나무에는) 긴털족제비가 좋아하던……."
Michael Ondaatje, Running in the Family(New York: Vintage, 1993).
"허리에 끈을 매어 코코넛야자나무로 데려가면……."

Robert W. C. Shelford, A Naturalist in Borneo(London: T. F. Unwin, 1916).

14 과수원예학의 신사들

"특히 새로운 과일 품종 생산에……."
The Horticulturist and Journal of Rural Art and Rural Taste, vol. 4(Albany: L. Tucker, 1854).

"사과나무 한 그루를 접목해……." (그리고 이어지는 인용들)
Leonard Mascall, A Booke of the Arte and Maner, Howe to Plant and Graffe all Sortes of Trees……(London: By Henrie Denham, for John Wight, 1572).

"하나씩 번갈아 가까이 심거나……."
(그리고 이어지는 인용들)
Carl Samuel Häusler, Aphorismen(Hirschberg: C. W. J. Krahn, 1853).

"대서양 너머로……."
(그리고 이어지는 인용)
Thomas Skip Dyot Bucknall, The Orchardist, or, A System of Close Pruning and Medication, for Establishing the Science of Orcharding(London: G. Nicol, 1797).

"제당 공장, 비누 공장 등에서 나온 폐기물……."
William Salisbury, Hints Addressed to Proprietors of Orchards, and to Growers of Fruit in General(London: Longman, Hurst, Rees, Orme, and Brown, 1816).

내가 조사한 바에 따르면 코르비니안 아이그너에 관해 영어로 쓰인 책은 없다. 찾을 수 있는 유일한 자료로서 독일어로 쓰인 다음 책을 참조.
Peter Brenner, Korbinian Aigner: Ein bayerischer Pfarrer zwischen Kirche, Obstgarten und Konzentrationslager(Munich: Bauer-Verlag, 2018).

"나는 과수원예학의 신사들이……."
(그리고 다른 인용들)
Henry David Thoreau, "Wild Apples," The Atlantic, November 1862.

15 감각의 과수원

"와서 해가 지는 것을 바라보고……."
Rainer Maria Rilke, "Der Apfelgarten," in Selected Poems, trans. Albert Ernest Flemming(New York: Routledge, 2011).
"살구는 복숭아 코트 속에 숨은……."
Edward Bunyard, The Anatomy of Dessert(London: Dulau & Co., 1929).

"몇몇 식물학자들은 은매화와……."
Vita Sackville-West, In Your Garden(London: Frances Lincoln, 2004).

"올리브나무는 어찌나 야생적인지."
Derek Fell, Renoir's Garden(London: Frances Lincoln, 1991).

"나는 사과 하나로 파리를……."
(Avec une pomme, je veux étonner Paris!) Gustave Geffroy, Claude Monet, sa vie, son temps, son œuvre(Paris: G. Crès, 1924).

"어떤 사람들은 안식일이면……."
Emily Dickinson, Poems, Mabel Loomis Todd and Thomas Wentworth Higginson, eds.(Boston: Roberts Brothers, 1890).

"과수원을 빛내 주는 한 가지 중요한 은총을 ……."
William Lawson, A New Orchard and Garden(London: n.p., 1618).

"여러 바퀴의 굉음,……."
John James Platt, "The Pleasures of Country Life," in A Return to Paradise and Other Fly-Leaf Essays in Town and Country(London: James Clarke & Co., 1891).
"미란다는 과수원에서 자고 있었다."
Virginia Woolf, "In the Orchard," The Criterion(London: R. Cobden-Sanderson, 1923).

"한 해는 매우 빨리 흘러갔다." (그리고 이어지는 인용들)
Anne Scott-James, The Language of the Garden: A Personal Anthology(New York: Viking, 1984).

"여름 중반부터 우리는……."
Carl Larsson, Our Farm(London: Methuen Children's Books, 1977).

"마치 필요악인 양,……."
William Cobbett, The English Gardener(London: A. Cobbett, 1845).

16 야생의 길로 돌아가기

"가장 중요하고 유망한……."
David Karp, "Beyond the Honeycrisp Apple," New York Times, November 3, 2015.

"그 사과를 맛본 사람들은……." 아래에서 언급.
Clarissa Hyman, "Forbidden Fruit," Times Literary Supplement, December 23 and December 30, 2016.

"나의 마지막 선 크레스트 복숭아밭은……."
David Mas Masumoto, Epitaph for a Peach: Four Seasons on My Family Farm(New York: HarperCollins, 1996).
"이 돌들이 '땀을 흘려'서……." (그리고 이어지는 인용들)
Florianne Koechlin, PflanzenPalaver. Belauschte Geheimnisse der botanischen Welt(Basel: Lenos Verlag, 2008)(in translation).

에필로그: 새로운 시작

"사람이 일군 정원이 시간의 흐름 속에서……."
Robert Pogue Harrison, Gardens: An Essay on the Human Condition(Chicago: University of Chicago Press, 2008).

"날여우가 퍼뜨린 식물 중에는……."
"Fruit Bats Are Reforesting African Woodlands," the Max Planck Society에서 발행한 잡지에서 참조. April 1, 2019.

참고 도서

Attlee, Helena. The Land Where Lemons Grow: The Story of Italy and Its Citrus Fruit. London: Penguin, 2014.

Barker, Graeme and Candice Goucher (eds.). The Cambridge World History. Vol. 2, A World with Agriculture, 12,000 BCE–500 CE. Cambridge: Cambridge University Press, 2015.

Beach, Spencer Ambrose. The Apples of New York. Albany: J. B. Lyon, 1903.

Bennett, Sue. Five Centuries of Women and Gardens. London: National Portrait Gallery, 2000.

Biffi, Annamaria and Susanne Vogel. Von der gesunden Lebensweise. Nach dem alten Hausbuch der Familie Cerruti. München: BLV Buchverlag, 1988.

Bircher, Warda H. The Date Palm: A Friend and Companion of Man. Cairo: Modern Publishing House, 1995.

Blackburne-Maze, Peter and Brian Self. Fruit: An Illustrated History. Richmond Hill: Firefly Books, 2003.

Boccaccio, Giovanni. The Decameron. New York: Norton, 2014.

Brosse, Jacques. Mythologie des arbres. Paris: Plon, 1989.

Brown, Pete. The Apple Orchard: The Story of Our Most English Fruit. London: Particular Books, 2016.

Candolle, Alphonse Pyrame de. Origin of Cultivated Plants. New York: D. Appleton & Co., 1883.

Carroll-Spillecke, M., ed. Der Garten von der Antike bis zum Mittelalter. Mainz: Verlag Philipp von Zabern, 1992.

Crèvecoeur, Hector St. John de. Letters from an American Farmer and Sketches of Eighteenth Century America: More Letters from an American Farmer. New Haven: Yale University Press, 1925.

Daley, Jason. "How the Silk Road Created the Modern Apple." Smithsonian.com, August 21, 2017.

Dalley, Stephanie. "Ancient Mesopotamian Gardens and the Identification of the Hanging Gardens of Babylon Resolved." Garden History 21, no. 1(Summer 1993).

Diamond, Jared. Guns, Germs and Steel: The Fates of Human Societies. New York: W. W. Norton, 1999.

Fell, Derek. Renoir's Garden. London: Frances Lincoln, 1991.

Gignoux, Emmanuel, Antoine Jacobsohn, Dominique Michel, Jean-Jacques Peru, and Claude Scribe. L'ABCdaire des Fruits. Paris: Flammarion, 1997.

Gollner, Adam Leith. The Fruit Hunters: A Story of Nature, Adventure, Commerce and Obsession. London: Souvenir Press, 2009.

Harris, Stephen. What Have Plants Ever Done for Us? Western Civilization in Fifty Plants. Oxford: Bodleian Library, 2015.

Harrison, Robert Pogue. Gardens: An Essay on the Human Condition. Chicago: University of Chicago Press, 2008.

Hauschild, Stephanie. Akanthus und Zitronen. Die Welt der römischen Gärten. Darmstadt: Philipp von Zabern, 2017.

——. Das Paradies auf Erden. Die Gärten der Zisterzienser. Ostfildern: Jan Thorbecke Verlag, 2007.

——. Der Zauber von Klostergärten. München: Dort-Hagenhausen-Verlag, 2014.

Hegazy, Ahmad and Jon Lovett-Doust. Plant Ecology in the Middle East. Oxford: Oxford University Press, 2016.

Hehn, Victor. Cultivated Plants and Domesticated Animals in Their Migration from Asia to Europe. London: Swan Sonnenschein & Co., 1885.

Heilmeyer, Marina. Äpfel fürs Volk: Potsdamer Pomologische Geschichten. Potsdam: vacat verlag, 2007.

——. Kirschen für den König: Potsdamer Pomologische Geschichten. Potsdam: vacat verlag, 2008.

Hirschfelder, Hans Ulrich, ed. Frische Feigen: Ein literarischer Früchtekorb. Frankfurt am Main: Insel Verlag, 2000.

Hobhouse, Penelope. Plants in Garden History: An Illustrated History of Plants and Their Influences on Garden Styles—From Ancient Egypt to the Present Day. London: Pavilion, 1992.

Hochegger, Karin. Farming Like the Forest: Traditional Home Garden Systems in Sri Lanka. Weikersheim: Margraf Verlag, 1998.

Horn, Walter and Ernest Born. The Plan of St. Gall: A Study of the Architecture and Economy of, and Life in a Paradigmatic Carolingian Monastery. Berkeley and Los Angeles: University of California Press, 1979.

Janson, H. Frederic. Pomona's Harvest: An Illustrated Chronicle of Antiquarian Fruit Literature. Portland: Timber Press, 1996.

Jashemski, Wilhelmina F. The Gardens of Pompeii: Herculaneum and the Villas Destroyed by Vesuvius. New Rochelle, New York: Caratzas Brothers Publishers, 1979.

Juniper, Barrie E. and David J. Mabberley. The Story of the Apple. Portland: Timber Press, 2006.

Klein, Joanna. "Long Before Making Enigmatic Earthworks, People Reshaped Brazil's Rain Forest." The New York Times, February 10, 2017.

Küster, Hansjörg. Geschichte der Landschaft in Mitteleuropa: Von der Eiszeit bis zur Gegenwart. Munich: C. H. Beck, 1995.

Larsson, Carl. Our Farm. London: Methuen Children's Books, 1977.

Laszlo, Pierre. Citrus: A History. Chicago: University of Chicago Press, 2007.

Lawton, Rebecca. "Midnight at the Oasis." Aeon, November 6, 2015.

Lucke, Rupprecht, Robert Silbereisen, and Erwin Herzberger. Obstbäume in der Landschaft. Stuttgart: Ulmer, 1992.

Lutz, Albert, ed. Gärten der Welt: Orte der Sehnsucht und Inspiration. Museum Rietberg Zürich. Cologne: Wienand Verlag, 2016.

Mabey, Richard. The Cabaret of Plants: Botany and the Imagination. London: Profile Books, 2015.

Martini, Silvio. Geschichte der Pomologie in Europa. Bern: self-pub., 1988.

Masumoto, David Mas. Epitaph for a Peach: Four Seasons on My Family Farm. New York: HarperCollins, 1996.

Mayer-Tasch, Peter Cornelius and Bernd Mayerhofer. Hinter Mauern ein Paradies: Der mittelalterliche Garten. Frankfurt am Main und Leipzig: Insel Verlag, 1998.

McMorland Hunter, Jane and Chris Kelly. For the Love of an Orchard: Everybody's Guide to Growing and Cooking Orchard Fruit. London: Pavilion, 2010.

McPhee, John. Oranges. New York: Farrar, Straus & Giroux, 1967.

Müller, Wolfgang. Die Indianer Amazoniens: Völker und Kulturen im Regenwald. Munich: C. H. Beck, 1995.

Nasrallah, Nawal. Dates: A Global History. London: Reaktion Books, 2011.

Palter, Robert. The Duchess of Malfi's Apricots and Other Literary Fruits. Columbia: The University of South

Carolina Press, 2002.

Pollan, Michael. The Botany of Desire: A Plant'sEye View of the World. New York: Random House, 2001.

Potter, Jennifer. Strange Bloom: The Curious Lives and Adventures of the John Tradescants. London: Atlantic Books, 2008.

Quellier, Florent. Des fruits et des hommes: L'arboriculture fruitière en Île-de-France(vers 1600–vers 1800). Rennes: Presses Universitaires des Rennes, 2003.

Raphael, Sandra. An Oak Spring Pomona: A Selection of the Rare Books on Fruit in the Oak Spring Garden Library. Upperville, Virginia: Oak Spring Garden Library, 1990.

Roach, Frederick A. Cultivated Fruits of Britain: Their Origin and History. London: Blackwell, 1985.

Rosenblum, Mort. Olives: The Life and Lore of a Noble Fruit. Bath: Absolute Press, 2000.

Rutkow, Eric. American Canopy: Trees, Forests and the Making of a Nation. New York: Scribner, 2012.

Sackville-West, Vita. In Your Garden. London: Francis Lincoln, 2004.

——. Passenger to Teheran. London: Hogarth Press, 1926.

Schermaul, Erika. Paradiesapfel und Pastorenbirne. Bilder und Geschichten von alten Obstsorten. Ostfildern: Jan Thorbecke Verlag, 2004.

Scott, James C. Against the Grain: A Deep History of the Earliest States. New Haven: Yale University Press, 2017.

Scott-James, Anne. The Language of the Garden: A Personal Anthology. New York: Viking, 1984.

Selin, Helaine, ed. Encyclopedia of the History of Science, Technology, and Medicine in Non-Western Cultures. Dordrecht: Springer Science+Business Media, 1997(entry by Georges Métailié: "Ethnobotany in China," p. 314).

Sitwell, Osbert. Sing High! Sing Low! A Book of Essays. London: Gerald Duckworth & Co., 1943.

Smith, J. Russell. Tree Crops: A Permanent Agriculture. New York: Harcourt, Brace and Company, 1929.

Smith, Nigel. Palms and People in the Amazon. Cham: Springer, 2014.

Sutton, David C. Figs: A Global History. London: Reaktion Books, 2014.

Sze, Mai-mai, ed. The Mustard Seed Garden Manual of Painting. Princeton: Princeton University Press, 1978.

Thoreau, Henry David. "Wild Apples." The Atlantic, November 1862.

——. Wild Fruits. ed. Bradley Dean. New York: Norton, 2001.

Young, Damon. Philosophy in the Garden. Victoria: Melbourne University Press, 2012.

Zohary, Daniel and Maria Hopf. Domestication of Plants in the Old World: The Origin and Spread of Cultivated Plants in West Asia, Europe and the Nile Valley. Oxford: Oxford University Press, 2000.

일러스트 판권

저작권이 있는 시각 자료의 명확한 소유권을 추적하기 위해 노력했다. 오류나 누락된 부분이 있다면 출판사에 알리면 즉시 재판에서 수정할 것이다. 달리 명시하지 않은 한, 저작권이 없는 작품은 저자의 자료에서 가져온 것이거나 고서적 판매자의 다양한 소장품에서 스캔을 한 것이다.

5p Vignettes by J. Huyot from Jacques-Henri Bernardin de Saint-Pierre, Paul et Virginie. Paris: Librairie Charles Tallandier, ca. 1890.

8p Lady with Orange by Pieter Hermansz Verelst, 1653.

12p Avocado(Persea americana) by PierreJoseph Redouté (1759–1840).

17p Peach harvest in Madagascar by Frank Feller, late nineteenth/early twentieth century. Neil Baylis / Alamy Stock Photo.

18p Mala acetosa from Tacuinum Sanitatis(Maintenance of Health), late fourteenthcentury edition.

20p Monkey with Apple from Carl Friedrich Lauckhard, Orbis Pictus: Bilderbuch zur Anschauung und Belehrung. Leipzig: Verlag Voigt & Günther, 1857. With kind permission from Antiquariat Haufe & Lutz, www.haufe-lutz.de.

21p Cherry tree from Tacuinum Sanitatis(Maintenance of Health), late fourteenthcentury edition.

22p Citrus from Elizabeth Twining, Illustrations of the Natural Order of Plants. London: Sampson Low, Son, and Marston, 1868.

25p Pomegranate harvest in Iran, IRNA.

26p Ficus carica by Elizabeth Blackwell from A Curious Herbal: Containing Five Hundred Cuts, of the Most Useful Plants, Which Are Now Used in the Practice of Physick Engraved on Folio Copper Plates, After Drawings Taken from Life. London: Printed for Samuel Harding, 1737–1739. Biodiversity Heritage Library.

31p Olives from Henri Louis Duhamel du Monceau, Traité des arbres et arbustes, Nouvelle edition. Paris: Michel & Bertrand, 1800–1819.

34p Camel by water. Postcard, origin unknown.

36p Greater Blue-eared Starling from F. G. Hemprich and C. G. Ehrenberg, Symbolae physicae, seu, icones et descriptions corporum naturalium novorum aut minus cognitorum, Pars zoologica i (Avium). n.p.: Berolini, 1828.

32p Date palm from M. E. Descourtilz, Flore pittoresque et médicale des Antilles. Paris: Pichard, 1821–1829.

40p Vignette by J. Huyot from Jacques-Henri Bernardin de Saint-Pierre, Paul et Virginie. Paris: Librairie Charles Tallandier, ca. 1890.

41p Hot springs in Gadames, Libya, from Alfred Oestergaard, ed., Welt und Wissen. Berlin: Peter J. Oestergaard, 1931.

44p Detail from J. B. P. A. de Monet de Lamarck and J. L. M. Poiret, Recueil de planches de botanique de l'encyclopédie. Paris: Mme. Veuve Agasse, 1823.

45p "Mañana—tomorrow is another day" from Sigrid Köhler and Hanns Reich, Die Kanarischen Inseln. Munich: Hanns Reich Verlag, 1960.

46p Orchard in Deccan, India, ca. 1685.

49p Pond and garden, tomb of Sobekhotep(ca. 1400 BCE). Contemporary photograph by D. Johannes, Deutsches Archäologisches Institut.

51p Fig gatherers with baboons in the trees, tomb of Khnumhotep II, ca. 1950 BCE. Replica by Nina de Garis Davies, 1936, British Museum.

58/59p Marrakesh defensive wall, Morocco. Contemporary photograph by Jerzy Strzelecki, Wikimedia Commons, CC BY-SA 3.0.

60p Gardener operating a shaduf, tomb of Ipuy, 1250 BCE.

62p White goats on argan trees, Essaouria, Morocco. Oleg Breslavtsev / Alamy Stock Photo.

68p In the Orchard by Henry Herbert La Thangue, 1893. Wikimedia Commons.

70p Wild apple trees blooming in the Tian Shan Mountains of Kazakhstan. Contemporary photograph by Ryan T. Bell.

72/73p Egyptian camel transport passing over Olivet, 1918. Library of Congress, LC-m34- ART-210.

75p The Apple Orchard, Carl Larsson, early twentieth century.

76p Apple varieties from Batty Langley, Pomona, or, The fruit-garden illustrated. London: Printed for G. Strahan, 1729.

81p Peach from Charles Mason Hovey, The Fruits of America. New York: D. Appleton, 1853.

82p Detail of a funerary monument for an athlete from Boiotia, Greece, ca. 550 BCE, from Friedrich Muthmann, Der Granatapfel: Symbol des Lebens der Alten Welt. Bern: Office du livre, 1982.

87p Line engraving of Theophrastus. Wellcome Library no. 9139i, CC BY-4.0.

88p House of Livia wall painting, first century CE. Museo delle Terme, Rome/Scala.

91p Cherries from Johann Hermann Knoop, Fructologia. Leeuwarden: Abraham Ferwerda, 1758–1763.

92p Detail from a mosaic depicting a rustic calendar, Saint-Romain-en-Gal, France, ca. 200–225 CE.

92/93p Horae on a bowl made by the Attic potter Sosias, ca. 500 BCE.

96p Jug motif of olive harvest in Greece, sixth century BCE.

97p Pompeii excavations and gardens with Vesuvius in the background. Markéta Machová, CC BY-3.0, Wikimedia Commons.

98p Engraving of Pliny the Younger.

101p Copper engraving of Bacchus by Crispijn de Passe the Elder(1565–1637).

104p Hinton St. Mary mosaic, Dorset, UK, fourth century. Granger Historical Picture Archive / Alamy Stock Photo.

106p The Virgin and Child Under an Apple Tree by Lucas Cranach the Elder, 1530s. Hermitage Museum. Wikimedia Commons, CC0 1.0.

109p Abbey of Saint Walburga, Eichstätt, Germany. Mid-nineteenth-century postcard.

114p Illustration from the Bible of Wenceslaus IV, fourteenth century.

116p Beehives from Tacuinum Sanitatis(Maintenance of Health), late fourteenthcentury edition.

118p Illustration from The Romance of the Rose, fifteenth century.

123p Medlars by Jacques Le Moyne de Morgues, 1575.

127p The Golden Age by Lucas Cranach the Elder, ca. 1530. National Museum of Art, Architecture and Design, Norway. Wikimedia Commons.

132p Sun from Vignetten. Frankfurt am Main: Bauersche Giesserei, ca. 1900.

133/154/155p Illustrations from Helmingham Herbal and Bestiary, Helmingham, Suffolk, ca. 1500. With kind permission from Yale Center for British Art, Paul Mellon collection.

134p Pear varieties, 1874, from Flore des Serres et des Jardins de l'Europe (Flowers of the Greenhouses and Gardens of Europe), a horticultural journal published in Ghent, Belgium, by Louis van Houtte and Charles Lemaire.

138p Bon Chrétien pear from Alexandre Bivort, ed., Annales de pomologie belge et étrangère. Bruxelles: F. Parent, 1853.

140/143/146p From Jean de La Quintinie, The Complete Gard'ner. London: Printed for M. Gillyflower, 1695.

147p Fruit bowl from Vignetten. Frankfurt am Main: Bauersche Giesserei, ca. 1900.

150p Peach house at West Dean Gardens, Sussex, UK. Contemporary photograph by Jane Billinghurst.

152p Apple picking in a French orchard by Piero de Crescenzi from Des profits ruraux des champs, 1475.

156p Pears by Johann Hermann Knoop from Pomologia, das ist Beschreibungen und Abbildungen der besten Sorten der Aepfel und Birnen. Nuremberg: Seligmann, 1760.

159p Johann Hermann Knoop from Pomologia, das ist Beschreibungen und Abbildungen der besten Sorten der Aepfel und Birnen. Nuremberg: Seligmann, 1760.

160p Serpentine fruit wall in 's-Graveland, Netherlands, by A. J. van der Wal, Rijksdienst voor het Cultureel Erfgoed. Wikimedia Commons, CC BY-SA 4.0.

160p Fruit walls in Montreuil-sous-Bois. Early twentieth-century postcard.

164p Vignette from Thomas Hill, The Gardener's Labyrinth. London: Henry Bynneman, 1577.

166p Detail from The Cider Orchard by Robert Walker Macbeth, 1890. Artiz / Alamy Stock Photo.

169p Colored copper plate of German fruit seller, ca. 1840.

170p Bamberg in 1837 from Leopold Beyer, Romantische Reise durch das alte Deutschland: Topographikon. Hamburg: Verlag Rolf Müller, 1969.

172p Allegory of Earth by Hendrik van Balen the Elder and Jan Brueghel the Elder, 1611. Musée Thomas Henry, Cherbourg, France. Wikimedia Commons.

175p Lithograph of Stuttgart train station by R. Mahn, 1899.

176p Lithograph of apple seller by Ludwig Richter, late nineteenth century.

178p The Terrace at Saint-Germain-en-Laye(France) by Alfred Sisley, 1875. Walters Art Museum, 37.992. Wikimedia Commons, CC BY-SA 3.0.

181p Valnøddetræer, Sora(Denmark) by Joakim Skovgaard, 1883. Aarhus Kunstmuseum no. 152. Wikimedia Commons.

184p "Die Kirschen in Nachbars Garten"("Cherries in the Neighbor's Garden") by Victor Hollaender, Berlin, ca. 1895.

187p Cherries from Meyers Konversations-Lexikon. Leipzig and Vienna: Bibliographisches Institut, 1896.

188p Cherry tree by Ulrich Völler zu Gellhausen from Florilegium. Frankfurt am Main: Moritz Weixner, 1616.

189p Cherries from Johann Hermann Knoop, Fructologia. Leeuwarden: Abraham Ferwerda, 1758–1763.

191p Lithograph by Ludwig Richter, nineteenth century.

192p Cover illustration from Resimli Mecmua(magazine in Ottoman Turkish). Mahmut Bey Matbaası(Mahmut Bey Publishing): Istanbul, ca. 1925.

196p Mediterranean scene by Frédéric Hugo d'Alési, ca. 1895.

199p Lemons by Ulisse Aldrovandi(1522–1605).

200p Citrus from Allgemeines Teutsches Garten Magazin, 1816.

203p Spring Evening Banquet at the Peach and Pear Blossom Garden(China) by Leng Mei(1677–1742).

206p Ten Bamboo Studio collection, China, ca. 1633.

209p Limone della Costa grosso from Johann Christoph Volkamer, Nürnbergische Hesperides. Nuremberg: Johann Andreä Endters seel. Sohn & Erben, 1708–1714.

210p Citrus plantations at Lake Garda, Italy. With kind permission of www.goethezeitportal.de.

214/215p Under the Orange Tree by Virginie Demont-Breton, date unknown.

217p Illustration by Arturo Ballestero for Zumos Jornet(Jornet juices), Carcagente, Spain, 1929.

218p California—The Cornucopia of the World, 1883. Pictorial Press Ltd / Alamy Stock Photo.

221p A cider and apple stand on the Lee Highway, Shenandoah National Park, Virginia. Photograph by Arthur Rothstein, 1935. Library of Congress, LC-USF33- 002196-M3.

222p Spreading out apples to dry, Nicholson Hollow, Shenandoah National Park, Virginia. Photograph by Arthur Rothstein, 1935. Library of Congress, LC-USF34- 000361-D.

224p American Homestead Autumn. Lithograph by Currier and Ives, 1868/1869.

228p Carrying crates of peaches from the orchard to the shipping shed, Delta County, Colorado. Photograph by Lee Russell, 1940. Library of Congress, LC-USF33- 012890-M2.

230p Promotional poster for Gilbert Orchards by Cragg D. Gilbert, early 1950s.

231p Interior of Mrs. Botner's storage cellar, Nyssa Heights, Malheur County, Oregon. Photograph by Dorothea Lange, 1939. Library of Congress, LC-USF34- 021432-E.

237p Orange harvest in southern California. Early twentieth-century postcards.

238p A Wagon Load of Grape Fruit, Florida. Early twentieth-century postcard.

242p Jungle in South Asia from Hermann Wagner, Naturgemälde der ganzen Welt. Esslingen: Verlag von J. F. Schreiber, 1869.

244p Papaya from George Meister, Der Orientalisch-Indianische Kunst- und Lust-Gärtner. Dresden: Meister, 1692.

247p Red howler monkey from Das Buch der Welt. Stuttgart: Hoffmann'sche Verlags-Buchhandlung, 1858.

246p Boy climbing a palm tree by J. Huyot from Jacques-Henri Bernardin de Saint-Pierre, Paul et Virginie. Paris: Librairie Charles Tallandier, ca. 1890.

249p Tropical fruit from Meyers Konversations-Lexikon. Leipzig and Vienna: Bibliographisches Institut, 1896.

251p	Pisang (banana) from George Meister, Der Orientalisch-Indianische Kunst- und Lust-Gärtner. Dresden: Meister, 1692.
252p	Gewatta near Kandy, Sri Lanka. Contemporary photograph by Sarath Ekanayake.
254/255p	Activities on fruit tree plantations in the area around what is now Rio de Janeiro, Brazil, by André Thevet, Les singularitez de la France antarctique. Paris: Chez les heritiers de Maurice de la Porte, 1558.
257p	Chromalith by W. Koehler after Ernst Haeckel's 1882 painting depicting virgin forest at the Blue River, Kelany-Ganga, Ceylon (now Sri Lanka) from Ernst Haeckel, Wanderbilder: Die Naturwunder der Tropenwelt. Ceylon und Insulinde. Gera: Koehler, 1906.
260/261p	Pineapple and avocado by J. Huyot from Jacques-Henri Bernardin de Saint-Pierre, Paul et Virginie. Paris: Librairie Charles Tallandier, ca. 1890.
264p	Wild crab apple, Bowling Green, Pike County, Missouri, 1914, from the U.S. Department of Agriculture Pomological Watercolor Collection. Rare and Special Collections, National Agricultural Library, Beltsville, MD.
266p	Garden at harvest time from Eduard Walther, Bilder zum ersten Anschauungs-unterricht für die Jugend. Esslingen bei Stuttgart: Verlag von J. F. Schreiber, ca. 1890.
269p	Figs from George Brookshaw, Pomona Britannica. London: Longman, Hurst, 1812.
272p	Korbinian Aigner. With kind permission of TUM.Archiv, Technical University Munich.
273p	Korbinian Aigner in the company of seminarians, ca. 1910. With kind permission of TUM.Archiv, Technical University Munich.
274p	kz3 or Korbinian's apple by Korbinian Aigner. With kind permission of TUM. Archiv, Technical University Munich.
278p	Detail from Apple Blossoms (also known as Spring) by John Everett Millais, ca. 1856–1859. Lady Lever Art Gallery, Liverpool. Wikimedia Commons.
281p	Detail from In the Orchard by Sir James Guthrie, 1885–1886. Scottish National Gallery, purchased jointly by the National Galleries of Scotland and Glasgow Life with assistance from the National Heritage Memorial Fund and the Art Fund, 2012. Wikimedia Commons.
283p	Olive groves by Vincent van Gogh, 1889/1890. Museum of Modern Art, New York(above: F712, below: F655). Wikimedia Commons.
284p	The Lovers by Pierre-Auguste Renoir, 1875. National Gallery, Prague, Czech Republic, no. o 3201. Wikimedia Commons.
287p	Lady With Parasol by Louis Lumière, 1907.
288p	Detail from The Apple Gatherers, Frederick Morgan, 1880. Wikimedia Commons.
291p	Detail from In the Orchard by Edmund Charles Tarbell, 1891. Terra Foundation for American Art, Daniel J. Terra Collection. Wikimedia Commons.
295p	Detail from Apple Harvest by Camille Pissarro, 1888. The Dallas Museum of Art. Wikimedia Commons.
296/297p	Ring a Ring a Roses by Myles Birket Foster, nineteenth century. Bonhams(auctioneer). Wikimedia Commons, CC0 1.0.
300p	Apple picking. Vintage postcard, origin unknown.
303p	Apple picking from the collection and with kind permission of Maureen Malone, www.frogtopia.

	com.au.
306/307p	Establishing an orchard from Thomas Hill, The Gardener's Labyrinth. London: Henry Bynneman, 1577.
309p	Pomegranates in an orchard in Ortakentyahşi near Bodrum, Turkey. Contemporary photograph by the author.
312p	Sheep in a Kent orchard. Kent Downs Area of Outstanding Natural Beauty, www.kentdowns.org.uk.
316p	Mason bee houses. Contemporary photograph by Ruth Hartnup. Wikimedia Commons, CC BY 2.0.
317p	Lithograph by Ludwig Richter, nineteenth century.
318p	Peach harvest in Greece by Jochen Moll from Herbert Otto and Konrad Schmidt, Stundenholz und Minarett. Berlin: Verlag Volk und Welt, 1960.
323p	Fruit bat. With kind permission of Christian Ziegler, https://christianziegler.photography.
324/325p	Woman picking fruit from Vignetten. Frankfurt am Main: Bauersche Giesserei, ca. 1900.
328p	A selection of trees from Adolphe Philippe Millot, Nouveau Larousse Illustré. Paris: Librairie Larousse, 1933.
335p	Activities on fruit tree plantations in the area around what is now Rio de Janeiro, Brazil, by André Thevet, Les singularitez de la France antarctique. Paris: Chez les heritiers de Maurice de la Porte, 1558.
345p	Orchard scene from Peter Nell, Das Paradies: Ein Märchen. Berlin: Alfred Holz Verlag, 1955.

인류를 사로잡은 놀라운 과일 이야기

과일 길들이기의 역사

초판 1쇄 발행 2022년 9월 12일
초판 2쇄 발행 2023년 4월 5일

지은이 베른트 브루너
옮긴이 박경리

펴낸곳 브.레드
책임편집 이나래
편집 김태정
교정교열 최현미
디자인 아트퍼블리케이션 디자인 고흐
마케팅 김태정
인쇄 ㈜상지사P&B

출판 신고 2017년 6월 8일 제2017-000113호
주소 서울시 중구 퇴계로 41길 39 703호
전화 02-6242-9516 | 팩스 02-6280-9517 | 이메일 breadbook.info@gmail.com

ISBN 979-11-90920-24-7

옮긴이 **박경리**

프랑스 누벨 소르본 대학교에서 비교문학으로 석사 학위를 받았다. 출판 편집자로 일했다. 번역한 책으로 <여름의 겨울>, <유럽, 소설에 빠지다>(공역) 등이 있다.